大眾社會學叢書

張家銘博士◎主編

U0067062

網際網路 與社會

Internet and Society

James Slevin◎著　王樂成・林祐聖・葉欣怡◎譯　王乾任◎校訂

The Internet and Society

James Slevin

Copyright © 2000

by James Slevin

All RIGHTS RESERVED

No parts of this book may be reproduced or
transmitted in any form or by any means,
electronic or mechanical, including photocopying,
recording, or any information storage and
retrieval system, without permission, in writing,
from the publisher.

Chinese edition copyright © 2002

By Hurng-Chih Books Co.,LTD.

for sales in Worldwide

ISBN 957-0453-52-4

Printed in Taiwan, Republic of China

大眾社會學叢書發刊詞

張家銘

　　社會學自從十九世紀由西歐傳入中國之後，已有百餘年的歷史，其思潮幾經轉折，業已大致形成一個完備的學術體系。社會學經世濟民與悲天憫人的特性是很強烈的，特別是馬克思主義一派以降，企圖全然翻轉社會體制，而其他的社會學支派中也不惶多讓，改革社會的想法也都很濃烈。然而社會學卻在學術氛圍之下逐漸形而上，充斥著數不清的專業術語與統計數字，企圖將自己科學化與制度化，而逐漸忘卻社會學知識的根源在於人、在於社會。這樣一個高度學術化、封閉性的知識系統，往往讓有心認識社會學的大眾不得其門而入。

　　有鑑於社會學批判性格的重要性，再加上社會學長期在台灣本土無法為社會大眾所接受與了解。於是有了大眾社會學叢書的構想。本叢書希望從國內外社會學著作中選擇具有高度重要性與可讀性的著作，引介給台灣社會，也希望藉由這些作品的引進，讓台灣社會了解社會學所學何事。

　　本叢書取材廣闊，舉凡文化、政治、身體、旅遊、休閒、風險、消費、人際互動等等不一而足，都是我們所亟欲引介的對象。除了讓社會大眾能夠由輕鬆簡單的社會學著作，了解一些我們從來不以為意的生活瑣事與食衣住行的重要性與趣味

性，進而認識社會學之外，也期望引介一些尖端的世界思潮或
重要的思想著作，以期與國人的思想相互激盪，交會出智慧的
火花。更期進一步協助思考、觀照台灣社會的特殊性，幫助吾
人認識身處社會的特殊性與趣味性。衷心盼望社會大眾的迴
響，也歡迎各界在書目方面的推介，讓本叢書更豐富與更有意
義。

序言

　　在許多次的談話中，我深刻地感受到人們對於網際網路本身，以及網際網路對於我們生活所造成的影響，抱持著許多不同的看法。有些人認為網際網路不重要，甚至最好被視為邊緣的現象。其他人則將網際網路視為是可以帶來神秘機會、並讓我們感到興奮的發展。但是更有一些人將網際網路視為不吉利、讓人感到恐懼，甚至是帶來危險的事物。有時即便是同一個人也會表現出相互矛盾以及相互分歧的觀點。

　　儘管觀點間的相互競爭與碰撞是相當正常的，在智識生活中也必定會發生，但是仍然有許多網際網路的相關層面是這些爭論所曾未觸及的。之所以會出現如此多元的觀點，其中一個重要的原因是因為，在有關網際網路的論述中，不管將網際網路視為網絡或是互動媒介，將各種的民眾納入討論，當中還可能包括那些從未看過電腦的人，可能會造成對於網際網路所造成的結果，有不同的詮釋。而較不明顯的理由是這些爭論經常不太指涉使用網際網路的脈絡，或是已經在某種程度上消逝的脈絡。一旦連線，我們似乎就踏入另外一個不同的世界，甚至在當中被淹沒，而誠如某些人所深信不疑的，我們能夠在此呈現出自身所渴求的形象。從這個觀點來看，這個「不同的世界」的出現不只開啓一連串的詮釋，也讓我們以各種紛雜的方式來

詮釋這個世界。這樣的態度還因爲探討網路文化研究的出現而被鼓動,這些文獻絕大多數都談論著「線上文化」,而與生產網路文化的人類以及人類身處的社會性結構脈絡脫節。我將在本書中,試著表述這個問題。我並不認爲線上文化與本書的議題無關,而是堅持只有在能將符號內容與線上互動視爲鑲嵌於各種社會與歷史脈絡的前提下,我們才能理解網際網路對於現代文化的影響。

無須感到訝異的是,由於「線上生活」讓我們面對如此形形色色與曖昧模糊的經驗,因此我們之中大多數人都不得不開始採取順從的態度—電腦從來不曾那麼的有趣過。然而,現代生活中充斥的風險與不確定性卻經常要求我們在沒有制度的援助,甚至還必須協助其他人的情況下,自行指出問題的癥結。這種情形解釋了爲何我們經常在避免使用網際網路;以及放眼網際網路所可能帶來的好處,而期望對其更加理解。令這兩種複雜情緒之間,折磨不已。我希望本書除了提出讓人感興趣的討論外,也能更加貼近網際網路所造成後果的一些基本層面,網際網路同時是一種創造嶄新選擇與義務的媒介。

如果沒有大量與直接的引用以下的著作,我對於網際網路與社會的分析將不可能完成。首先是約翰湯普森(John Thompson)在他的《意識型態與現代文化》以及《媒體與現代性》(Ideology and Modern Culture and The Media and Modernity)二書中所提出的論點,成爲本書的出發點。儘管他僅僅稍微提及類似網際網路新科技所可能造成的影響,本書卻從他關於傳播媒介的文化取徑以及他所引起的爭論、概念與想法中受益良多。第二,安東尼紀登斯(Anthony Giddens)對於本書有著主要的影響。我並沒有直接討論他的結構化理論,

但是他許多的概念與主張，特別是《社會的構成》（The Constitution of Society）一書，卻從未脫離本書的討論內容。他最近有關網際網路的分析，例如《超越左派與右派》（Beyond Left and Right）與《第三條路》（The Third Way）——對於未來激進政治的擔心——已經引起廣泛的注意與評論：我將說明這些概念該如何被應用於網際網路的領域。如果只是援引湯普森的文化傳遞理論以及紀登斯作品中的研究論點，通常將無可避免的遭遇被貼上「後現代」標籤的批判性論點與情結。因此，我第三個大量以及直接援引的作者是鮑曼（Zygmunt Bauman）。作為一個後現代性的理論家，他的作品《後現代性的意涵》（Intimations of Postmodernity）、《破碎生活》（Life in Fragments）以及《後現代性及其不滿》（Postmodernity and its Discontents）讓我能接觸到這個相當重要的面向。藉由這些既存的重要理論，我認為本書的貢獻將是匯集這些作品，並且批判性的將它們用於網際網路的研究。除此之外，我希望我的努力能引起對於這些觀點的進一步反思。在更為私人性的感謝上，我非常感謝紀登斯建議我應該著手撰寫此書。我也必須特別感謝湯普森，不只是因為他鼓勵我撰寫本書，也因為他批判性的閱讀本書，並且提出讓本書更為精闢的評論。

在本書的書寫過程中，我也從尼爾烏考克（Neal Woodcock）的評論與批評中獲益良多，他就好像是我的迴聲板並且持續地協助本書的完成。其他對本書的完成有所貢獻的人士還包含Marisca Milikowski、Carin Mulie-Velgersdijk、Josien Huizinga以及許多我在阿姆斯特丹大學的學生。此外，我也要感謝Jan van Cuilenburg以及Hollo Semetko讓我有機會在阿姆斯特丹大學的傳播研究所進行研究。我還要感謝Ann Bone

細心的閱讀和編輯本書，以及其他帕樂堤（Polity）出版社的
工作人員對於本書生產與流通過程的貢獻。最後，我想感謝我
的家人與朋友們。

　　許多在本書中所提及的網址，我將其中能在網際網路上搜
尋得到的網址集中起來，並可經由下面的網頁加以連結：
http://www.xs4all.nl/~giotto/slevin.html。

簡介

　　雖然我們對於社會、傳播與科技傳播媒體的本質抱持著各種不同的看法，但是通常都一致地承認傳播媒體確實是日常生活中無所不在的重要角色。正如同約翰湯普森（John Thompson）所論及的一樣，媒體的發展已經促使當代社會的溝通本質發生深遠而無法逆轉的改變[1]。無論我們身處何方或時值何時，總會有大量的各類傳播媒體——由報紙到電視，由電話到傳呼機——讓個人能夠體驗那些外於鄰近場域正在進行的事件。如今由網際網路打頭陣所促成的新興媒體的崛起，將開始對於不確定的現代社會內，那些已然複雜的溝通管道有顯著的貢獻。假使我們期望可以理解現代社會中所發生的轉型，那麼我們就必須釐清網際網路這類媒體所扮演的核心角色，並重新檢視網際網路所產生的衝擊。

　　與其他電信媒體的勃升比較起來，網際網路的開展是一個特殊的現象，它將無線電與電視等各種習以為常的傳播方式都融合在一起，並將這些模式都匯整於一個巨型的互動網絡之中。網際網路的使用已經重新形塑全球各地，數以百萬計的個人及成千上萬組織團體對於傳播經驗的認知。由於網際網路的無所不在，故我們往往將這樣的一個科技層面的重要鉅變視為對文化傳播工具的重要衝撞，而且很難想像其它的切入點。的

確，有某些評論家，當中最著名的是曼紐卡斯堤爾（Maunuel Castells），認為這樣一種嶄新的傳播網絡擁有屬於自身的文化面向。但是他指出網際網路並非促進「單一的新文化，傳統的觀點往往期待一組價值系統的形成，然而網路中的多重主體和多元性則拒斥了上述同質劃一的網路文化出現的可能。」相對於此，他認為所謂新興的傳播網絡是「經由多種文化、數類價值和諸多參與者的智識與策略的計畫所組成。[2]」身為麻薩諸塞州科技學社傳播實驗室的推廣者，尼可拉斯尼古龐帝（Nicholas Negroponte）也指出一股『極端嶄新文化』的到來，這種文化將使得置身其間的「個人的左右鍊扣或耳環或許就可以透過低軌道衛星，用來與其他人進行聯繫；且電腦的功能將較目前的個人電腦先進許多……。[3]」

　　這些發現都令人感到興奮。但是當卡斯堤爾和尼古龐帝正確的指出新傳播網絡正開啟全新的契機讓人們相互介入，並且開展出讓人們能夠藉以完成事務的新管道時，這些科技卻同時繁衍出新的不確定性。更有甚者，這些科技正在散播我們所居處的世界，其實是充滿高度風險和無法預料的環境這樣的訊息。

　　我們如何生存、我們要做些什麼、我們要如何做以及我們是誰諸如此類的問題都必須依賴資訊才能有效處理，但是我們現在卻對新一代網際網路形式下的網絡溝通感到困惑，艾倫烏曼（Ellen Ullman）在《靠近機械》（Close to the Machine）一書中，總結了電腦專家對資訊世界以及網路傳播的掙扎，她寫到：

　　藉由某些人對於過度重視服務生與收銀員的互動，我發現

在我的身旁存在著一群虛擬同事，由於他們很少與人接觸，對於事物也產生異於常人的高敏感度。當我們習慣處於一個機械媒介的世界（machine-mediated world），一個充斥電腦與電子郵件，電話與傳真的世界；但是，突然間，我們又回到一個人群擁擠、塞滿巴士的世界，在那裡，人們熙熙攘攘的進出商店，並且與他人進行面對面的交談和對話。當我仍處於另外一個領域時，一切就這麼樣的上演著：發生在我們身上的這些事像是過於猛烈的陽光或港口凜冽的強風，襲面而來……，有時候我會考慮選個真實一些的工作，擁有一個真實的公司。也因此，即使在目前的潮流中我那虛擬公司是個人人稱羨、最受矚目的熱門行業，並被幻想成為完美的生活方式，那又如何？[4]

　　同樣的，克里夫史陀（Clifford Stoll）也描述網絡溝通的文化為「一個非真實的領域，正如同一張吹彈可破而且微不足道的薄紗。」他對此提出的問題為：「或許我們所網絡化的世界，壓根不過是一條邁向自由的途徑。更或許這就是引領我們背離真實的道路？藉由埋首網絡所構築的社會，可能就如同鴕鳥心態般分散我們坦然面對社會問題的注意力與資源？錯誤的援用科技來助長消極而非積極的參與？」他繼續緊追不捨的說道：「當網際網路熱情的召喚，並極富誘惑的宣揚知識就是力量的聖像，這個不具備真實空間的『地點』，魅惑著我們全球，整個時代在此臣服。但是網際網路卻只能蹩腳的作為真實世界的替代品，在這個虛擬的真實世界當中，將遭遇大量的挫折，並且在當中以教育和進步的神聖名義，將人際互動的重要概念予以無情的低估。[5]」

　　在《分離》（Disconnected）一書中，威廉瑞曲（Williams
Wresch）在他撰文的部分，對於那些參與網絡溝通的興趣並不
強烈，他反而較重視那些被網絡參與排除在外的人們。威廉瑞
曲描述居住在南非，溫特和克（譯按：納米比亞的首都。）北
部郊區，奈古波約尼（Negumbo Johannes）的生活，藉此比較
擁有充沛訊息機會及那些訊息貧瘠者的差異。奈古波約尼的生
活是這樣的：

　　對每個人而言，資訊時代的來臨就如同夢魘一般。約尼每
　　天早上六點醒來。他借住在窩那黑達的朋友家中，席地而
　　睡。那是一間矩形的水泥房，大約是美國家庭停置一輛房
　　車大小的車庫……那條街是由石礫鋪造而成。水和電力的
　　供應是統一規劃的，但看來兩者都尚未傳輸到此…… 他
　　的生活幾乎陷入尋找工作的漩渦之中……約尼沒料到的是
　　他的情況還將持續惡化。所謂的資訊時代正在非洲發酵，
　　新的系統正被架構著。而這些系統完全將他排除在外…
　　…。報紙一份價值一點五元，佔去約尼還有工作時一天薪
　　水的十分之一。因此他從來不買報紙。電視由國家統一播
　　放，但約尼的鄰居也幾乎都沒有電視，且大多以英語發
　　音，約尼也聽不懂。廣播中有個歐許瓦波（Oshiwambo）
　　的頻道，這是他唯一的新聞來源。專業的訊息將不具專業
　　性的歐尼給排除在外……組織化的訊息同樣也跳過他。他
　　的雇主都不願意花點時間告知他未來的方向，或是可能發
　　展……他個人的資訊可以稱得上是一無所有……約尼從來
　　沒有離開過溫特和克這個北部的村落，因此他對這個世界
　　是陌生的……對偉大電信未來的認識也是如此，窮究一

生，約尼也不會看到電腦這個玩意兒，更別提用電腦從事
溝通或學習了。6

　　然而，當這些批判和觀察可能敦促我們避免過度樂觀的詮
釋並抗拒未來學的逾矩，我們同樣也必須注意，不要因此將分
析轉向另一個極端，那樣將對於正在上演的轉型，展現一種過
度悲觀陳悶的理解。目前我們所居住的環境充斥著不可預知的
訊息，但卻明確的指示我們透過積極的方式面對它7。烏曼，
史陀和瑞曲對於二十一世紀社會結構的早期趨勢有著細緻的著
墨，但是他們的描寫對於有意尋求這些問題解決方法的人，卻
僅能提供微薄的協助。扭轉某些網絡社會互動所導致的邪惡和
非預期性結果唯一可行的方法，其實是必須更積極的介入這些
議題。假使我們試圖發展出使用網際網路的積極模式，我們就
需要對其發展出更完備的理解及對於它所產生的結果有更紮實
的掌握。

　　截至目前為止，有三種複雜的因素阻礙我們對於新興媒體
取得更完備的認知。首先是「新媒體」這個詞藻本身，當我們
指稱類似網際網路的科技時，新媒體常常被用來作為方便的標
籤。就某些角度來看，新媒體這樣的稱謂是錯誤的用法。舉例
來說，這樣的稱呼似乎影射著我們想要檢視網際網路對於互動
所發生的衝擊時，可以提出一個全新的開端。實際上，我們必
須採取與觀察其他現象相同的取徑（approach）來爬梳網際網
路：批判式的採用既有的理論和知識。

　　第二個繁複的因素是繞過對於這個傳播媒體的顯著成長的
重視，在過去很長的一段時期內，都忽略經由社會與政治理論
的筆鋒對此進行探討。正如湯普森（Thompson）所言，直到

最近我們都尚未覓得適合的架構，協助我們理解伴隨著現代社會的興起，透過傳播媒介的發展所發生的文化轉型。這樣的現象有一部份必須歸咎於早期社會和政治思潮的遺緒。馬克思、韋伯和涂爾幹的作品設定了當代理論爭議的論域，他們也並未賦予傳播媒體發展所應得的顯著地位[8]。

　　第三個產生阻礙的因素則涉及傳播領域中專家的文章。許多大眾傳播研究的學者都忽略了透過電腦中介溝通的領域[9]。電腦過去被常視為怪胎和駭客的專屬領域，而且專家們相信這些人幾乎都不與他人互動、溝通。而少數嘗試將網際網路當作文化現象加以研究的傳播研究學者則一成不變的採取狹隘以及非批判的文化觀點。這一類的論述多半對於網路上發生了哪些趣事有興趣，他們限制自身分析的範圍，滿足於分類出所謂的「虛擬社群」（virtual communities）[10]，或者闡明何謂文字的網際空間[11]。當線上交易其實更值得加以研究時，以這些方式來進行的觀察，將犯下與那些研究大眾傳媒的學者相同的錯誤。正如湯普森所指出的，忽略訊息和符號內容是如何鑲嵌於社會脈絡，並自當中被虛擬化的後果，正不斷產生並為我們所承受著[12]。

　　正是這些複雜因素的後果，使得社會理論的著作和傳播領域中的專家討論到目前為止，都忽略對於網際網路發展的理解，更別提說明它如何深陷於現代社會的文化轉型之中。網際網路所引發的衝擊這個議題，仍舊讓許多緊張大師冒汗，同時也讓各種觀點之間的衝突不斷。於此同時，對於網際網路這類溝通科技的理解也有增長，例如，發現網際網路並非突然自我們的生活中蹦出來，而是自我們的生活歷程中，逐步發展而來。

　　這本書主要的宗旨，是希望加強網際網路對於現代文化發生衝擊的說明，並使得我們能夠提鍊出有關於這個議題的理論和實證應用。我將透過三個步驟來完成這個目標。首先，我將連結網際網路的發展如何促成現代社會、組織和個人生活的轉變。第二，接著我將描繪出協助我們理解網際網路衝擊互動過程的重要概念。最後，則說明個體和他們所處的制度背景該如何事先因應網際網絡可能帶來的挑戰。

網際網路的興起和現代社會的轉型

　　在第一階段中，我將由引發現代社會轉型的三個重要發展為起點。此三者就是紀登斯（Giddens）所描述的全球化的增強、社會的去傳統化以及社會反思的擴展和增強，同樣的，這些發展也導致我們所居處的晚近現代世界不確定性的加溫[13]。網際網路在這些背景下的誕生絕非偶然。想要理解網絡的興起，就必須將這些發展都視為相互扣連的。

　　如同其所發展的背景脈絡般，運用網際網路的後續效應最終也將造就不安和緊張，換言之，網際網路並沒有為我們推擠或拉扯出另一番迥異的技術和社會景況。延續著首要步驟，我則期望能夠特別爬梳出網際網路看似矛盾的具備促成文化轉型媒介的潛力。二十一世紀早期的世界，可說是一個「強化反思性」的世界，但人們卻尚未因為對於較多行為自主性的需求而厭惡這個世界。「The Beards and Birkenstocks」[14]認為網際網絡的本質將深化已經令人灰心的反自由和反烏托邦文化。和任何其它的傳播媒體一樣，網際網路也將授權和喪權的嶄新對話引領到社會關係當中。我認為這樣的觀察將引發一連串與研究

或使用網際網路相關連的批判性議題。我將這些議題立基於紀登斯探討激進政治的架構內容中[15]：

1. 網際網路在什麼樣的範圍中，促成組織、團體和個人間智識關係的增進，而這些關係是經由對話而給定，而不是透過既存的支配模式？
2. 在總體的社會目標中，網際網路如何允許組織、團體和個人創生事件，而非等待事件的主動降臨？
3. 網際網路又是怎樣提供社會團結的新模式基礎，讓至今在地理上、社會上距離遙遠的組織、團體和個人相互連接？而對於社會分離的新型態網際網路又有什麼影響？
4. 網際網路有哪些新的方法能夠降低現代生活中新型態不確定性的傷害程度，舉例來說，那些由網絡新領域中竄升的暴力與衝突？網際網路讓人們能夠與其他不同觀點和興趣的人們相互交叉。網絡的暴力模式可能牽涉到言語濫用、電腦病毒的散播，網路駭客的猖獗等等。

視網際網路為文化傳播的形式

將網際網路置於社會現象之下的談法，較諸企圖為以上四個問題提供滿意的解答來得輕鬆。由於我們期望能夠有建設性的檢視這些議題，因此就必須轉移我們的觀點到另外一個不同的層次。這將是本書第二個追求的目標。在此我關切的是描繪和提供某些觀點，藉此協助我們從事這些必要的轉換，並指出我們如何理解網際網路對於互動過程所產生的衝擊，雖然只停留在理論層次上。我的論述將主要根據湯普森對於文化概念的

重新詮釋,而且我嘗試著根據他的論調,將網際網路概念化為文化傳播的重要形式。

近來社會理論的發展,特別是湯普森所做的努力[16],都嘗試矯正過去研究對於大眾傳播的忽略,這也提供我一個適切的開端,去發展研究網際網路的建設性取徑。有系統發展大眾傳播社會理論的嘗試,可追溯到一九六〇年代以前,當時那些研究傳播和社會的學者開始容許文化概念佔有核心的地位[17]。有三種當代社會及文化理論的傳統,對於湯普森的取徑發展有較深遠的影響。第一個傳統注重的是詮釋符號模式的發展背景,故與克里佛吉爾茲(Clifford Geertz)的研究有關。第二個傳統是所謂的媒體理論家,可以哈洛殷尼斯(Harold Innis)討論傳播傳媒與組織權力間關係的作品為例證。第三個傳統則是批判理論,特別是哈伯瑪斯(Habermas)闡釋公共領域的萌生與轉型。

湯普森的文化傳播理論,批判性的由這三類傳統當中獲得靈感,特別關注傳播內容中富涵的特質以及對於個人有意義物質被創生和接收後,其生產、儲存和循環的歷程。傳播媒介的「科技」層面對於傳播與資訊流通提供的幫助,雖然在這樣的觀點中仍佔有一席之地,未被模糊,但卻只被視為社會生活中更廣泛背景中的一環而已。因此,湯普森的取徑讓我們在探討新領域的傳播科技「能夠被運用來影響、轉變,在某些例子中甚至可以控制我們的社會過程」之際,還能避免落入技術決定論的陷阱[18]。然而,湯普森卻立即停止精鍊出理論架構的工作,但那卻是讓我們能夠理解類似網際網路這類新媒體特殊性質的方式。

為了克服這樣的不足,我將延續湯普森研究網際網路時的

論點、概念與想法。我必須強調的是任何針對網際網路衝擊社會、組織與個人生活的分析,也都必須在根本上是「文化的」(cultural)。這意味著我們建造出的概念架構必須不只是單純的指出網際網路作為分配訊息和溝通方式的另類工具。這樣的概念架構同時還必需提供我們分析使用網際網路所涉及的新行為與互動模式的切入點。基本上,這樣的分析架構能夠提升我們的認知,明白以電訊溝通發展為開端,網際網路對於社會生活中組織時間與空間意義的轉型發生哪些作用。潛力無窮的網際網路能夠讓距離遙遠的個人與組織進行互動,而且規模之龐大是史無前例的;創造權力操弄的新模式,並以全新的方式保障權力的合法運用。當人們在網頁中發表訊息,或者發送與接收電子郵件時,他們就進入了與過去面對面傳播及傳統媒介傳播截然不同的互動模式。也因此,我不能只探討網路上頭所發生的事件。我還得挖掘組織、團體和個人持續穩定的使用網際網路時,在現實與虛擬時空界線間的妥協。當他們上線時,就同時存在於兩個世界當中。所以我們得試圖理解這些不連續經驗間是如何的交互纏繞。因為沒有真實的個體和真實的組織時,所謂的「虛擬社群」、「網際空間」也將根本無法存在。將湯普森的文化傳播的理論,應用到網際網路的分析中,就必須修正某些湯普森援引來發展其取徑的主要來源。我相信由網際網路所衍生出的新負擔與契機,將使得過去的某些觀點出現新的曙光。

我們能如何應付網際網路所帶來的衝擊?

本書最後的目標是希望說明,我們重新思索某些概念與議

題的過程，尤其是湯普森的文化傳播理論後，是否能夠對於闡明網際網路的實踐提出某些具體的議題？我期望能夠在重新探討組織、團體和個人在使用網際網路所面對的問題；並論證使用者是如何讓自身能夠勇敢的正面迎向網際網路那些問題的挑戰，而不是陷入它所帶來的失序與不確定之中。我堅信當組織、團體與個人處於晚期現代性的脈絡中，就必須以正面迎戰的方式處理這些挑戰，而不是閃躲。我並不想假裝爲我所提出的那些問題都取得完整的解答，我只是盡其所能的對這些爭論有所貢獻。當齊格蒙鮑曼的研究協助定義我們所面對的挑戰時；安東尼紀登斯則讓我架構出遭遇到挑戰可能的回應。

後面的各個章節將說明網際網路扮演現代文化的中界者，可能帶來的後果。在第一章中，我將以幾位著名的社會思想家的發展爲起點，這些論點都被視爲對於現代文化提出了創見。我無意在這種文化取徑的討論中，將網際網路科技面向的重要性視爲無物，只不過認爲網際網路必須首先被當作鑲嵌於社會脈絡的現象。

不同於第一章中對於背景的強調，在第二章裡頭我將追溯網際網路的發展過程，並描繪部分網際網路核心科技與制度的特徵。同時也將開始區辨出網際網路的使用經由哪些方式影響現代文化的傳遞，藉此才能得到系統性理論的反思。

第三章集中於呈現網際網路的社會理論。我將再度回到我在開始時提及湯普森對於文化所提出的某些基本概念分析，論證湯普森所重新思索的文化概念如何協助我們獲得對網際網路的更好認識？以及網際網路如何影響組織、團體與個人？某些評論家認爲網際網路已經將時空的重要性給抽離。我卻指出這樣的說明將產生誤導，並將細緻的處理網際網路發展歷程中，

帶來時間與空間的重新排序。跟隨湯普森的觀點探討網際網路的影響,我把焦點集中於分析網路所創造的互動場域種類。

第四章開始,分析的重點轉移到六個主題,不僅去挖掘網際網路興起的影響,還將這些影響當作值得深思的具體難題與爭議。六個主題中首先討論的是「虛擬社群」的興起。網際網路提供予個人多類型的舞台及場所來互動和溝通,例如網路上頭的聊天室、新聞群組、電子郵件和瀏覽網頁。想要理解這些場域作為建立新型態人群連結機會的重要性,就必須將這些參與者鑲嵌於他們所座落的廣泛社會脈絡中。而其它的主題將在後面的章節中得到處理。

在第五章中,將呈現網際網路影響社會生活組織與制度的幾個方式。檢視網際網路在現代組織文化中所扮演的角色是合情合理的,尤其是在紀登斯宣稱當代世界是一個組織的世界之後[19]。網際網路使得組織轉變了他們的監督模式和資訊校對與修正的方法,因此造成現代文化的反思性的加速與增強。我同時也想處理網際網路對於傳統社會生活形態的作用力為何這個一般性的問題。正如同湯普森所言的,網際網路將傳統的傳播媒介賦予新意義,同時也讓傳播媒介暴露於各式各樣的批評當中。網路讓組織擁有廣泛的新選擇,但同時也製造出許多新的負擔。因此我將討論幾個使用網際網路的特性,讓組織們能夠以謹慎的方式與路徑,處理他們獲得的新選擇和自主性以及伴隨著網際網路使用後,既有脈絡要求其必須負起的相對責任。

網際網路影響個人日常生活的討論將在第六章中出現。網路不只拓展個人體驗遠方事件的能力,同時也提供個人參與創作的新方法。我對於自我形成的新機制特別有興趣,但也將說明網路與急遽增加的以組織、制度為傳媒經驗是如何緊密的連

結，使其今日將比以往更深的介入你我的生活中。

　　最後的三個章節，將簡短論述經由討論虛擬社群所延伸出的三個相關子題。在第七章中，再度聚焦於湯普森的概念，分析網際網路如何被當作解放公眾性的新概念，舉例來說，公眾互動由過去不具對話性的媒介，轉爲可以進行對話的中介，大爲增加公共的開放性與能見度。網際網路也提供重新思索政治與道德實踐想法的有趣契機。我將探討網際網路在何種程度上，賦予個人作爲知識代理人的地位；並讓個人在形塑現代政治社會時，也能夠成爲具備競爭力的成員。然而網際網路的發展，是在一個更無可預期的層面上對公共性造成轉變，絕非只造成開放性與可見性本質的改變。在第八章裡，我跟隨著紀登斯和湯普森的看法，揭示網路如何與溝通全球化相互交織。第九章則主要分析網際網路如何挑戰我們處理現代文化開放性與可見性的方式。既有的媒體規範形式已經顯得不適當，並將非預期的導致可見性競逐的強化，並對特定團體產生驅趕效應。因此，我也企圖回答管理者可利用哪些機會下有效率的介入其間。

　　在最後一章中，將總結我所討論的網際網路作爲文化傳播新形式的各種線索。我們是否該嚴肅的面對李歐塔（Lyotard）所謂「我們正佇立於新時代的開端，並且網際網路這類的新媒體將開始引領著你我超越現代」[20]？網際網路是否就眞的將造成資訊社會的出現，又或者無庸置疑的將導致後現代文化的轉變？我認爲這些都將遠超越本文所能解答的。網際網路與其說協助我們進入後現代時期，我將更同意紀登斯的觀點：「網際網路帶來的轉變，毋寧說是將現代性的後果轉變的比過去更爲激進，更爲無所不在。」

目　錄

第一章

造就現代社會轉變的一些發展

　　許多人辯稱網際網路的崛起標誌著文化傳播史的新朝代降臨。的確,有一系列令人困惑的詞藻和語句都被援用來與這個嶄新的社會型態的誕生,以及當代傳播的後續效應[1]連結。換言之,舉例來說,都述及訊息技術革命所引致的資訊社會萌生[2]。然而,網際網路的重要性和使用網路的後果仍舊是飽含爭議性的話題。為了適當的理解網際網路對於現代文化的媒介效應,我們必須集中於網際網路的各項特質,並重構它的發展歷程。網際網路固然被型塑為一種新的技術性場域,但你我現今所體驗到的多元、繁複的社會和技術性變遷,其根源其實可以從歷史中加以追溯。而我們所面臨的挑戰則是如何耙梳、理解這些發展內錯綜複雜的關係。

　　以新媒體來稱呼網際網路,其實暗喻網際網路就某種角度來說是一種突如其來的發明,而且只能藉助他本身內部的技術發展狀況加以控管。實際上,沒有任何現存的傳播技術,曾經就這麼簡單的披著神秘的面紗,由一個獨立的科技機會寶袋中一躍而出[3]。正如同當代的其他傳播科技一般,網際網絡也緊密的與更為廣泛的媒介傳播發展交織在一塊,而這些過程則是和經濟組織以及現代民族國家的擴展攜手並進[4]。在另外的層

次中,這類由當代組織群所引發的轉變和日復一日個體生活的本質,則以直接的方式交纏一氣。也就是在這樣的前提底下,網際網路的發展雖然是人群致力發展的目標,卻也引發非預期性結果。或許最好將網際網路的發展理解爲一個緊張、矛盾的技術和社會狀態,而伴隨網際網路使用所引發的後果則不亞於此。

　　將上述的觀點兜攏在一塊兒,本書前兩章主要協助我們架構和精鍊某些概念性的論點,使我們能夠適切地描繪網際網路對於當代文化理論性及實作性的運用。換句話說,前面兩章主要是替本書的其餘章節建立根基。而在本章中,我的目標是透過檢驗一系列足資轉變當代社會的發展,將網際網路的出現置於社會座標之內。

　　想要理解網際網路的發展,就必須以當今幾位突出的社會理論家的研究爲開端。唯有在釐清他們的概念之後,我們才能夠試著去解明社會變遷的主軸,並對以下三項發展投以特別的關照:全球化加遽所引發的影響,後傳統社會秩序的萌生,以及社會反思性的擴張。也才能夠將這幾項發展與紀登斯曾描述過後現代社會中,加速產生的大量不確定性加以連結[5]。

　　緊接著,我將集中探討這些發展的模式如何與當代組織內部以及個體生活形態本身的轉變交織在一起。我們所居處的不確定世界需要積極的參與,而這同時便又牽涉到延展性和意圖性的面向。討論更爲廣泛的研究作品,我們便能從各種制度性和文化性脈絡逐漸浮現的現象中,精鍊出數個理念型偏好與方案,而這些正是我所強調,能夠協助建構更爲積極與主動的風險處理取徑的方式。

現代社會和大量湧現的不確定性

　　現代社會延展、跨越了廣大的時空範圍，所以總是以複雜的模式和那些協助「遙遠活動控管」（control of far-flung activities）的科技發展相互交織[6]。電訊傳媒的發明提供民族國家增加視野、商業企業和其他形式的社會組織監視旗下產品並在時空中進行重製的完備工具。電訊傳媒同時也提供個人迅速提升訊息接觸和監視他人差異想法的手段。無論在形成觀點或做出決策時，這些均協助他們能夠在遭遇與自我生活和他者生命息息相關的討論時，足以顯得更加地游刃有餘。

　　一八三〇年代，電信科技的引介是開啟現代世界新型態傳播的多項創新中，最早出現者[7]。電話，收音機和電視機的發展，也都佔有舉足輕重的角色，在這些發明之後，倚賴數位系統的新資訊處理模式，則通常經由時空幅輳的意涵來傳遞。對於早期郵遞傳播的研究顯示，這些老舊的方式既緩慢又不牢靠[8]。然而，相較於現代的電話傳播形式，無論撥打到本地或撥打到數千哩之遙，其間的效率和速度間的差異幾稀[9]。也因此一般論者咸認科技發展幾乎使得全球時空完全幅湊在一塊兒，也讓經濟組織或國家內部的行政團體取得前所未有的高效率[10]。就在網際網路創生前夕，麥克魯漢（M. McLuhan）就寫道：「歷經三千年的專家爆炸、不斷提升的專業主義和我們身體與科技延伸的異化後，我們的世界就在戲劇性的翻轉當中，萌生了壓縮作用。一旦電子化壓縮產生之後，全球就不過是一個小村莊罷了。[11]」

　　即便我們可以利用這些觀察來強調傳播媒介對於權力組織

化舉足輕重的事實,但卻鮮少有人會認真的宣稱如今我們所居處的「電子化傳播模式的世界」遭受到嚴密的控制。單純藉由粗糙的時空聚合的概念化,就聲嘶力竭的嘶吼著社會和技術的變遷又一觀點的浮現,根本站不住腳。這樣的觀點忽略了物質環境與傳播的後果,以及那些加諸其上或者根本由此所流洩出的社會限制。無疑地,這些發展都替組織創造大幅提升訊息查核、儲存和增補技術的機會,以及有助於組織訊息傳播的全球化,但這項發展卻仍有其晦暗的一面,而負面效應有時甚至顯得更為醒目。雖然麥克魯漢認為我們正住在一個「焦慮的年代,因為電訊的內爆,迫使人們認同和參與,甚至忽略任何『觀點』」[12]。約莫十年之後,貝克(U. Beck)則認為「高度發展的現代社會中,財富的社會生產均有系統的伴隨著風險社會的生成。」[13]紀登斯同時也指出「不確定性的大量製造」是作為「現代制度長期成熟化的後果」[14]。新型態風險的構成,同時是因為不可知的狀況,以及藉由現代傳播技術,作為聯繫當地和全球過程的工具之後,所催生的非預期性結果。故大量製造的不確定性顯得形形色色,難以捉摸,並且極端複雜。我將花費一些篇幅,藉由探討一些不確定性產生的相關概念,來彰顯此一過程的複雜度;同時也透過解釋這個過程如何在過去四、五十年間加速發展,來詳細論述這個議題。

跨越時空的互動需要額外複雜的規範

當社會世界的訊息交換的媒介傳播脈絡,是發生在那些並未共處於同一個場所的個體之間時,他們的互動就需要一個額外複雜的規範。鮑曼曾經解釋過這項首要的人為不確定性觀點,他寫道:

我們和他者的所作所為可能會衍生出深遠、範圍廣泛而且
歷久不衰的後果，而這些可能根本無法直接看見或可被精
密地預知。在行動和他們所引致的後果之間存在著偌大的
落差——這同時指涉時間和空間兩者——而且無法利用我們的
生物本質或一般覺察的力量來加以摸索，也因此我們很難
藉由鉅細靡遺的列出他們的效應，來測量我們行動的品
質。[15]

　　舉例來說，我們可能發現當地的一家小雜貨店正在舉行大
拍賣，卻不知道購買這些商品時，我們只是深化了世界上其他
地方惡劣的勞動環境罷了。我們行動的後果往往都在我們所未
見的地方具體化，甚至彰顯出我們對道德想像的無力感。哈伯
瑪斯也說明跨越時空的延伸互動，將造成人們的侷促不安。他
認為這些緊張、焦慮，「其作用就像是一場情緒浩劫，當人們
以為自己可以道德性的理解這一過程所帶來的可能後果的完整
面貌時——畢竟我們將這些過程設置於現代科技和政治內——然而
我們對此卻無法再負起道德責任——因為這些跨越時間的發展已
經導致他們超越我們的控制。[16]」就像紀登斯所言，這些風險
最為重要的影響層面包括生態性的後續災難效應和核武爆發的
可能性[17]。

抽象溝通系統消除某些不確定性，但同時創生新領域的弱點

　　面對延展交流範圍到跨越遙遠時空範疇所衍生的複雜性
時，其中一種反應是逐步增加對抽象溝通系統的側重。這些舉
措主要是希望能夠將複雜社會交流所引致的後果穩定化，並且

降低他們的風險性。哈伯馬斯和紀登斯均曾經分析過這些系統，也都指出三項特殊點：象徵標誌（symbolic tokens），專家系統（expert system）和溝通的普遍化形式。

象徵標誌

對於那些素昧平生或者甚至從未交談的個人而言，象徵標誌無時無刻都在難以計數的互動中被採用。貨幣就是最主要的一個例子。紀登斯認為它所提供的是，「使得那些廣泛處於不同時間或散佈在各個地點的行動者之間，得以進行交換。[18]」就像哈伯瑪斯所解釋的，符號媒介，例如貨幣，「抱持著目的理性化態度朝向將價值轉譯為可計算的數量，並使之能夠進行概化，並在凝聚共識取向的溝通歷程中，還能策略性的影響其他參與者的決定。[19]」由於當代經濟體的規模和複雜度，我們幾乎很難想像參與交換的合作對象，會存在只有參與者雙方的對話或其他高層次訊息輸入[20]的情形。舉例來說，許多中央經濟計畫嘗試著眼於廣大的規模，其實都不過證明是不可能的任務。

專家系統

專家系統比起象徵標誌允許更為複雜的交換，但就像象徵標誌一般，這些工程都緩解了不確定性，也減少了溝通的耗費。紀登斯描述他們為「科技完備性系統或專業化專門技術，得以將我們今日所居住的諸多物質領域和社會環境加以組織化[21]。」譬如說，我們極少和醫師，廣播員，建築師，銀行員，飛行員或火車車掌等專家，進行面對面的交談，然而我們卻全都繼續參與、涉入由他們專業性所組合起的諸多系統。就像是象徵標誌，專家系統也提供滿足我們所持期待的「保證」，這

一切均無須我們直接與所有相關專業人士的溝通和協商。我們並不用詢問火車車掌他們是否知道通往下一站的道路，或者是否取得合格的憑證，來證明他們有能力安全的駕駛交通工具。

溝通的普遍化形式

溝通的普遍化形式是指那些爲無窮無盡，或至少是一廣大範圍的潛在接收者所創造出來的溝通媒介。哈伯瑪斯就舉大眾傳播媒介作爲這類訊息轉換的絕佳例證。他寫道：「它們將溝通程序由過去受限於地方性之特殊時空背景中加以解放出來，大眾傳播媒介消除遙遠的時空距離，建構一抽象卻實存的溝通網絡，同時他們也在各種脈絡中維繫著訊息的親近性[22]，這些都促成公共領域的發展。」當我們打開身邊的電視機，並在各個頻道之間切換時，我們都確信廣播電台會藉助特定良好品味的指標來估算一般人對他們行動的接受度。

然而，當象徵標誌，專家系統和溝通的普遍化形式都被創造來消除不確定性，且減少溝通成本時，他們同時還非預期性的造成新型態的不確定性和風險的出現。紀登斯和哈伯瑪斯都確切地指出抽象溝通系統特別無力處理的尖銳議題，將溝通由共享文化知識庫的生活世界脈絡中脫離出來。就像哈伯瑪斯所寫的，溝通的普遍化模式「無法取代經由語言所達到的共識」[23]。紀登斯則首先指出類似象徵符號和專家系統等機制如何仰賴於積極的信任，及信任的態度是如何受到溝通的影響[24]。結果，抽象溝通系統，使得個人、組織和專家系統的代表都必須背負起新的負擔，他們必須展現本身的誠實，藉此來維繫並發展出彼此間的信任。因此我們必須下個結論：當象徵標誌，專家系統和溝通的普遍化形式開啓了社會新契機與新領域時，他

們同時也開拓了新領域的脆弱面，這也使得現代溝通的危險性不亞於過往。

所以現代生活中安全感與不確定性相互交雜的複雜情緒，不但是道德詮釋和責任的議題，同時也在溝通抽象系統的標準化影響下，呈現成一個混雜的結構樣貌。雖然這些溝通發展經由過濾各種紛雜的選擇來進行例行化和延續化，卻同時也衍生出被認為恣意而為和無法接受的某些後果。這些負面效應可能造成社會生活任一部門的邊緣化和沮喪。更為複雜的說來，抽象系統看來同樣也扮演將日常生活去技術化的重要角色[25]。這一切都使得個人很難應付加諸於其上的壓力和扭曲。

在紀登斯所稱的「重大時刻」期間，安全感與不確定性的矛盾叢生就顯得格外尖銳。這些情況可能指的是當人們必須「被要求對那些涉及個人志向或更為廣泛的未來生活遭遇有著特殊後續效應的事件做出抉擇時」[26]。舉例來說，所做的決定或許是花費一段時間以專研那些可能特別複雜，且通常牽涉到廣大範圍的「專家」和「權威」對於不同行為模式所提出各類建議。當然不存在任何應然的解決方式，且個人必須發展蒐集和處理這些訊息的技術，仔細權衡評估可能發生的風險和與各種不同後果關連的必然性。現代社會的日常生活便充斥著這樣的重大時刻。

現代傳播技術造成參與者對於交換過程掌控程度的劇烈轉變

一般來說，當面對面的互動均涉及鮮明的權力與資源差異時，在這樣的觀點下，中介互動的背景脈絡也就顯得格外複雜。這是人為不確定因素的第三個面向。中介互動的本質通常

造成反思性和互惠性機會的轉變，並要求參與者能夠援用複雜的科技或技術。

　　舉例來說，大眾傳播媒介都佔有由製作者到接收者的單向傳播優勢。他們將觀眾變成爲理查史奈特（Richard Sennett）口中所謂的「沈默的群眾」27。觀眾無法對電視表達自己對於這個節目的想法，他們所做的任何反應都無法被看見，電視並不允許它的觀眾中途打斷節目的進行，因爲觀眾必須持續保持沈默以接收電視所傳達的意圖。電視節目的製作單位通常都是大規模的跨國組織。爲了理解人爲不確定性和溝通延展性間錯綜複雜的關係，我們就勢必得留意經濟和政治權力層面上，所展露出的可觀差異性和不平衡。不確定性和風險均取決於個人和組織能夠在訊息進行交換時，攜入哪些種類的技巧和權力。對於某些人而言，現代社會顯得較其他人更爲充斥風險和不確定因素。如同竇根（Dougan）寫道：「即使如今我們已經堂堂邁入新千禧年，但地球上仍有超過一半的人們從未打過電話。28」

反思現代性和風險的加速形成

　　截至目前爲止的討論，顯示我們很難駁斥現代傳播形式所蘊含的曖昧和矛盾。它顯然同時造成我們社會生活的整合與分解。當現代傳播開啓了控制的全新契機時，卻也同時造就某些新型態風險的誕生。諸如此類的觀察如今要比過往任何時點都來得舉足輕重，因爲就像紀登斯所言，人爲不確定性在過去四、五十年間，正在加速增長並且激烈化。看來我們正進入一個全新的現代性階段，由過去的簡單現代性轉入激進化的現代性，在這當中現代性的後果比起過去更值得一探究竟。像這樣

的觀點也受到列許（Scott Lash），俄理（John Urry）的支持，他們認為我們並非進入一個「極端拒斥現代主義的時期，反而是進入一個極盡誇張的現代主義時期。它比現代更為現代主義。[29]」貝克，紀登斯和列許都將這個階段稱之為「反思現代性」[30]。

紀登斯將激進現代性視為三種相關發展組合的結果。包括深化全球化的影響，後傳統形式組織的浮現和社會反思性的強化和拓展。這些發展尤將左右已經工業化的國家，但卻也逐漸將他們的影響觸角延伸到全球各地[31]。這三類因素都直接和現代溝通科技的本質直接相關。

深化全球化的影響

紀登斯定義所謂全球化的深化影響為加強「遠距行動」。國家，經濟組織和個人的活動，都藉由現代溝通媒介，增加與遙遠地點、事件的交織性。以紀登斯的觀點來說，全球化就等同於一個通常內含矛盾的複雜過程，它通常製造出一連串的衝突，新型態的社會階層化，而且最重要的是新的，不確定性模式。

後傳統形式組織的浮現

一旦提及深化全球化的影響，我們同樣也親眼目睹後傳統形式組織的浮現。由於我們通常將現代社會視為已是後傳統的時期，因此這個過程或許看來略顯詭異，然而，就像貝克一樣[32]，紀登斯相信傳統仍舊在現代中扮演著重要角色，畢竟傳統仍舊作為權力合法化的主要源頭。傳統協助穩定真理的意義，至少降低了決策過程的風險。

然而，紀登斯寫作時認為，今日「現代性已經被驅使到

『它的意義』。[33]」他認為去傳統化（Detraditionalization）指涉的是各種形式的權威都遭遇反思性的挑戰，它們都必須解釋自身，並對各類飽含抨擊意味的質疑敞開心胸。處於文化上四海一家的社會中，並座落於開放與消息靈通的組織內，對於問題的解答不再一成不變或僅只是照表辦事而已。解答問題將持續被重新決策且允許批判。雖然像政府或管理團隊的權威者持續具有其影響力，但他們卻轉變為去中心化，並仰賴於一個更廣泛的權威系統由各種複和來源中取得能動性。人為的不確定性大舉而全面性的進入生活形式中，而你我的生活決策也在此間被敞開。

社會反思性的強化和拓展

與深化全球化的影響和後傳統社會同時相關的是社會反思性的強化和拓展。包括民族國家，組織和個人都必須處理和他們日常活動息息相關的大量訊息。在此，紀登斯似乎支持哈伯瑪斯認為我們正經歷「溝通性公共建設的過度承載」的論調[34]。然而，紀登斯進一步將哈伯瑪斯的關切點深化，他指出其實是知識和控制間的錯置混雜，而非訊息本身的過量，才是人為不確定性的主要來源。湯普森同樣也提及，「今日大多數人和組織所遭遇的問題，其實是符號錯置的難題：在這個世界中，經驗的能力不再和相互碰頭的活動相互關連，我們要如何將經由中介傳遞的經驗和我們日常生活的實作脈絡相互扣連？[35]」

紀登斯，貝克和列許認為藉由這三種發展中所流露出的現代反思性，已經破壞了處理風險和不確定性的傳統作法[36]。和晚期現代性緊密關連的不確定性，再也無法經由傳統的制度化

標準來處置，因為這些標準誤以為不確定性是可量化和估算的。今日的風險變得更加危險，因而需要我們更為積極的介入處理。即使我們和許多人看來居住在一個互不關連的世界，但我們現今居處的環境正逐漸成為單一化的世界，在這樣世界中，不確定性不斷入侵我們的生活，使我們無法逃脫。但與此同時，也有面對風險的新方式出現。換句話來說，也就是那些促成現代社會轉變的發展，我們或許可以期待驗收透過中介的傳播經驗如何重塑這些景況。在一個不斷被人為風險所滲透的世界中，生活且從事工作是什麼樣的感覺？有哪些新的變動將被引領進入我們的生活？現在讓我們更為具體的檢視這些發展經由某些方式，和現代制度和個人生命中所發生的轉變互動，而網際網路的興起則是這些過程中的核心成分。

晚期現代時期的組織性脈絡

　　無論我們觀察晚期現代性的任何一處，組織性脈絡都產生徹底的轉變。就某個基本角度觀之，許多現代社會的組織不再符合我們期待它們能夠達成的目標。在這個部分，我主要將討論民族國家和經濟組織這類特殊的組織類型，但我同時也將簡單扼要的說明當社會組織傳統模式試圖迎合我們所賦予它們的不同要求時，所造成的重新洗牌效果。就我的目標而言，討論這幾個重要議題的足夠了。

民族國家所遭遇的人為風險

　　民族國家在過去的四、五十年間，面對一連串必須處理的問題，包括國家活動的理性化基礎，秩序的深植化，民主的解

釋性，國家決策過程的清晰化，和關切國家規則正當化的諸多問題[37]。一如卡斯堤爾所解釋的，民族國家變得更加暴露於「那些不明確—甚至有時候是無法定義的權力來源競爭下。這些所指涉的內涵為資本、生產、傳播、犯罪，國際組織，超國家軍事機器，非政府組織，跨國家宗教，和公共理念運動等所編織出的社會網絡。而在國家之下，則有社群團體，部落，地區，教派和幫派。[38]」哈伯瑪斯與歐非（Offe）也曾指出國家中央掌權者如何驚覺它們愈來愈難以恰當地處理由這些問題中浮現的矛盾要求[39]。

政府對於這類情況的回應則必須更加複雜，而且絕無一致的可能。舉例來說，傳統上過去政府所慣於直接援用的訊息和方式，其成功率大幅降低，也因此導致政府必須採取嶄新的激進自由市場哲學。這些轉變意味著現在民族國家的成功組織整合，更加仰賴低階輸入，例如那些來自經濟市場的訊息[40]。所以政府勢必將縮減國家干預經濟生活的幅度。譬如說，它們必須刪減國家提供的服務和社會福利的資源，並鼓勵競爭式資本主義。然而，政府同樣也發現它們本身陷入反覆無盡的循環過程—不斷地在諸多議題上，破壞控制度並又重新修復。這些議題包括食品安全，健康照護的品質，金融服務的可信度，公共運輸系統的安全性，對於污染的控制，圍堵犯罪和保衛國家安全。這些議題都帶來對於監督和行政力量的新需求，而且想當然爾更考驗著民族國家的溝通性基礎建設。因此，目前民族國家遭遇的最大問題正是如何從事風險管理。

姑且不論龐大的文化取徑，在重組與更新領導管理時可能存在的分歧性，這些文化取徑其實存在著某些基本的相似點和雷同處。在晚期現代，民族國家嘗試更為積極的研擬政策來處

理現代生活中的「不確定性」[41]。譬如說它們都更加著重，且更為鼓勵協商式民主（deliberative democracy），有生產力的政治和新型態的團結，它們嘗試結合新的策略伙伴以強化本身的行政控制力[42]。讓我們逐一的檢視這些項目。

協商式民主

統馭能力和組織整合的維繫不能單靠監督和行政能力的拓張，以及市場力量輸入的低層次訊息。現代政府也必須投注龐大的心力維持並回應其市民對於政府管理模式的偏好。想要重新恢復人民對於政府規則的信任感，就必須有意識地朝向行政權力的去中心化發展，並且拉近政府和人民的距離[43]。政府因此希望能夠推行協商式民主，且將它們內部的活動變得更為透明化，所以政府也藉由和各種個人和組織的討論和觀點交換，表態尋求人民的積極信任。這樣的現象同樣也延伸至其他非正式政治的領域。民族國家經由拓展與其他類型的社會組織的溝通空間獲得許多收穫。這些團體可能也因此能夠傳達它們的觀點，並更為直接的協助當代社會日益提高的反思性政治活動。

生產性的政治

傳統模式直接援用訊息所遭遇的挑戰，並不盡然等同於民族國家無法逃避的滅亡。卡斯堤爾寫道：「真正重要的是區辦出新權力系統……透過權威的多重源頭...而民族國家只不過成為這些來源的其中之一。[44]」民族國家不但無法將組織或甚至個人繼續當作下層看待，民族國家的核心權力者甚至發現它們必須透過權力的去核心化換取本身的永垂不朽。它們的作法不僅是讓低階的管理區域取得對於日常議題更多的權責，同時還得尋找不同的方式將權力賦予社會上的其他組織和個人，讓他

們能夠「在各種社會關切和目標中，都能促成事件的發生，而
不是只是靜待事件降臨到他們身上[45]。」

新型態的團結

　　在晚期現代化的時代，民族國家都發現她們總是落在兩個
極端之間。一方面，她們發現需要保衛自身的主權，另一方
面，她們卻又逐漸驚覺自身所處的位置必須將主權分享出去。
在這些因素下，民族國家都極力掙扎的挖掘出某些經得起考驗
的方式維繫主權和控制。在這樣做的時候，除了尋求與主要民
族國家及政治和經濟行動者進行策略聯盟和團結之外，它們幾
乎都沒有什麼其它的選擇。於此同時，民族國家也持續積極的
試圖消彌任何形式的歷史性不信任感。

經濟組織所遭遇的人為風險

　　在晚期現代，經濟組織就像民族國家一般，經歷了組織傳
統模式的危機。賴瑞賀許弘（Larry Hirschhorn）和湯瑪斯吉爾
莫爾（Thomas Gilmore）就認為：

> 在傳統企業中，公司的界線是「僵硬死板」的鑲嵌在組織
> 的固定結構內。職業頭銜的階層明顯地標誌出不同的權力
> 和權威…企業行號之邊界的功能就像是地圖上頭的標記
> 般。為了清楚的區分誰應該向誰簡報，誰對於什麼應該負
> 責，經濟組織的界線清楚的指引並協調個人行為，並將這
> 些行為都嚴格的導引已完成公司整體的目標。最大的問題
> 在於這類傳統組織地圖所描繪刻畫的世界如今已不復見。
> [46]

　　在後傳統的情境中，伴隨著逐漸加強的反思性和全球化，

傳統組織化企業功能的虛弱化逐漸浮上檯面。垂直組織的貧血式政治控制風格，已經無法有效的處理與快速轉變的企業環境和高度分化的市場動態相關連的不確定性。和民族國家如出一轍的是現代組織也面對著風險管理的危機。

　　經濟組織對於這些轉變的回應是複雜的。然而過去四、五十年來，政治和經濟的重構都引發數個相互關連的經濟組織的轉變，看來也都和傳統組織模式產生顯著的區隔。本文在此將探討這些軌跡的三種樣態。在晚期現代內，更加強調經濟組織並進一步鼓勵一系列的生產性政策，包括推廣新型態的制度化討論，去中心化的行動模式，並增加團隊工作和公司內部的網絡化[47]。這些發展方向均平行且融入與民族國家相關的轉型過程中。它們同樣也和那些現代社會組織模式將傳統組織模式丟置一旁的轉變過程相關。

新型態的制度化討論

　　近年來企業分析家強調一個重要的組織性潮流，是它們都傾向推廣新型態的制度化討論[48]。我們可以經由觀察企業連鎖店和許多經濟部門找到證據，但或許沒有地方會比所謂的市場取向組織更加符合。在這裡，被統整的組織資源能夠以最直接的方式提供給顧客—這同時牽涉到組織啟動水平和垂直方向的整合過程。「基本上說來，這些天衣無縫的企業形式」，文生芭拉芭寫道，「是藉由傾聽，學習和引導發展出來的智識，對於工業，消費者和立基於決策網絡社群進行理解……這些知識和決策網絡形成了綿密的連結線，將那些企業原本不相連貫的部分黏合在一塊。[49]」因此當政府尋求能夠在政治範疇推展協商民主時，經濟組織也希望藉由與組織內部和外部之個人和團

體，進行討論和觀點的交換，來展現積極培育彼此信賴感的目
的。

去中心化的行動模式

　　經濟組織的第二種**趨勢**，是致力於發展各種去中心化的行
動形式，將所有舉措圍繞著組織過程的核心，而非遵循著階層
化結構的部門。這樣的目標可以經由認同且聚集更廣大行動範
圍的自主性而被區辦出來，並且在進行時，也將解放組織內部
的個人創造潛質。創生出允許執行企業計畫時有更多自主性的
環境，該組織也將因此居處於一個高度反思性世界，並尋求組
織存續的重要使命。同樣的，組織也必須嘗試著賦予顧客更多
參與的權力，使得他們能夠更積極的介入產品和服務的形塑，
以滿足消費者的願望。

增加團隊工作和公司內部的網絡化

　　第三個組織轉變趨勢是各種策略聯盟的逐漸增加。這裡所
指的不僅是組織內部工作團隊的相互扣連模式，還包括不同組
織間的合作性共識。值得一提的是，後者並不意味著事先阻絕
共識之外其他領域與組織間競爭關係的延燒。企業內部的網絡
行動，對於協助在晚期現代時期的經濟組織存活而言，是具備
競爭性的重要武器。「IBM企業」，卡斯堤爾寫道，「或米特
蘇司...對於世界的傲慢態度變成文化性歷史的重要事件。[50]」
經濟組織的這個趨勢和民族國家嘗試融合新策略聯盟以強化它
們的行政控制十分接近。

傳統社會組織模式的重構

　　重要的是，傳統組織模式的輪廓。舉例來說，像是傳統家

庭生活和宗教，就和那些民族國家與經濟組織一樣，也正體驗
晚期現代的激進化重構。無疑的諸多傳統性正遭逢消逝的命
運。對哈伯瑪斯而言，目前對於「特殊性、自然性、地方性，
小而熟悉的社會空間，商業的去中心化形式，去特殊化活動，
分區俱樂部，簡單互動和去特殊性公共場域等進行重新評價」
所增加的興趣，都只是企圖在不確定性滲入日常生活核心時，
重新復甦溝通的重要性[51]。我們可以觀察到環繞於你我，不同
文化團體和社會運動，對於家庭價值，宗教，民族主義和道德
認同的重新定義與復興，並以此尋求嶄新的認同形式。也就是
這類脈絡，被紀登斯稱之為「『新傳統』的建立」[52]。因此，
或許當我們說「社會中的傳統制度作為權威的來源的角色已經
逐漸弱化」時與事實相去不遠，但傳統社會制度仍舊扮演補給
意義與防衛來源的重要源頭。更有甚者，無獨有偶的，這些形
形色色的團體性都致力於尋找方式，以達成湯瑪斯所謂的「重
新停泊的傳統」，湯瑪斯的意思是將傳統進行翻新和延伸，且
當傳統再鑲嵌回到空間單位時，通常超越了面對面互動的範圍
[53]。

　　這裡所討論的「處置現代生活的不確定性」並非單純只是
一個延伸面向而已。因為發生在民族國家，經濟組織和其他社
會形式的轉型，同時也以直接的方式和個人的生活和自我發展
交織在一起。

晚期現代時期的自我

　　紀登斯認為晚期現代中的自我，「就像它所存在的更廣泛
制度脈絡，都成為反思性的構成。[54]」反思現代性對於個人而

言，代表著他們必須面對日常生活前所未有的開放程度。居處
於資訊來自四面八方的環境下，個人必須對於這些訊息賦予意
義，並且使用這些訊息以在各種不同行動序列中做出選擇。即
使個人選擇遵循著傳統慣例，傳統的生活仍舊必須在警覺到還
有各種其他各種完成事物的方式下，被詳加思索、守護和做出
決策。在這些景況下，便開始浮現自我認同的新機制。包括個
人如何協商他們所做出的決定，以及它們如何處置風險和不確
定性的新質素。

　　經由各種現代社會組織所形塑的自我認同新機制─當然，
自我認同也將形塑各種社會組織─總是複雜的令人目眩神迷。
然而，本文討論至此的那些轉變，讓我們能夠揀選並考量某些
落於個人層次的生活形態與實踐面的轉型。我將集中說明協商
的經驗，重新取得的知識和技術及認同和相同性的融合。

協商的經驗

　　與過去不同的是，事件總是主動降臨到個人身上，在社會
關注和社會目標的各種脈絡中，個人都面臨例如民族國家，經
濟組織和其他社會組織模式等權威無力出面替它們解決難題的
窘境。對此，個人必須利用自身所擁有的專業知識（雖然仍可
能挾帶著各種疑問），對於另一造的複雜構造甚至相互衝突的
權威來源，持續從事監督和提出需求。人們同時也必須尋求各
種方式讓他們的觀點能夠被聽見。抓住任何機會和他人溝通自
己的特殊想法和期待，能夠讓個人自身的自我認同取得更高的
反思性掌控。準此，個人也就能夠有助於各種協商性措施的建
立。這些措施提供個人對於標準化生活影響和制度化政治和管
理指示，做出創造性與詮釋性回應的平台。當某些人尋求對於

傳統生活方式重新評價時，批判運動和特殊利益團體則利用這些協商平台，對於政治論域拋出新的議題。舉例來說，婦女，孩童和弱勢團體的成員，都組織起來進行各種努力，希望取得過去一度被認為不合理或無關緊要觀點的發言權。

重新獲得的知識和技術

在晚期現代中，個人與專家系統碰頭時，所進行的並非一種單向的去技術化過程。時時刻刻都可以創造和取得新技術。在一個不具備終極權威的世界中，個人繼續參與知識和控制的取得和佔有[55]。這通常藉由強調以非地方性知識創造地方性和遠距離行動更豐富的自主性，對於不具權力者感受的補償。然而，取得控制同時還包括對於地方知識的重新評價，以及將那些缺乏者排除在外。

認同和同質性的融合

在現代社會情況下，個人參與的是分歧的互動脈絡，且與他人碰頭時，通常是橫跨於多種文化背景。因此個人試圖限制他們必須作為個案的經驗，希望能夠發展出一致的自我認同，並成功的完成所參與的計畫，以積極地尋求和他者進行認同和同質性的結合。處於一個權威來源相互衝突的世界中，認同感更加倚賴個人建立對於其他個人，團體和組織培養出積極信任的能力。為求整合自我的參與和他人的參與，個人必須規律的接收來自遠方的訊息，並讓訊息能夠被遠距離的他者接收[56]。

風險的新動態，強制力與基本教義派

當新型態的對話，賦予權力和團結獲得重視，並取代連結

組織和個人生活的舊連帶時，這些轉變同時也創造了新挑戰。
朝向這些目標的運動通常是混亂且充滿衝突。就民族國家來
說，試圖迎戰管理能力以及風險管理的問題，卻導致十分不穩
定與矛盾混雜後果的出現。這些嘗試在許多領域開啓了民族國
家的新契機，然而卻也造成其他方面行動能力的萎縮。以推廣
協商式民主的方法爲例，就可能造成現代社會既有規模和複雜
性，以及現代世界中增加的相互連結都更形混亂。這些設置的
安排同時被抨擊爲就像是觀點管理和窗簾般的工具。新型的風
險同時也發生在生產性政治的面向，它可能磨損垂直官僚體系
的監督效率。當民族國家必須參與和其他有利國家和跨國遊說
更多的協商和聯繫時，他們干預的能力就被限制住或甚至蕩然
無存了。

　　對經濟組織而言，制度化的協商和反思性的參與可能帶來
新機會和利益。然而，某些企業分析者同樣也指出當溝通轉變
得更具相互性而非單純的千篇一律時，卻將造成缺乏普遍恆久
不變的期待，而這些是在現代組織文化中廣爲流傳的[57]。自我
倚賴的強化和互賴的關係監督，而不倚賴企業內部，也造成新
型態的不確定性。當傳統官僚體系的指示對「由暫時性的原則
主導而非一成不變的規則」的組織模式做出讓步後，這類程序
的後果就再也無法事先被預測[58]。當過去組織內未參與的個人
和團體相遇時，新型態的衝突便浮現。透過協商措施和觀點的
互換，而非利用這樣或那樣的專斷行政命令來解決這些衝突
時，則爲組織帶來新的負擔[59]。

　　對個人而言，決策過程的開放，通常可以提高他們發覺自
身與人對話的能力限制所在的機會。仍舊有許多的事例讓個人
必須付諸相當程度的心力，以避免只是無助的被事件捲入和吞

沒。即使當個人能夠接近必須的訊息，他們可能也不具備付諸
行動的權力。為求在這些情況下的存活，個人必須重新復興彼
此之間的溝通與對話，然而，在這樣複雜的過程中，預期性後
果和非預期性後果的纏繞不休通常反而造成他們社會生活的支
離破碎。對於他們個人經驗的重構和提升整合程度的嘗試一旦
失敗，將成為個體生活新而顯著的焦慮來源。

　　然而就像紀登斯所解釋的，即使出現更多的危機，由反思
現代性所引入的新動態，仍然可以被總結為一方面是介於行動
自主性和強制力之間，另一方面則是介於世界主義和基本教義
派之間，兩個極端顯現的推拉作用60。強制力所指的是個人的
「無力自過往中逃離」61。作為一個延伸的面向，基本教義派
可以被理解為「不顧後果的宣示公式化眞理」62。然而，即使
許多個人和組織不滿晚期現代的不確定性，希望能夠重新擁抱
往日那種明確的確定性，卻已經沒有退路可走。無論是否考慮
使用恣意而為的權力，強迫性或暴力。對此，現代傳播的持續
發展扮演了一個舉足輕重的角色。在下一章，我將進一步檢視
網際網路的興起和後續發展，和某些我們必須面對的嚴重問
題。

第二章

網際網路的崛起

　　現代的組織與個人越來越常暴露於相同的訊息環境之中。這樣的發展與新式傳播網絡的出現—例如網際網路—存在著密不可分的關係。很顯然地，幾乎所有的相關科技一開始都是作為軍事用途為主，然後再擴展到社會中的其他領域。網際網路的蓬勃發展同時展現出軍事、科學、商業以及反文化革新等層面之間典型的推力與拉力[1]。我將本章的焦點放在追溯網際網路的興起以及相關的後續發展上，並且將之作為說明網際網路的出現以及影響現代社會轉型的網際網路發展之間關係的開端。

　　不像報紙、廣播以及電視等媒體，網際網路的歷史才正要摩拳擦掌的展開。絕大多數與網際網路發展有關的說明都是依循相關重要事件發生的時序來進行。迅速的改變與發展正好是說明網際網路有能力造成某種社會轉型的證據。在本章簡短的回顧中，我將強調反思性現代化對於網際網路發展的作用之相關主題式與分析式的議題。必須說明的是，本文並不擬關照當代因為網際網路的崛起而造成明顯迅速改變的所有層面。我在這裡之所以要描述網際網路的發展史，是因為此一歷程對於未來的社會也將產生深遠的影響。

　　首先，我將說明網際網路的起源及之後的發展，我們可以將這一段時期對應於晚期現代性由於大量製造的生產型態所造就以及不斷積累的風險。海夫納（Katie Hafner）以及李昂（Mathew Lyon）所寫的《魔法師的熬夜處所》（Where Wizards Stay Up Late）以及薩路思（Peter Salus）的《把網子佈好》（Casting the Net）都是支持這個觀點的珍貴證據[2]。其次，我將說明個人、團體以及組織均以不同的方式與網際網路建立不同的選擇以及責任關係。為了進一步釐清這個主題，我將處理幾個在討論網際網路對於現代文化的影響之際，所可能會遭遇到較為複雜的議題。我將把相關議題視為與該時期出現的新智慧科技—也就是魯柏夫（Shoshana Zuboff）所謂「精靈機械的時代」[3]—所導致的更為鉅觀轉型與機會的一部分。在討論這些相關的議題時，我其實正為本書後續將會觸及到的議題打好基礎，同時我們也需要能有效說明網際網路對於現代文化影響的系統性理論，一個能將網際網路視為廣泛社會現象內部其中一個環節的理論。

網際網路的崛起就是全球電腦網路的群聚

　　網際網路的起源深植於冷戰時期的氛圍，這是一段核子衝突極有可能帶來最為迅速以及無所不包全球危機的時期。當蘇聯在一九五七年十月四日發射史普尼克（Sputnik）一號衛星之後，在人們心中便有一種特殊的恐懼感在滋長著：如果某國有能力發射人造衛星，那麼他們也可能有能力進行長距離的核子武器攻擊。雖然美國的國家安全從未遭遇到類似事件的嚴重威脅，但美國還是在國防部之下成立了先進研究計畫署（Advanced Research Projects Agency, ARPA）。

ARPA：先進研究計畫署

　　這個機構的任務是建立以及確保美國在科學以及技術方面的全球領先地位。然而，APRA的首任負責人卻以幾近完全的軍事用途來定義APRA的角色，並且拒絕承認當時美國國內的大學正在進行的割緣（cutting-edge）研究的重要性。這樣的錯誤判斷對於早年的APRA持續存在的必要性造成威脅，而且APRA在一九五八年，發現許多企劃與計畫已經轉交由美國國家航空及太空總署（National Aeronautics and Space Administration, NASA）負責。因此，APRA經常被迫使重新思考整個機構的定位，甚至面臨被裁撤的命運。

　　直到一九六一年由瑞納（Jack Ruina）接任APRA的負責人之後，APRA的名稱才與創造性的研究機構連接在一起。他將APRA內部的編制去中央化，並且將APRA重新闡釋為提供那些從事特定計畫之研究團隊相關支援與資金的組織。APRA所支持的重要研究計畫當中，有一個計畫其內容牽涉到技術以及連結各式各樣電腦網路科技的研究。這個計畫有著雙重目標：首先，希望在參與APRA研究計畫的機構之間建立起能夠快速交換訊息的通訊網路。其次，允許網路的使用者分享珍貴的電腦資源。被稱為先進研究計畫署網（APRANET）的網路系統於一九六九年設立，而先進研究計畫署網也被廣泛承認為網路擴展的濫觴。

　　在經由電腦中介進行傳播的歷史中，許多發展都是奠基於先進研究計畫署網的成功。首先是讓分隔兩地的電腦可以相互溝通的概念。一九四〇年九月，史提比茲（George Stibitz）決

定在美國數學協會（American Mathematical Society）的會議上
展示一台計算機。這架複雜的機器佔據非常廣大的空間，為了
避免在搬運至會場的過程中，可能造成計算機損害的風險，史
提比茲設置了一台電信終端機，讓這台計算機可以藉由電信連
接進行遠端的操作。

　　第二項發展是電腦不再如同以往只被視為專門用來解決數
學問題的設備。在一九四五年，布希（Vannevar Bush）出版一
篇名為《如同我們一般的思考》（As we may think）的文章，
在這篇文章中，他描述一個名為「每美克斯」（Memex）的溝
通系統，這個系統具有保存與儲藏訊息的能力[4]。

　　第三項，同時也是最重要的一項，因為先進研究計畫署網
架設所帶來的發展是「小包交換」（packet-switching）傳播科
技的問世。小包交換率涉到將數位化的訊息切割為小包
（packet）或區塊（block），並且標識它們的來源與目的地，然
後將這些訊息從一部電腦送往另外一部電腦。小包交換時代的
降臨具有雙重的意義，首先，相較於立即的傳遞，一條單一的
傳送管道能傳遞更多的訊息，使得網路資源的利用變得更富有
效率；其次，由於訊息在大部分的網路失去作用的情況下，仍
能傳遞到預定的目的地，也使得整個通訊系統的架構更為健
全。小包交換避免必須經由不同路徑才能到達目的地所造成的
問題。通達目的地的可能路徑的數目通常意味著網路冗餘
（redundancy）的程度。網路冗餘的程度越高，便會產生更多安
全的空間，整個網路也變得更為完整。

　　小包交換科技的發展是由世界各地許多研究中心各自獨立
進行的，例如英國的國家物理研究室（National Physical
Laboratory）以及位於美國的麻省理工學院（Massachusetts

Institute of Technology）與高地機構（RAND Corporation）[5]。其中由高地機構的保羅拜倫（Paul Baran）所進行的研究最受到特別的關注。拜倫接受美國空軍的委託，針對軍方如何在經歷核子攻擊後，仍能保全對於所屬的飛彈與炸彈的控制能力進行研究。他在一九六四年提出一套不需中央命令或控制中心的通訊網路系統。一旦遭遇核子攻擊而造成某個控制區域受到損害，其他未受到損壞的控制區域將重新建立以恢復各個區域間的聯繫[6]。他將這種類型的網路稱爲散佈網路（distributed network）。從高地機構的這項研究開始，便開始流傳著與先進研究計畫署網有關的傳言，先進研究計畫署網被直接聯想到是能抵擋核子攻擊的通訊網路[7]。

　　當拜倫將小包交換的技術應用於他的研究時，約瑟夫里克德（Joseph Licklider）被指派爲APRA的電腦研究計畫的主持人。里克德是一位心理學家，曾在麻省理工學院進行聽力與說話能力的研究，他主要的興趣是讓電腦成爲傳播的設備。里克德發現網路並非只是連接電腦，網路同時也有連接人們的功能。在他名爲《人與電腦的共生》[8]（Man-computer Symbiosis）的論文之中，他提出每個負責訊息保存與儲藏的中心應建立內部網路連結的概念，以便提供正在進行研究的團隊或個人相關的協助。里克德將這些概念落實於他在APRA的工作，持續的將權力下放到各個研究單位，開始建立研究合約並從麻省理工學院、史丹佛、南加大洛杉磯分校、柏克萊以及許多企業中招募電腦科技人才。他將他招募來的科學家團隊取了一個名爲「銀河網路」的暱稱。里克德接著將這個概念擴展爲全球性的網路連接，讓網路使用者能夠從任何地點通達並利用相關的訊息與程式[9]。當里克德於一九六四年離開APRA時，他之前所主

持的研究計畫名稱已從「命令與控制研究」變成「資訊處理技術部」。這樣的改變象徵與反映APRA內部所出現的變化以及電腦在人類活動中所扮演角色發生的轉變。

APRA與位於麻薩諸塞州劍橋一家名為伯特、伯納克與紐曼（Bolt、Beranek and Newman）的顧問公司在一九六八年簽訂建造先進研究計畫署網的合約，特別是資訊系統的部分。回到麻省理工學院工作的里克德表示，幾年之後，人們將能利用數位化的電腦溝通，而這樣的溝通方式將比面對面的溝通來得更有效率。他寫道：

> 我們正進入一個科技的時代，我們將能夠擁有豐富的生活
> 訊息與他人溝通……我們所要強調的是超越單向的傳遞：
> 通訊的集體合作以及相互加強的層面變得越來越明顯——
> 「現在我們雙方都能夠了解某個事件，而非過去只有單方
> 面的理解」。一旦心靈開始互動，新的概念便源源不絕的
> 湧現10。

儘管對於使用電腦中介式從事溝通的概念有著清楚的定義，但是這並不表示人們對於這種類型的溝通方式的未來發展就存有明確的認知。APRA內部對於將電腦網路去中心化，以便提供機會讓不同的研究機構建立橫向連接的概念表現出相當分歧的看法。這個現象被海夫納與李昂詳細的予以紀錄，他們表示只有少數的APRA研究人員有興趣加入這個計畫。「這樣的態度特別瀰漫在來自東岸大學的研究人員中，他們認為沒有理由要與西部的學校進行連接」。位於其他研究機構的獨立研究人員不贊成別人得到與他們研究相關的資料內容，以及讓別人獲得需要的資訊。這些研究人員表示，研究者應該永遠只能

閱讀別人所撰寫的報告成果[11]。然而，從海夫納與李昂的說明中，我們還可以發現另一種截然不同的觀點，他們描述屬於鮑伯泰勒（Bob Tyler）終端機機房內的配置，泰勒當時是位於APRA總部的資訊處理技術部的負責人：

> 那裡並列著三台電腦終端機，每台終端機有不同的記號，每台終端機連接到獨立的電腦主機三個分離的位置……每台泰勒所配置的終端機因而延伸到不同的計算環境—不同的程式語言語操作系統……每台終端機有不同的登入程序。泰勒對它們知之甚詳。但是他發現在使用某部電腦之前，必須先記住該電腦的登入程序是讓人感到厭煩的。而且要記得哪些指令屬於哪些電腦環境則同樣令人感到煩躁[12]。

從先進研究計畫署網到網際網路

先進研究計畫署網於一九六九年架設完成，成為第一個持久性的電腦網路，並且連結四個地點：南加大的洛杉磯分校、位於門羅公園（Menlo Park）的史丹佛研究機構（Stanford Research Institute）、南加大的聖塔芭芭拉（Santa Barbara）分校以及猶他大學（University of Utah）。這些與先進研究計畫署網連接的地點並不孤獨，十六個月之內，已經有十個地點紛紛與先進研究計畫署網產生連結，估計這包括兩千名的使用者，而且任何兩點的連接都至少存在兩個不同的路徑以用來傳遞訊息[13]。

先進研究計畫署網的公開展示，是在一九七二年十月於華盛頓特區舉辦的第一屆電腦通訊國際會議期間。來自英國、瑞

典、挪威、日本、法國與美國的代表都出席了這次的會議。會議的目的主要是討論世界各地正在起步階段的網路科技，此會最終並且成立網路運作集團（InterNetwork Working Group）以討論全球性網路連結的事宜。第一個跨國的網路連接很快的便在挪威與英國之間設立。在一九七三年於布里頓（Brighton）所舉辦的會議當中，相關資料先藉由衛星傳達到位於英國康瓦爾郡（Cornwall）的葛西利丘陵（Goonhilly Downs），在經由電纜傳送到倫敦大學，如此一來與會人士便能像身處美國般的使用先進研究計畫署網。

網路控制協定（Network Control Protocol）是先進研究計畫署網相當重要的一部分，他們掌控著如何將小包形式的資料由某一台電腦傳送到另外一台電腦。由於先進研究計畫署網是唯一正在運作的網路，對於先進研究計畫署網依賴的程度也相當高。然而，伴隨著全球訊息基礎建設的開展，必須涉及與不同的電腦網路進行連結，也因此很難提供相同的收發依賴等級。脆弱的連接是造成傳輸錯誤的主因，而且不同的網路通常使用不能相容的協定14。因此，電腦網路需要建立新的協定，一個能夠讓個別設計的網路能達到該地區規定標準的協定，唯有如此，才能使得距離遙遠的使用者仍能藉由網路互相溝通。由於這樣的工程，涉及大規模的全球問題，故這樣的目標必須在不需要任何形式的直接控制或發明的情況下完成。

這個問題的答案首先於一九七二年由康恩（Bob Kahn）所提出，同年APRA也更名為DAPRA，防衛先進研究計畫署（Defensive Advanced Research Projects Agency, DAPRA）。這個解決的方式牽涉到所謂開放式結構的網路。康恩與瑟夫（Vint Cerf）—瑟夫曾經參與原始網路控制協定的發展過程—提出稱

為傳輸控制協定／網際網路協定（Transmission Control Protocol／Internet Protocol, TCP／IP）的設備。傳輸控制協定將資料組織為小包形式，將這些資料依照正確的命令傳送到它們的目的地，然後檢查整個過程是否出現錯誤。網際網路協定用來處理資料在網路中的傳遞路徑的問題。在一九八三年，所有與先進研究計畫署網絡相連結的網路都完全以新式的TCP/IP系統取代舊式的網路控制協定。從此時開始，互相連接的網路集合群與使用TCP/IP協定以提供大眾使用的網路便被稱為「網際網路」。

　　然而，網際網路的出現並非僅僅是軍事與科學方面努力的成果而已，網際網路同時也與大型的商業活動有關。數據機的問世以及一九七○年代由兩位芝加哥學生所發展的X數據機協定（Xmodem protocol），允許電腦可以經由一般的電話系統進行資訊的傳輸。利用這種科技，使得以往必須連接到先進研究計畫署網或其他的骨幹系統的作法有所改變，電腦之間就可以建立相互的通訊。雖然連接方式受到限制，但是電腦中介式的傳播仍被認為有廣大的潛在領域可以開拓，而且在許多情況下，電腦中介式的傳播能夠成功的運作。伴隨著個人電腦的普及化，數據機特別有助於全球性電子佈告系統—例如佈告欄系統（bulletin board system, BBS）—以及電子討論所—例如使用者網路（USENET）—的推廣。然而，由於網際網路的全球性延伸與利用電話即可連接的便利性，很快的超越一般網路所能提供的功能，因此，這些網路本身也開始與網際網路連結。

網際網路群

　　在一九八三年，先進研究計畫署網開放式場域的屬性開始

造成安全上的顧慮。因此先進研究計畫署網被分割爲米爾網
（MILNET），以便符合軍事上的操作標準，以及先進研究計畫
署網，繼續提供相關研究所需的資料。然而，在一九八○年
代，先進研究計畫署網作爲持久性或骨幹性網路的角色地位，
已經逐漸被由國家科學基金會（National Science Foundation）
所設立的超級計算中心網路（network of supercomputing
centres，NSFNET）給取代。直到一九九○年，先進研究計畫
署網連同它所提供的服務都一併遭到除役的命運。

　　如同英國的聯合學術網路（Joint Academic Network）一
般，超級計算中心網路禁止以研究或教育以外的名義，將超級
計算中心網路設定爲骨幹系統。但是，管理超級計算中心網路
運作的「可接受使用政策」卻允許超級計算中心網路在地方性
或區域性的層級上可以充作商業的用途使用[15]。經由商業用途
產生的利潤又被用來降低加入超級計算中心網路的費用，使得
網路對於小型的學術機構而言，變得更爲容易接觸。

　　自一九八八年由國家科學基金會舉辦關於網路商業化與私
有化趨勢的會議後，商業事務以及商業網路的重要性日益增
加，便引起一系列相關的討論與會議的舉行。然而，就在此
時，國家科學基金會決定將本身網路的重要部份之運作私有
化，並且與「價值網路」（Merit Network）簽訂合約—該公司
與IBM以及MCI通訊公司有合作關係—讓價值網路職司管理以
及現代化網際網路骨幹系統的耕作。稍後，國家科學基金會更
進一步訂定三份與其他網絡公司的契約。首先是與網路解答
（Network Solution）簽訂合約，允許他們分配網際網路的地
址；其次是與AT＆T合作，負責網際網路的管理以及資料庫的
維護；最後是與通用原子（General Atomics）訂定提供網路使

用者相關資訊服務的契約。也就是在這些發展下，超級計算中心網路在一九九五年，遭到完全關閉的命運。絕大多數的網際網路事務現在都被轉移到由商業公司所提供的網路以及骨幹系統下。這樣的情形對於網路的發展帶來不可輕忽的影響，更使得網際網路出現星群化（constellation）的現象。世界上絕大多數的工業化國家於本世紀即將結束之時，經濟成長率是全球整體經濟成長率的兩倍。

　　大多數個人或小型公司藉由與網際網路服務提供者（internet service provider, ISP）的主機連接以便使用網際網路，而這樣的連接通常是需要付費的。人們可以從家裡或工作場所經由電話或其他的纜線系統完成這樣的連接。人們也可以利用置放在公共空間，例如機場、旅館的休息室、網路咖啡店以及街邊角落的終端機進行網際網路的使用。大型與中型的組織通常能直接與網際網路相連，以使用網際網路。

　　從一九九○年代中期開始，網際網路的發展發生新的轉變，越來越多大型以及中型的組織利用TCP/IP協定在組織之內架設通訊網路系統。這種類型的私人網路被稱為「內部網路」（intranet）。小型的內部網路可能限制在連接獨立建築物內的電腦；大型的內部網路系統所連接的電腦則可能涵蓋全球的範圍。基於安全的理由，內部網路利用所謂的防火牆（firewalls）以防護來自外在世界的威脅。這樣的防護系統通常准許經由網際網路內部所謂的「出入口」（gateway）交換訊息。部分組織也將TCP/IP協定利用於組織之間的網路。這樣的私人網路被稱為「外部網路」（extranet），其允許組織之間交換相關的訊息。在一九九七年，內部網路與外部網路的市場，全球的年成長率為百分之四十，美國的年成長率更高達百分之六十。這樣

快速的成長提醒我們，內部網路市場的需求將會是網際網路市場的一到兩倍之多[16]。在本書中，我將逐一檢視這三種類型的網路。

許多網際網路服務提供者將他們的服務延伸到包含內部與外部網路，提供所需完整的價值附加服務，例如骨幹性網路以及網路安全。因此，不同網際網路服務提供者不管在規模或是提供服務的範圍也展現出極大的差異，部分ISP提供主要的全球線上服務，例如微軟網路（Microsoft Network）、美國線上（America On-line）以及電腦服務（CompuServe）；其他ISP的使用者數量可能少於一千人，並且只是作為中介的用途—向擁有持續性網路設備的大型提供者與電信公司租借線路。然而，這種情況正迅速的轉變，許多小型與中型的ISP將被少數企圖成為電信以及網際網路服務主要提供者的大型公司所取代。

在本世紀即將結束之時，或許網路領域最重要的全球性事件—伴隨著來自超越由大到小的市場的迴響—非世界網（WorldCom.）的設立莫屬。世界網的架設意味著它將吸納超過一半的網際網路骨幹系統的業務量，且控制超過一半直接與網際網路相連的用戶，並擁有所有ISP租借線路總量的三分之二。所有大型的電信公司以及政府部門，都已經技術性的對此發展做出回應。使人感到憂心的是少數擁有權力的組織將制定ISP租借線路的費用，排除某些使用者、介入用戶的使用以及訊息在網路各個部分傳遞的速度，讓部分網路使用者得到不公平的好處。

跨越網際網路的應用

　　令人眼花撩亂的相關應用已經被蓬勃地發展與使用，好滿足網際網路使用者普遍與特殊的需求。我並不企圖描述所有的相關應用途徑，而只是依照時序說明主要的發展類型。我在這裡提及的各種發展，也能應用於內部與外部網路。我將透過本章末節中使用者所展現出的應用程式的探索為一起點，並以相關的思考為終結，這是為維持本書討論理路所採取的方式。

電子郵件、新聞群組、MUDS與IRC

　　Telnet、FTP與TALK是首先在先進研究計畫署網上使用的應用程式，並且在今日的網際網路上也能發現它們的蹤影。誕生於一九六九年的Telnet允許使用者登入並且操控遠端的電腦。舉例來說，這樣的應用程式可以讓使用者搜尋以及檢索遠端的資料庫，例如圖書館的目錄。FTP是一種傳送檔案的應用程式；FTP經過三年的使用，並且具備讓檔案從一台電腦上傳或下載到另一台電腦的功能。TALK則是第一個能讓使用者在網路上進行即時交談的程式。使用者在分割螢幕的一邊鍵入想傳遞的訊息，然後在螢幕的另一邊閱讀對方的回應。

　　但是，在網路發展的早期階段仍有其他傳送訊息的應用程式問世，並且獲得極大的成功。儘管在一九六○年代早期，網路使用者便能接觸到類似郵件信箱（MAILBOX）的程式，但是這些程式僅僅只限於交換地區性的訊息，並且只能傳送到一台電腦，因此許多使用者必須分享一台電腦。第一個網路郵件程式是由伯特、伯納克與紐曼顧問公司的雷湯林森（Ray

Tomlinson）於一九七二年所發明的[17]。電子郵件（E-mail）允許使用者寄發訊息以及附加其他類型的訊息，例如經過編輯的檔案以及電腦程式。訊息可以在兩個使用者間或是多個使用者間傳遞，因此電子郵件能夠讓私人相互討論以及團體間傳遞訊息，訊息只會傳遞給那些在使用者通訊錄上有登記的人。對於今天的許多民眾來說，電子郵件已經成為網際網路的同義詞。

所謂新聞群組（newsgroup）的應用程式也讓公共討論團體的發展變得可能，這是第一個與USENET有關的現象。這樣的團體以層級化的形式組織成許多不同的場所。每一個主題區域有一連串針對不同題目的新聞討論群組。舉例來說，在「中西部政治討論群組」（talk.politics.mideast）這個新聞群組中，使用者針對美國中西部的政治情勢進行討論。使用者藉由傳送他們的意見到新聞群組，並且閱讀他人的回應參加類似的公共討論。

即時的互動也被應用到許多方面。其中一個例子便是所謂的線上多人即時遊戲（multi-user dungeons, MUDs）。最初的MUDs是由愛塞克斯（Essex）大學的羅伊楚柏秀（Roy Trubshaw）與李察巴托（Richard Bartle）於一九七九年所發展的。最初來自外部的玩家是透過先進研究計畫署網於一九八○年登入。MUDs讓使用者在文字型態的虛擬環境內移動位置，並且與其他的玩家交談。很快的，許多更為複雜的MUDs版本被發展出來。這些更為精細的MUDs允許玩家建構屬於他們的文字型態的人格特質，以及建造與裝備屬於他們所擁有的文字型態的空間，邀請其他的玩家進入。儘管MUDs的生命起源自虛擬的環境，MUDs仍被充作其餘的用途，例如團體決策。

另一個關於即時互動如何被延伸的例子是網際網路傳播談

天（Internet relay chat）或稱爲IRC類型的應用程式。這是由芬蘭的奧魯（Oulu）大學的奧克里南（Jarkko Oikarinen）於一九八八年所設計的TALK程式的複數使用者的變形。IRC允許使用者聚集在某一個「頻道」，並且利用文字討論某個特定議題。使用者可以建構自己的頻道或是參加別的使用者的頻道。IRC也允許使用者進行私人性的對話。IRC的使用者可以成爲頻道的管理者，擁有改變頻道設定的權力。管理者能夠決定頻道的名稱，限制進入頻道的人數，驅離與限制找麻煩的使用者進入以及邀請其他的玩家參與。所有IRC型態的應用程式都允許使用者傳送資料檔案給另一使用者。IRC系統可以經由地區性與全球性或是針對某個特定團體架設的網際網路加以連接。

早期使用網際網路需要受過特殊的訓練與經驗，使用者爲了使用前述所有的應用程式，也必須會使用Telnet與FTP。然而，從一九九〇年開始，「友善」（user-friendly）的網際網路介面開始廣泛的發展。使用者不再需要鍵入困難的指令以及轉寫爲複雜的網路用語。從此刻開始，他們可以藉由某些動作得到相關的指引，像是在螢幕上點敲按鈕，下拉式的選單以及利用配置好的「視窗」進入與得到相關的訊息。更進一步的發展，例如卡西米（Cuseeme）與網際網路電話（Internet Phone），在文字型態的談話中加入整合的視聽科技，讓使用者能夠看到與聽到對方。部分這種類型的應用程式給予使用者數位式的白板（whiteboard）設備，讓他們能取得與討論相關的資料。所有這些的發展都使得網路與電腦的連結達到前所未有的快速。

WWW：全球資訊網

無疑的，今日網際網路對於訊息的交換最具創造性與影響範圍最為廣大的發明是全球資訊網（world wide web, WWW）的問世。全球資訊網起初是由提姆巴那斯李（Tim Berners-Lee）與羅伯加利略（Robert Cailliau）所開發出的應用程式。全球資訊網是於一九九〇年十二月在瑞典的物理粒子歐洲實驗室（European Laboratory for Particle Physics, CERN）的總部第一次呈現在世人的面前。CERN是世界上最具規模的實驗室之一，數以千計的研究人員在全球各地的分部進行各項不同的研究計畫。在一九八〇年代晚期，巴那斯李由CERN正在進行的計畫中對於管理訊息的效率與有效性感到憂心。有三個主要的原因造成他對於訊息管理的的擔憂。首先，極高比例的使用者指出訊息經常有遺失的情形；其次，新使用者需要經過許多的努力，才能決定要去組織的哪個部門；最後，保存的研究計畫訊息通常無法被妥善的儲存。巴那斯李認為儘管「實際組織的運作結構是張多重連結以及研究人員可以及時互動的『網』，『但是這些問題卻造成研究計畫與研究人員』在名義上被組織為階層式的管理結構」[18]。

巴那斯李的觀點意味著雖然階層式的訊息系統在系統性的安排訊息上帶有實際的優點，但是這樣的結構卻不是好的聯絡系統的典範，也不是進入真實世界好的媒介。舉例來說，巴那斯李認為新聞群組「是將專家聚集起來最有效的方法，但是卻承受著由於樹狀結構所帶來的僵固性。一個典型的新聞群組的討論會將新聞群組發展出不同的標題，由某個角度來看，我們可以把這些標題視為大樹的一部分」[19]。由於只能藉由次討論

群往另一個次討論群的追蹤才能發現所需的訊息，這樣的系統
也是令人感到麻煩的。除非還有其他的複本，否則所需的訊息
只會存在於一個地方，人們還必須知道要如何順著路徑確定該
訊息存在的位置。

　　巴那斯李與加利略在CERN內提出並且持續發展一種以超
連結（hyperlinks）與超文本（hypertext）的網絡為基礎的系
統，用來保存、儲藏以及傳遞訊息。這是一種複數使用者的系
統，因此許多使用者可以在同一時間得到相同的訊息。由於這
個系統允許「發展群聚的資訊，讓組織及其進行的計畫更為茁
壯與開展」[20]，也因此滿足CERN對於訊息管理的需求。這項
新的工具也立刻被網際網路的玩家加以應用。

　　時至今日，全球資訊網──在應用於內部網路之後，通常也
被稱為企業資訊網（Enterprise Wide Web）──可以同時用來接
收訊息以及讓別人得到相同的訊息。超連結的使用是鑲嵌於超
文本中，網路玩家就像訊息的生產者般，可以連結含有特定內
容的檔案、音效以及圖案建構所謂的網頁（webpages）。網頁
上所展示的訊息可以透過瀏覽器形式的介面來觀看。用這種方
式連結的資料來源可以在同屬於資訊網一部分的電腦搜尋。每
個訊息來源本身可以被連結到其他數量不定的網頁。超文本與
超連結允許使用者如訊息接收者般的活動，從一個訊息來源跳
到另一個訊息來源，自行選擇他們希望在瀏覽器上顯現的訊
息，以及跳過他們不需要的訊息。現在有數以百萬計由組織或
私人所擁有的所謂「首頁」（homepages）或網頁。網頁的網址
可以利用數以千計的各式普遍或特殊的搜尋引擎加以尋找，搜
尋引擎也提供連接到存有訊息的資料庫的功能。一旦搜尋到某
一網頁，超連結可能會指出資訊網中其他有趣的地方。網頁的

網址也出現在更多傳統的媒體上，例如雜誌、報紙與電視節目，以及海報。就這些傳統媒體的用語，網頁有助於其他形式的媒體從事訊息的傳遞以及增加其可接觸性，例如圖書館的藏書或是電視的傳播節目。

　　絕大多數的網頁都提供互動的機會，換言之，不僅讓使用者自由的觀看網頁，使用者更能自行決定何時或如何參觀網頁以及選擇之後要觀看的網頁。來自使用者的回應可以藉由填滿正式問卷的得知，或是提供非正式的電子郵件地址，甚至設立數位化的留言本，讓使用者留下評論並供他人觀看。但是所有的網頁都受到保護，使得未得到授權的參觀者不能有破壞網頁的行為，同時，網頁也可以利用密碼限制在網際網路上連結到該網頁的可能性。

正在進行的發展

　　現在許多新的網際網路應用程式結合幾個應用程式成為一個新的設備。全球網瀏覽器以這種途徑成為特別的多功能裝備，讓使用者能透過瀏覽器寄發電子郵件、聊天、傳送檔案以及在使用者有需要的情況下，自動下載其他有幫助的應用程式。

　　不同的媒體間整合的趨勢也愈加強烈。現在有幾千家的廣播電台在網路上公佈訊息，而且越來越多的電視頻道也在網路上發布與節目相關的消息[21]。一項有趣的發展：網路電視的出現，讓使用者能透過這樣的設備在網路上相遇、討論以及一同觀看經由網際網路轉播的電視節目。類似網路電視與廣播的應用雖然並未取代通訊的傳統方式，但是要將兩者加以區分也是相當的困難。更有甚者，不同的系統允許參觀者通達全球資訊

網，以及在沒有電腦的情況下，依然能利用電視讀寫他們的電子郵件[22]。

　　經由網際網路與內部網路的訊息提供者也能延伸到其他的服務，允許個人分享應用程式以及共同合作完成任務。舉例來說，兩人或者更多人可以組成團隊，分享著文字處理（word-processing）形式的程式，一同製作文件。類似ICQ的應用程式由於滿足使用者通知以及有效統整他們上線情況的需要，因而極為快速就獲得廣大的迴響，透過ICQ，其他的使用者會知道該使用者身在網路世界的何處。隨著應用程式間的更加整合，應用程式逐漸變成為滿足特定任務與使用者的需要所量身訂做的產物。

　　伴隨著電腦網路本身的發展，網際網路應用程式的執行與進一步的發展很快的便被收羅在大型企業的勢力範圍翼下。關於這個市場長期以來競爭的例子之一，是微軟（Microsoft）與網景公司（Netscape Corp.）之間的衝突，兩家公司皆試圖拓展與鞏固本身在網路軟體界所扮演支援者角色的位置。在一九九六年，微軟只佔有瀏覽器市場的百分之二十；至一九九九年便已獲得超過一半的市場，因此對於微軟侵略性的行銷手段所浮現的批評也是從不間斷的[23]。經過這些年來的研究，儘管在通訊工業中的這個層面存在著部分論點較為寬廣的政治經濟學解釋模式，但是就整體研究成果而言仍然是過於零碎。經營權存在的模式，就如同科技的發展，會因為時間的進行而所有變遷。由於全球性網路、國際訊息以及通訊企業先天具備的複雜性，我們似乎不可能得到有關這方面發展最完整的理解。但是建構明顯的發展趨勢以及企業的角色仍是未來必須研究的課題。

　　大型企業對於網際網路的影響力越來越大，這樣的情形對
於網路管理者與使用者至少帶來兩種恐懼。首先，他們擔心網
路應用程式的設計者成為壟斷者，可以任意決定採用他們設計
產品的使用者應該交付的使用費用。其次，還擔憂設計應用程
式以及控制介面的人士在訊息傳遞以及通達網路的方式獲得一
定程度支配的能力。微軟的全球資訊網瀏覽器通常預先灌入新
購買的電腦，使得微軟在市場的競爭中有個好的開始。微軟也
通常預先選擇幾個最受歡迎的網址供使用者參觀。因此，一九
九八年美國政府開始對於微軟不合法的壟斷行為採取法律行動
[24]就一點也都不教人訝異了。

　　然而有關操作介面間相容與否其他較不明顯的衝突也時有
所聞。部分應用程式的使用者接觸到持續性的廣告。其他的使
用者則發現當他們鍵入某些被應用程式設定為禁止的字詞時，
這些字詞都代換成「#」的符號。例如，「gay」（同志）一詞
變成「###」。使得使用者必須利用創新的方式來拼「gay」，避
免該程式的檢查，例如改為鍵入「g@y」，讓整個詞在操作介
面上的運作沒有阻礙。

　　訊息過濾系統被設計用來阻擋那些隨著全球資訊網發展潮
流所創造出的訊息[25]。這項發展背後的推力是因為網路可能潛
伏著危害年輕人身心的問題。我將在第九章再詳細的討論評比
系統和過濾系統，並且回顧關於網際網路管理的相關議題。

對網際網路使用者的簡短分析

　　雖然網際網路在某種程度上具備全球性的特質，但是這並
不表示網路與目前的大眾傳播媒體，例如廣播與電視，是完全

相同的。然而，網際網路使用者的數量以驚人的比率不斷攀升，因此要求估計正確的使用人數是相當不切實際的。就常理而言或者再加上幾個簡單的計算，就可以發現截至目前為止可取得的相關統計數據都顯露出其不完整之處。除此之外，關於網際網路使用者的訊息經常是以一般化數字術語來表示。然而，當我們解讀所有使用者的統計數據，以及分析數據在時間與空間中的變異時，仍能發現許多有趣的模式。

網際網路使用者的數目

在一九九九年，據估計全世界總共的網際網路使用者約在一億五千萬到一億八千萬人之譜。由美國商業部出版有關網際網路的經濟影響力的報告中顯示，估計到二〇〇五年，網路使用者的總人數將增加到十億人[26]。儘管在本世紀末網際網路整體的成長趨緩，美國政府仍做出這樣的預測。

在一九九〇年代晚期，網際網路對於工業化的世界來說仍是極為重要的傳播媒介。幾乎百分之九十九的網路聯繫都在北美、西歐與日本等地發生，而在世界上其餘的四十億人口當中卻只有百分之一的比例。儘管相關的估計仍認為美國的網路使用者最多，但是其他區域的使用者的人數也呈現飛快的成長。然而必須注意的是，大多數美國以外的成長卻都發生於歐洲。

對國家間使用網際網路的資料進行比較，可以讓我們清楚發現網際網路使用者的人數與該國人口總數的關係。在一九九九年，芬蘭在世界上是最出名的「連線」（wired）之國，超過百分之三十五的人口會利用網路。美國於一九九九年僅有百分之三十的民眾會利用網際網路。在一九九九年其他擁有大量上線人口的國家包含澳洲，百分之二十三、瑞典，超過百分之三

十、瑞士，超過百分之十六、英國，超過百分之十五、荷蘭，超過百分之十二以及日本、超過百分之七[27]。

網際網路使用者的特質

在一九九〇年代晚期，網際網路開始除去一度被認爲是專屬於生活在工業化世界中，大都會地區高教育程度以及富有白領階級男性之傳播媒體的形象。將當時來自全球其他區域的使用者納入與世界整體使用者的數目相比，將有明顯的變化，據估計全球約有百分之四點三的民衆使用網路。例如，南美的網路成長仍嚴重受限於當地電信設施的缺乏。在里約熱納盧（Rio de Janeiro），網路用戶必須等待二十分鐘甚至更久的時間才能撥通電話。除此之外，一個有競爭力的使用者必須懂得在網路世界中具備主導地位的英語[28]。然而，這樣的調查也表示巴西的上網人口在二〇一〇年將超過七百萬人[29]。

網路人口增加的情況會依著不同國家而有所差異。在印度，政府壟斷著網際網路使用。在越南，上網所需的費用經過計算佔民衆平均全年收入的三分之一，因此也阻礙任何持續性的發展。在中國與新加坡，網路的使用者必須經過警方的登記。儘管受到重重限制，中國新聞局的申華（Xinhua）估計在本世紀末，中國將有超過四百萬的上網人口[30]。而中國網路使用者的數量其未來趨勢之所以會被預測爲向上攀升的走向，則是因爲中國與AT＆T合作重建電信網路的緣故[31]。在一九九〇年末期非洲的的網際網路使用者總數，據估計爲一百一十四萬人[32]。然而，若將南非排除在外，平均每五千人只有一人上網。非洲平均的電話線數量是位居全球最低，並且只有低於百分之二十的人口居住於城市地區。相較於整個非洲，東京或紐

約實際上有著更多的電話線。個人電腦（personal computers，PCs）的高花費以及有技術人力的匱乏，還包括缺乏基礎的讀寫能力，特別是女人，都使得非洲國家即使只是要初步利用網際網路科技所帶來的機會都非常困難。

資訊科技（information technology, IT）設備以及個人電腦價格的昂貴也限制俄羅斯網際網路使用者人數的成長。根據俄羅斯網路科技非營利中心（Russian Non-profit Center for Internet Technology）的資料顯示，俄羅斯在一九九七年有超過六十萬的民眾使用網路，並且持續以每年超過百分之百的比率成長[33]。在一九九九年擁有超過一百萬的網際網路使用者。

雖然受到資料內容的限制，但是我們還是可以得到早期網際網路使用者的其他幾個模糊但卻重要的特色。根據許多在本世紀行將終結時所執行的調查發現，在工業化的國家中，使用網際網路的女性約佔總使用人數的百分之四十。然而，日本上網的女性人數卻比想像中的稀少，只佔總上網人數的百分之十七點二[34]。在巴西，同一時期女性的上網比例約佔百分之二十五[35]。在另一項考察性別與性向的調查結果中，百分之九十二的人在接受訪問時表示自己是異性戀者[36]，這個數字並未正確的反映同性戀在歐州文化內合理的程度。事實上以其他相對歷時較短爲對象的調查中，例如社會中的弱勢團體，則得到能適度反映、具代表性以及較不誇張的數字。這些團體在其他的傳播媒體中的表現並非如此。這樣的現象顯示網際網路如何有助於相對較未受到禁止傳播，以及使用者間不管是地理層面或是文化層面互相模仿現象的發展。儘管性別的鴻溝在網路的使用上似乎日漸消弭，但是在其他既存小團體間的差異，例如非裔美國人與白種美國人之間的隔閡，卻看不出這種傾向[37]。

在本世紀之末，全球網際網路使用者的平均年齡為三十五歲，並且緩慢的上升中。在美國，平均年齡為三十八歲，人數最多的部分是介於十八到三十四歲之間的使用者[38]。一項研究發現美國十八歲以下的上網人數為九百八十萬[39]人。透過結合性別與年齡的統計來看，部分研究顯示女性使用者的比例隨著年齡降低而逐漸下滑[40]。然而，每個國家間都存在相當大的差異。

在這個千禧年終結之時，研究依然指出美國超過百分之六十五的網路使用者，相對於其他的百分之三十五不上網的人口，其平均家戶收入超過五萬美金或甚至更多。其中有超過百分之七十五的比例受過大學教育，而這只佔總人口的百分之四十六[41]。全世界估計有超過百分之三十的網際網路使用者從事與電腦有關的工作；百分之二十四的使用者從事教育性質的職業，包含學生，還有百分之二十四的人為管理階層或者其他專業性的職位[42]。且網際網路的使用者有極大部分是在與工作有關的情境下使用。

組織與教育的使用者

在本世紀末一項以美國家戶為對象的調查表示，百分之三十的受雇者會在家中利用網際網路完成部分或是全部的工作，相較之下只有百分之八的使用者不在家裡利用網路工作[43]。在另一項調查中，估計美國利用網際網路工作的總人數達到一千九百萬人[44]。在歐洲利用網際網路工作的總人數據信超過美國[45]。在英國，一項訪問四千八百一十名不同產業的受雇者的研究指出，有五百萬的民眾在工作時會使用電子郵件[46]。在西班牙，百分之三十九的上網人口是在家中上網，百分之三十七從

工作地點，百分之十九則從大學或其他研究機構上網[47]。在日本，雖然家戶的使用比率據估計達到百分之五十四，網際網路的使用絕大多數都還是經由工作地點[48]。在一九九九年，一項由國際研究機構（International Research Institute）進行的調查發現在工作地點使用網路的現象已經在丹麥、澳洲、加拿大以及荷蘭發生逆轉，在家中上網的比例反而佔多數[49]。

國際資料公司（International Data Corporation）計算在一九九七年百分之五十的美國公司已經在網際網路上擁有網址[50]。小型到中型的企業擁有網址的比例則達到百分之四十。這樣的情況恰巧回應了在英國類似的發現[51]。一項由英國的貿易與工業部（Department of Trade and Industry, IDC）進行，並於一九九七年出版的國際基準點研究宣稱，有百分之四十九的英國公司與網際網路連線，相較於德國的百分之四十四以及法國的百分之二十四[52]。這項調查表示百分之三十七的英國公司擁有網址，相較於德國的百分之三十以及法國的百分之十四。在一九九九年，一項調查表示全世界百分之八十九的巨型企業擁有自己的網址[53]。然而私有網際網路在一九九四年之前幾乎是不存在的，IDC估計在一九九七年有百分之五十九的美國公司以及百分之三十八的歐洲公司開始使用內部網路。根據IDC的資料，美國的公司在一九九八年花費美金一百零九億在內部網路的建構工程上，而內部網路的使用總人數在二○○三年可能達到一億三千三百萬人[54]。

網際網路的使用不只偏限於個人使用者以及商業性組織。各式各樣的組織也開始利用網際網路作為外部與內部通訊的媒界工具。政府與州級單位特別急切地探索與發展網際網路其派上用場的可能性，這樣的企圖展現在七大工業國政府的上線計

畫（G7 Government On-line Project）。這項正在進行的計畫起始於一九九五年，主要的目標是「在世紀之交，調查能夠利用逐漸增加的上線科技加以改革政府的範圍，使得大多數行政的事務都能被電子化的處理」[55]。參與本計畫的政府很快的便增加到二十個，包含歐洲議會（European Commission）、七大工業國、巴西、埃及、捷克、芬蘭、匈牙利、愛爾蘭、南韓、馬爾他、俄羅斯、南非、瑞典與瑞士。本計畫特別關注於三個主軸。第一，希望以電子郵件代替紙類的信件，不只在政府組織之內如此，對民眾也是如此。第二，提供互動式的線上服務，讓民眾可以從不同的所在位置獲得或提供相關資訊。第三，用來支援與傳遞平時服務的線上執行處理的發展。根據美國的一般會計辦公室（General Accounting Office）提供的資料，在一九九七年底，美國政府擁有超過四千三百個全球資訊網網址[56]。

儘管部分高等教育的機構已經站在網路使用的頂端，但這並不表示所有的教育機構都開始普遍的使用網際網路。在千禧年之際，超過百分之七十五的美國公立學校與網際網路建立連線，相較與此，四年之前只有百分之三十五。然而，只有百分之二十七的教室能夠具備上網的功能[57]。在英國，中央政府希望在二〇〇二年連結國內三萬兩千個公立學校，也就是建立所謂的「國家學習網」。英國政府在一九九八年到一九九九年度撥出一億英鎊讓學校添購所需的電腦與軟體，但是長久以來這項計畫並未得到任何顯著的進展，學校內可以使用的電腦仍舊相當少[58]。

網際網路對於現代文化媒體化的影響

　　儘管網際網路已經被數以百萬計的民眾在日常生活中利用，但是由於缺乏對於使用網際網路結果的完整認知，還是存在著一絲不安的氣氛。由網際網路創造的機會看來對於不同的人存在著不同的意義。先以幾個魯柏夫在她的《處於精靈機械的時代》一書中提到的幾個概念爲思考的出發點，對我們是相當有幫助的[59]。魯柏夫認爲許多我們目前所面對的選擇，是關於新的智識科技以不同的方式概念化與分配知識，這樣的情形讓她認知到由這個「精靈機械的時代」所可能衍生出的幾個未來的另類圖像。其次，透過魯柏夫的論點來貫穿網際網路，我們將可以發現兩個正在發展的替代觀點。然而，我認爲無論對於網際網路爲現代生活所帶來的影響，持過度正面或過度悲觀的態度，對於發展與我們今日所處的不可預測環境間積極關係，都是毫無助益的。

精靈機械時代中的替代性未來

　　魯柏夫的研究分析新智識科技的出現，例如在一九八〇年代期間，工作場合開始有電腦配備。她的分析提供我們將網路的崛起與現代化反思性之狀態相連的絕佳出發點。她描述當時人們恐懼以下的情況：「今日的工作方式無法持續下去，未來的世界將不像過去或是現在般」（pp.4-5）。她進一步問道：

　精靈機械的出現是否應該被視爲緩和人類對於理解與批判
　性言論需要的產物？透過工作場合大量擴散的電腦科技是

否必須伴隨著有意義勞動機會戲劇化流逝的後果？新的電子化環境是否必定會導致個人失去對於每日工作與生活控制能力消失的世界圖像？（p.5）

這些都是我們對於今日的網際網路發展所可能抱持的疑問。

魯柏夫提到用來檢驗這些問題的兩個智識科技層面。一方面這樣的科技可以被用來自動化組織的程序與過程，也就是說，科技可以作爲「人類身體的代替品，以便達到高度的確定性與精確性」（p.8）。另一方面，這樣的科技能夠被用來「訊息化」（informate）組織的程序與過程，像是這些科技就帶來

一個反思性的額外面向：它讓它本身對於產品有所貢獻，但它也反饋到本身以及系統相關的行動。訊息科技不只產生行動，同時也製造出事件、目的以及過程象徵性的聲音，讓它們能夠用一種新的方式被看見、發現以及分享（p.9）。

魯柏夫宣稱工作地點由於引入智識科技，將導致連續不斷的兩難組合應運而生。我們可以由以下這些情形對現代化所造成的反思略窺一二。首先是與知識基礎轉變有關的兩難。這個兩難關係到智識技藝的浮現，使得我們自身經常作爲主要的知識來源。譬如說個人必須發展出讓他們不需要親身到場，就有辦法監督其他人或是進行與他們有關的工作的能力。其次則是可能造成傳統對立關係模糊化的兩難，將過去位居權威者和居於下位者間關係的重新調整。因爲隨著對於智識科技需求的增加，去除傳統階級差異的過程也屢有所聞。第三是企圖大力借

助新控制技術的運用，將智識科技的傾向延伸到組織內部所有
看得到的部分，卻反而對權威階層造成威脅的兩難。因為，正
如同魯柏夫所說明的，這樣的情形「諷刺的導致一連串更為徹
底削弱管理權威的組織回應」（p.16）。

　　她認為假使我們無法藉由極化的兩個取徑，來迎戰「訊息
化」科技所衍生的挑戰，將使得我們深陷於危險之中。如果智
識科技被用來

> 僅僅是強化工作的自動化程度，我們可以降低技術的等級
> 並且節制朝向更多參與以及分權形式管理的渴望……相反
> 的，另外一種面對科技的傾向是強調運用科技將帶來比慣
> 習化、零碎化甚至是消滅工作帶來更高的訊息能力。利用
> 新的科技增加每個組織等級的智識內容，例如解讀清楚的
> 訊息以及藉由了解組織成員意見的分布而作出決定
> （p.243）。

　　她警告權威的重分配必須同時建立在智識科技得以持續的
發展，以及科技發展必須獲得長足成功雙重的基礎之上。唯有
訊息化被視為可意識到的具體策略，而非只是簡單地允許實踐
而不考慮其可能帶來的結果，智識科技才可能產生它最大的效
益（pp.309-10）。

網際網路：朝向正向或負向發展？

　　如同逐漸增強的全球化外貌般，分化的權威以及強化的反
思性繼續與現代組織以及個人生活緊密地交織在一起，在網際
網路的發展與使用中，我們有可能發現魯柏夫所提出的那些兩
難困境。儘管了解到其中所隱藏的複雜性，我認為關於網際網

路對於社會的影響的諸觀點，同時是朝向樂觀主義以及悲觀主義兩個極端不斷發展。我將在下面依序處理這兩種傾向。

無比期待網際網路的機會

在晚期現代性的情境之中，我們不難發現存在著對於網際網路所提供的良機抱持著些許天眞氣息的樂觀主義。這些抱持正面發展的態度傾向，並非只侷限於那些試圖推銷新電腦與網路帳號的團體內。我們也可以在許多相信網際網路將改變世界的科技改革論者之中發現這種傾向。確實的，絕大多數的網際網路使用者會承認當他們第一次設好首頁或者從電腦聽到來自遙遠陌生人的聲音時，他們會因爲敬畏而感到內心震動。在一個互動越來越不受時間與空間限制的世界裡，網際網路扮演著觸媒的角色，釋放著人類對於訊息的交換與使用更爲相互與複雜控制的需要。

顯然地，網際網路似乎以某些方式滿足對於正向形式控制的需要，並且幫助國家、經濟組織以及個人處理因爲激烈的全球化、後傳統（post-tradition）形式組織的興起以及社會反思的激化與擴張所帶來的結果。在一個前所未有的層次上，網際網路提供個人以及組織表達行動的新式機會，讓他們完整的呈現自己，並且在這些行動中維持與建立來自他者的信任。網際網路也提供新的方式讓我們不論何時何地都能得到所需的訊息。正因爲如此，網際網路是一項具備顛覆性質的替代產物，個人與組織可以透過網際網路，進行超越時間與空間自由的溝通。網際網路開啓新式對話以及思維模式，使人們變得主動創造事件而非被動的等待事件的降臨，網際網路同時也創造出新式的聯帶與合作類型。

　　讓我描述幾個有助於說明網際網路將朝向正面發展的使用
特點。第一，由於遭受到長久累積的風險與不確定性，以及來
自民眾批判性的質疑政府啟動行動與政策，政府機構很清楚他
們必須透過網際網路讓政府顯得轉變為更具開放性與回應性。
一九九六年十一月由英國的保守黨政府出版的「政府方針」
（Government Direct）內，在這份綠色外皮的文件中，英國政
府說明他們將利用訊息科技鼓勵民眾與政府接觸的概念；而這
個概念被一九九七年成立的工黨政府進一步實踐。這份綠皮書
被公佈在政府訊息服務網站上[60]。在這個網站，參觀者被邀請
參與政府應該如何運用資訊科技，以提供民眾更好服務品質的
辯論，以及讓民眾把意見經由電子郵件告知政府。網站的其他
部分則提供與虛擬回應圖書館所設置的連結，這個虛擬圖書館
回應著由各種官員、民眾以及組織所提出的建議。

　　另一個類似的行動是由荷蘭的運輸部長於一九九六年所發
起的。這位部長設立一處被稱為「數位繞行路線」（Digital
Roundabout）的討論場所[61]，這是一個讓內閣官員、民眾以及
利益團體能夠聚集，並從事各式各樣政策議題討論的網站。討
論的焦點放在公佈於網站上的計畫，參加討論的使用者也能經
由談話系統進行即時的交談，並且參加新聞群組的討論。類似
的公共部門之所以會變得普遍，是因為這些網站不只提供單向
的管道集結有關國家級、區域級以及地方級政府計畫的訊息，
更具備有助於對話進行、分享知識以及讓參與者有機會擬出其
他替代計畫的雙向介面。

　　第二項導致樂觀主義發展的網際網路使用特點，其部份原
因就是，如同政府般，商業組織也表現出網際網路科技的使
用，讓它們的內部與外部通訊變得具備活潑的形象。以波音公

司（Boeing Company）為例[62]，已經設計並且應用內部網路協助與支援組織內部訊息的傳播。如同許多其他的現代組織，波音公司評估以及重新思考管理訊息的流動以及將公司運作分權化。內部網路在許多類似的計畫中都成為不可或缺的重要工具。如同之前討論的例子，內部網路提供使用者範圍廣泛的網頁以及互動式的討論場合。員工不需要等待經由傳統的通訊管道的傳遞就能得到所需的資訊。互動式討論所則創造出一個讓員工能夠討論點子、分享知識以及促進合作、跨越組織界線的空間[63]。

　　類似的計畫就被福特汽車公司（Ford Motor Company）所採用[64]，以連接位於辦公室內以及環繞著全球的生產單位的十二萬部電腦。網頁則提供使用者相關的市場訊息、市場競爭者的分析以及承製商的資訊。產品發展系統儲存生產線與汽車測試的資料，更能讓設計人員、工程師以及承製商共同使用相同的資料。某一車款的工作團隊也擁有他們自己的網頁，他們大可以在網頁上放置進度報告、詢答問題、提出警告以及積極建立他們的工作品質。知識的分享幫助組織大幅減低原先必須花上三十六到二十四個月的時間來讓新車上市的時間。福特公司同時考慮讓它旗下一萬五千家的經銷商都納入內部網路，這樣的舉動將提高顧客訂購的機會以及銷售量[65]。因此，內部與外部網路的運行，徹底顛覆了商業組織供應鏈的生態，提供各方合作與聯合的嶄新契機，去除部份的「資訊日記」（infomediaries）並且引進新的處理方式。

　　第三項帶來樂觀氣氛的網際網路使用特點，是網際網路讓個人在上網時，經歷與他們的日常生活相符合的轉換。讓我們把焦點放在目前仍繼續在網路上傳送的談天頻道「#Gay.nl」

66。這個頻道於一九九三年成立，起初只是充作小型固定使用者團體的常態性頻道，但是之前這個頻道便會閒歇性的出現。時至今日，這個頻道每經常有一百位玩家在線上，有時在週末的時候更可以達到一百三十位。頻道使用者的年齡與社會背景各異而且來自荷蘭各地，當然也有來自國外的使用者。這個頻道的使用者並非全都是同性戀；部分玩家只是有興趣或感到好奇而進入。儘管頻道內許多的對話帶著一絲的快樂與歡笑，「#Gay.nl」指出網際網路如何幫助人們應付現代的日常生活。這個頻道創造一個討論的場所，讓使用者能夠透過商議性的特質影響標準化的價值，取得知識與技巧，並且鍛造出新的義務權利以及彼此的關係。頻道的管理者，包含一群該頻道的固定使用者，他們負責「#Gay.nl」網頁的運作67，提供與頻道相關的訊息、發起網聚以及與其他網頁的超連結，其中還包含屬於頻道使用者私人的網頁。使用者通常會面對面的碰頭，並且每年也會召開幾次有組織的頻道會議，在部分的會議中，出席人數更超過五十人。

「#Gay.nl」網頁也列出頻道守則，禁止騷擾與相互謾罵的言語。然而，發表不雅字眼違反規定的使用者卻很少被立即「踢出」頻道。有經驗的頻道使用者通常最快把規定放在腦後，接著進入討論並且挑戰規定，然後經過一陣子的愉悅與嘲弄之後，衝突便迅速的結束。儘管有各式各樣的安全系統，越來越多的侵略攻擊有時會導致網站最後完全被接管。當站方企圖解決這個問題，管理者只需創造另一個暫時性的並且名稱有所不同的頻道。有時主頻道的談話會為站方所紀錄，利於之後分析發生的意外事件，以便在未來能更有效率的處理突發問題。

擔憂網際網路與全世界將被混亂無情地吞噬

然而，彷彿是為了平衡這些網際網路的使用結果所帶來的正面形象，另外一組相反的複雜態度則顯得憤世嫉俗，有時甚至是朝向另一個悲觀的極端點。在這裡去中心化的發展趨勢以及網際網路使用的混亂特質被視為問題核心。網際網路——超越任何其他的媒體——由於允許個人與組織進入虛擬的時間與空間，這樣的特質將導致對於現實的挑戰並且覆蓋著不真實的感覺，而被視為侵蝕「社群」以及「空乏」日常生活的產物。伴隨這樣的擔憂，經驗的零碎化還帶來無所不在以及明顯的無效能，因此個人與組織使用網際網路似乎就變得危險，進而導致產生障礙的情況，而非有效能及合作的行動。

對於未來社會互動最為傷感與令人不安的一項觀點，是由卡斯堤爾在他三大冊的《資訊時代：經濟、社會與文化》（The Information Age：Economy、Society and Culture）書中，結論部分所提出的洞見。在本系列的最後一冊《千禧年的終結》[68]中，卡斯堤爾作出「網絡邏輯」的結論，他將所謂的網絡邏輯描述為「一個有力量的，人類活動的組織其自我擴張形式」，並將造成社會與經濟生活的所有層面的轉化（pp.336-7）。他相信一個新的世界正在崛起，一個包含網路企業、網路國家與人類網路的網路社會，這是一個「被新的網路幾何學所支配」的世界，並且與被視為「訊息資本主義神經中樞的」（p.343）全球金融網路相連。

卡斯堤爾觀察到，這種新的生產系統是依據民眾的特質而產生分化。在一方面，系統內存在他界定為「自行控管的勞工」（self-programmable labor）的成員。他說明「自我控管的勞工」

指的是「受過教育，處於適當的組織環境，面對生產過程永無止境的工作變換，具備自行調整的能力」。另一方面，系統內還存在他界定為「一般勞工」或者「人類終端機」的成員。根據卡斯堤爾的說法，一般勞工「被分配既定的工作，沒有自我控制的能力，也不被期望具備超越接收與執行命令以外的知識，或具體化訊息的能力」（p.341）。他說明所謂的網路幾何學「藉由不同的主題以具體化本身，甚至經由與固有的工業資本主義以及國家主義的價值，或組織所提供的歷史素材有關的主題來從事之」（pp.350-1）。

　　在這種新系統之下，卡斯堤爾警告道，「從系統的邏輯來看，例如製造商與消費者，數量可觀的人類……變得不相干」（p.344）。「社會內的相互排斥以及社會部門、城市區域、地區以及整個國家間的經濟互不相關」將導致他所謂的「第四世界」（p.337）。他寫道：

> 流動的空間支配人類文化區域的空間……社會裡支配的功能與價值都是經由模仿而組織起來的，而非一連串的事件所造成；也就是說，在曾經鑲嵌於任何地方但已逃脫的資訊的流動之中……支配性的價值與利益在不提及過去或未來的情況下被建構著，在這些超越時間的電腦網路與電子媒體場域中，所有的表現要不是即時的，就是缺乏可預測的結果。所有的表現，不管從任何空間或者任何時間，並混合在相同的超文本中，立即的重整並在任何時間或任何地點傳送，端視寄件者的利益、偏好（interest）與收件者的心情（mood）而定（pp.349-50）。

　　除了提出警告之外，卡斯堤爾也表示「訊息時代的社會不

能被降級為網路社會的結構與動力」（p.352）。然而，部分團體與區域卻極端的企望與全球的網路連結並且逃離至邊緣地帶（marginality），導致卡斯堤爾所稱的「邪惡的連結」（perverse connection），這個概念被用來分析犯罪活動（p.337）。他對於社會交換帶來的新利益表示懷疑與不抱希望。在一方面，他觀察到「位於無形皇宮內支配全球精英的緊縮，讓我們理解通訊網路與訊息流動」。在另一方面，他描述以身分為基礎的社會運動，在運動中，民眾的經歷依舊是被「限制在多重以及分隔的區域間，壓抑他們的存在並分裂他們的意識。其中沒有多季皇宮（Winter Palace）可以佔據，反叛的爆發或許是朝內的，並形成日常生活無意義的混亂」。這的確是一個讓人害怕的圖像。在《資訊時代》中，卡斯堤爾表示取代以往的社會階級，我們正目睹著「新部落」以及「文化區域」的崛起（p.352）。就像是對於社會驅離，邊緣化以及無關聯的經濟的反動，他看見「被驅離的被驅離者的驅離」（p.354）此一過程的展開。

向前邁進

在他極具思考性以及廣泛的論證中，我認為卡斯堤爾與魯柏夫都正確的指出新式的傳播網路正開啟人類介入的新機會，但是新式的通訊網路也創生新的不確定性。除此之外，這些新科技散佈著某種感覺，讓人們發現今日我們所居住的社會其實是充滿高度的風險以及不可預測性的環境。然而，在對抗令人陶醉的詮釋學以及未來學的橫行之時，我們必須注意對於正在發生的轉型不要表現出過度的感傷。就許多方面來說，我必須強調卡斯堤爾的結論只看到單一面向並且是過於負面的。我將精煉他的作品中六個重要的層面並且進行簡單的檢討：（1）

他的「網絡邏輯」概念；（2）他對於「自我控管的勞工」與「一般勞工」的區別；（3）他將人們命名為「人類終端機」的概念；（4）他的「第四世界」概念；（5）他有關帶著「利益」的寄件者以及帶著「心情」的收件者的概念；（6）他有關「崛起的部落」的論述。

「網絡邏輯」的概念

卡斯堤爾利用「網絡邏輯」的概念說明為什麼某些獨特的社會過程，會以那樣的方式發生。他甚至將「網絡邏輯」描寫等同為某種類型組織的自我擴展形式，有幾分類似所謂的神經中樞。這樣的描寫意味著某種獨特的觀點，也就是說，網路企業、網路國家以及人類網路全都被一個技術系統所統治，而這個系統取代了行動者本身。然而，我認為這個觀點並非現代社會中所發生令人憂心忡忡的問題，其續存或消失是因為網路幾何學的力量。所有社會互動的網路包含「位於時間與空間之內的社會實踐，並且利用人類代理人具備的技藝與知識的式樣組織而成」[69]。當然，如同紀登斯（Giddens）所提及的，人類的知識性永遠受到不被公開的情況以及人類行動的非預期結果兩者所羈絆[70]。但是即使這是一個非常複雜的過程，也不能輕鬆的利用網路社會簡單的「具體化不同的主題」之特點加以處理。除此之外，今日我們的世界為各種耀眼的網路所連結串起，如同卡斯堤爾自己所承認的，因此我們的世界似乎全都過於簡單化，而無法指出網路可能帶來的不確定性的情況。最後，我並不相信「網絡邏輯」是最完整的解釋。

「自我控管的勞工」與「一般勞工」的區別

卡斯堤爾將「自我控管的勞工」與「一般勞工」加以區

別，其實意味著社會上包含一群非常好運的人以及另一群惡運
纏身的人。但是許多的難題遮蔽了兩者間的區別性，甚至連如
何歸類某人應屬於哪一方都不是件容易的事。雖然所有的網路
促進水平間的關係，卻不意味者網路同時也能建立垂直的權力
位階關係。網路的參與者或許因此得到程度不一的權力：他們
的選擇被非限制在連結或不能連結之上。我們可能會想知道我
們如何變成「自我控管的勞工」或「一般勞工」。這也是網路
系統的預先設定嗎？而是否存在任何機會，或危險，讓我們在
某個時點改變自己的位置嗎？

將人們命名為「人類終端機」的概念

　　根據卡斯堤爾的論點，將人們命名為「人類終端機」的概
念適用於描述某部分的人類，而這樣的人類數量正在增加。然
而，這個概念如同文化麻藥般想像出一種極為不恰當的人類觀
點。除此之外，卡斯堤爾似乎大錯特錯的暗示某件事情：如果
人們不依照「網絡邏輯」行事，他們就會被輕鬆的關掉電源。
雖然在網路社會中確實存在明顯的權力分化，但是我不認為任
何人能滿意這樣的詮釋。這只是再一次宣告所有個人都是富有
技藝與知識的的人類代理人，如同紀登斯相當正確的強調，並
且無法認知到「所有依賴的形式提供部分的資源讓從屬者能影
響上級的行動」[71]。除此之外，如果幾乎所有人都被關掉，那
資本家的冒險將不會帶來多大的利益。

「第四世界」的概念

　　我認為卡斯堤爾「第四世界」的概念並未認知到在許多方
面：我們現在全都住在同一個世界，但卻想像出一個沒有別人
的世界。今天我們的世界或許越來越接近完美，但同時也是一

個全都被密封的世界。如同紀登斯寫道的，今日個人的日常生活行動已經具備全球的相關性。「第四世界」的概念逐漸加速的產生相互的連接，而被拘禁在「無形皇宮」的人們將會從被驅離的人群，甚至是更為遙遠而適合居住之地中，發現新世界降臨的可能性越來越低的事實，而減少我們對這個概念的關注。

帶著「利益」的寄件者以及帶著「心情」的收件者之概念

卡斯堤爾的帶著「利益」的寄件者以及帶著「心情」的收件者此一概念，並沒有公正的對待中介傳播的新議題，原因之一是個人有可能同時作為寄件者與收件者。即使當個人被一個通訊頻道所驅離，他們還是可以發現另一個讓他們收聽的頻道。

「部落的崛起」

卡斯堤爾有關現代部落崛起的說明過於淺薄並且沒有任何用處。前現代的部落文化受限於部落所處的時間與空間的延展。伴隨著與現代傳播網路的連結，現代晚期的社會團體能夠得到史無前例的機會，以建立形象及控制他們的擴散。我認為這個概念其實妨礙了與過去的部落制進行任何認真的比較。

在卡斯堤爾所警示的一線曙光中，我們需要迫切的依循魯柏夫建議：必須採取可被感知的策略，而非簡單的允許人類互動的新型態在沒有預期可能結果的情況下展開。我們今日所處的不可預測環境需要我們積極的參與。雖然卡斯堤爾指出幾個在二十一世紀早期可能影響社會的傾向，他並未企圖提出解決這些傾向帶來的問題的解套方式。而且，如同我在導論中提及

的，沒有任何的替代路徑可以作為最確定的道路，以倒轉部分
由於網路化的社會互動所造成的惡行與非預期結果？

　　如果我們想發展出利用網際網路的積極方式，我們必須發
展出更深入的理解以及更堅定的掌握什麼是網際網路，什麼是
網際網路對現代文化造成的影響以及在風險的管理中運用這樣
的知識，所能更有效處理現在危機的方法。沉溺於不同觀點的
兩極化，不管是朝向樂觀的一端或是悲觀的一端，只能帶來更
多毫無結果的爭論；取而代之的，我希望認真的看待這兩個觀
點。將兩個觀點放在一起，顯示網際網路起源於轉型現代社會
的發展並非意外之事。在這些發展中，網際網路是必要的工
具。因此，有更多的爭論讓我們對於訊息科技的雙元潛在作用
加以注意，發現相同的科技能產生一組作用以及反作用[72]。

　　然而，任何從這樣的觀察所帶來的好處，不能在僅僅將網
際網路理解為新媒體的前提下獲得滿足。首先我們必須企圖建
立一套幫助我們適當地了解網際網路透過哪些新的途徑，來進
行連接他人和我們本身之工程的說明架構。這個架構必須避免
將現代生活的「不確定化」（uncertainization）簡單的視為網際
網路運作的背景，而是更要廣泛的將網際網路視為脈絡化的社
會現象。這樣的架構必須讓我們與讚美與保護新媒體的仲裁力
量的來源相互分離；除此之外，理解架構的缺陷或許會成為我
們未來必須面臨的挑戰。

第三章

文化的傳遞與網際網路

　　網際網路對於現代社會的影響，不能只是簡單地透過上網經驗與內容來分析。本質上來說，網際網路的使用正創造出新的行動與互動模式，而在使用網際網路的過程中，人們也重新詮釋與回應整體社會世界。儘管注意到這樣的例子看來相當容易，但企圖系統性的剖析這些經常互相矛盾的關係卻非常困難。如此一來，我們應當如何繼續理解網際網路對於現代文化的影響？又，什麼樣的概念能有效幫助我們理解這個問題？

　　就某種程度而言，這些問題可以相當粗略的先行答覆。當我們開始強調網際網路讓運用與表達訊息的新型態模式變得可能—意味著網際網路有助於社會關係的重組—接著我們就必須分析網際網路在文化傳遞（cultural transmission）面向所扮演的角色。最後，文化傳遞理論必須提供我們理解網際網路互動式影響的架構。

　　儘管最近有部分的研究正確地強調出「網際網路文化」的重要性，但是這些研究卻遺留下有關文化取向最急迫需要發展的方向。舉例來說，在《網際網路文化》（Internet Culture）一書中，大衛波特（David Poter）觀察到網際網路所鑲嵌的文化是「虛擬傳播中獨特情況的產物，流行上網的活動，集體的習

慣於密集次數頻率下從事匿名、實驗性的,甚至是短暫的遭遇
⋯⋯畢竟,大多數的對談者都是網際空間,摸不著身體,看不
到臉孔,也無法發現其他超越他們自行選擇顯現出形象之外的
歷史」[1]。類似的討論幾乎將整個焦點都放在「線上文化」
(Online Culture)之上。由於和波特類似的主張,大多都忽略
網路文化內部的社會脈絡,故形成一股要求納入生產與接收的
訊息與其他符號性內容的反思。新的焦點必須放在使用網際網
路如何造成新式準關係的出現;以及網際網路影響各種型態組
織與個人的日常生活之途徑。我們必須開始發掘網際網路與公
共性這個新概念的關聯,以及這樣的關係如何與全球性的通訊
相互連接。網際網路挑戰我們在現代文化中所找尋的開放性與
能見性的管理方式;而這樣的現象更導致新型態的文化傳遞,
其實強化了晚期現代社會文化的媒體化傾向。我將在接下來的
章節對這些主題進行通盤的討論。

但是在第三章中,我希望提供更多的理論取向以便理解網
際網路對於現代生活的影響,並反駁在部分的虛擬社會型態
中,任何僅僅將網際網路視為「具備虛無聲音的媒介以及去脈
絡的觀點」[2]。我希望以理解虛擬性(virtuality)的概念作為開
端,所謂的虛擬性,用拉圖(Bruno Latour)的術語來說就是
「並非虛無的事物,而是比真實更加有形的東西」[3]。我在這裡
所建構的研究取向將會允許我們開始從事更嚴謹的思考之前議
題的設定,同時也允許我們提出更為顯而易見的問題。在從事
這樣工作的過程中,我將援引約翰湯普森的作品,他對於文化
基本概念的解說以及文化生產的理論有著特殊的貢獻[4]。我將
檢討湯普森書中幾個相關的概念,並且企圖將他的概念延伸至
網際網路。我將詳細的探索網際網路如何改變與建構超越時空

之社會關係的模式。大多數的社會分析家並未對時間與空間進行深入的思考，僅僅將它們視為互動所發生的環境罷了[5]，但隨之而來的虛擬實境中，時間與空間似乎卻都變成可以互相涵蓋的面向。我將論證關於理解網際網路互動型態造就的影響時，越具建設性的取徑將越不會忽略時間與空間的作用，而會重複不斷的強調時空的重要性以及人們準互動發生的情境。

文化的概念

「文化」是一個極端複雜的用語。一九五二年，在阿佛列克魯伯（Alfred Kroeber）與克萊德克魯孔（Clyde Kluckhorn）所建立的文化概念分類學中，從超過十四個定義中得出彼此相同與相異的部分[6]。文化的概念已經成為當代社會思想的關鍵概念之一。然而，直至今日，用雷蒙威廉斯（Raymond Williams）的話來說，「文化帶給社會學的旨趣以及問題可以被視為明顯地難以定義這個詞彙」[7]。在這一節中，我將批判性的討論湯普森對於文化概念發展主軸的說明。我將緊密的依循他的論點並且檢驗部份重要的論述軌跡。即便克魯伯與克魯孔的主張代表著聚集混合以及曖昧不明的定義有著良好成果的案例[8]，湯普森卻大膽的區辨出三個基本的文化定義：經典的（classical）文化概念、人類學描述式的文化概念以及人類學符號式的文化概念[9]。讓我依序處理這些問題並且提出相對於湯普森的替代性取徑：結構式的文化概念。同時，我將重新思考湯普森援引的主要文獻並且在討論中引進新的資料，或許能協助我們進一步把湯普森的文化傳遞理論與網際網路的影響作一連接。

經典的文化概念

湯普森第一個區辨的文化概念，可以在十八與十九世紀德國哲學家與歷史學家之間的進行論戰當中清楚的發現。一般認為「文化史」一詞是由阿德朗（Johann Christoph Adelung）在一九七二年出版的《文化的歷史》一書中首先提出[10]。赫德（Johann Gottfried Herder）的《人類歷史哲學反思》（Reflections on the Philosophy of the History of Mankind）是一套從一七八四年到一七九一年出版的四大冊作品，也是這場論戰最著名的早期案例[11]。對湯普森來說，這些作品將文化視為：「發展與發揚人類智能的過程，一段學者研究與藝術作品同化的過程，並且與摩登時代進步的特質連結在一起」[12]。

儘管大多數這個類型的作品都是以歷史作為出發點，這些作品卻仍獲得德國知識界的重視。然而，在十九世紀下半葉期間，帶有民族優越感的文化概念開始出現，使得原先流行的文化概念不再成為主流。特別是在人類學當中，許多人類學家受到「文化相對主義」（Culture Relative）極大的影響。湯普森分辨出在民族學以及人類學研究中兩種基本文化概念的使用：描述式的人類學觀點以及符號式的人類學觀點。

人類學描述式的文化概念

湯普森將描述式的文化概念追溯到克連姆（Gustav Klemm），他在一八四三年出版他十大冊的《普通文化人類史》的第一本作品[13]。在著手「調查與確定人類自未開化以來首先展開的……發展歷程」，克連姆的作品持續展現經典文化概念的革命性角色：深信文化是依照階段循序發展的。克連姆的作

品同時顯現對於絕大多數非歐洲的文化進行描述的新學術關懷，像是那些「南美的印地安人」以及「南美與北美未開化的漁獵部落」[14]。然而，直到一八七一年，牛津大學的人類學教授愛德華泰勒（Edward Tylor）才根據克魯伯與克魯孔的論點，第一次將這個學術取向予以正式化。泰勒在他《原始文化》一書中，將文化視爲「帶入廣泛的民族學意識，文化是複雜的集合，包含知識、信仰、藝術、道德、法律、習俗以及其他任何人類做爲社會成員之一所需具備的能力與慣習」[15]。湯普森總結描述式的文化概念如下：文化是團體或社會所具備的信仰、習俗、概念與價值，以及物質的加工品、物品與設備，也就是個人作爲團體或社會一員所需的一切[16]。

這個類型學術取徑的主要困難已經經由重要的創新輪廓以及功能論者的批評中顯露出來，例如瑞特里夫布朗（Alfred Radcliffe-Brown）以及馬林諾夫斯基（Bronislaw Malinowski），他們認爲研究者必須扮演詮釋的角色，而非僅僅只是描述文化本身[17]。然而，湯普森認爲這樣的研究取向也是值得商榷的，因爲由於每項研究的廣度不一，也就減少了區別文化概念以及超越模糊描述的力量[18]。

人類學符號式的文化概念

根據湯普森的研究，在一九四〇年代的人類學研究中，一種非常不同的文化概念取向正浮現出來。湯普森將這種取向稱爲符號式的文化概念，且讓文化分析「傾向意義與符號主義的研究」[19]。懷特（Lesile White）是第一個強調以符號主義進行研究的人類學家[20]，他寫道，

文化是可區別的次序、階級以及現象的總稱,這些事物與事件依賴著心靈能力的運動,特別是人類所具備的「符號」能力。更明確地說來,文化包含物質的對象──工具、設備、飾品、護身符等等──動作、信仰以及態度等在特殊場景中藉由符號能力所產生的功能。這是一個由特定的動物種類,也就是人類,在爭取存在與生存的過程中所採用的精細運作機制,是一種經過組織化的滲透方式與意義,21。

然而,這種傾向的證據也可以由瑞德班恩(Read Bain)在他的作品中所寫下之「文化就是所有經由符號中介的行為」[22]等語句:以及戴維斯(Kingsley Davis)的作品《人類社會》(Human Society)中發現,戴維斯在書中將文化理解為包含「所有經由人類的互動所傳遞的思想以及行為模式」[23]。湯普森將本類型的文化概念之特點描述如下:「文化是鑲嵌於符號形式的意義典型,包括行動、言詞以及各式各樣有意義的客體,具有個人間一個接著一個的傳遞並且分享他們的經驗、認知以及信仰的特點」[24]。

湯普森認為吉爾茲的作品,特別是收錄於《文化的解釋》中的短文,便是企圖應用這種人類學研究取向的作品[25]。如同他在書中的解釋,吉爾茲相信(如同韋伯)「人類是一種會明顯的懸掛在自己所編織的網當中的動物」,並且認為文化「就是那些網,因此文化的分析並非是尋求法則的經驗科學,而是搜尋意義的詮釋性研究」(p.5)。吉爾茲將文化比擬於文本、「活動的文件」(acted document)以及帶有「文學批判」的人類學家的工作(pp.9-10)。如此看來,人類學家如同「民族誌

學者需要『紀錄』社會論述」（p.19），也就是說把文化寫下來。吉爾茲提出警告，認為這並非一項簡單的工作，因為「我們紀錄（或試著紀錄）的對象並非生（raw）的社會交談，由於存在著非常大的邊緣性以及特殊性，我們並非演員，我們並非直接接觸，而只是受訪者引導我們理解文化的一小部分」（p.20）。但是，

　　文化模式的間接性──有意義的符號所組織的系統──使得人類的行為實際上可能是無法掌握的，僅僅是沒有重點的動作以及突然爆發的情緒所引發的混亂組合，行動者的經驗並不夠鮮明。文化，就是類似模式累積起來的整體，並非人類存在的裝飾品，而是──文化特殊的原則基礎──人類需求的情境（p.46）。

　　儘管吉爾茲的作品在他希望試著遠離部分早期較為獨特預設的層面上，是值得推崇的，湯普森仍認為吉爾茲的文化詮釋理論並非沒有存在任何限制，且這些限制都需要進一步的修正[26]。讓我們思索一下並且延伸到湯普森所提出的其中三項與我們現在的主題最為相關的限制。

　　吉爾茲在《文化的解釋》中採取的取向，所萌生的第一個困難是所謂「文化模式」（culture pattern）概念，只是讓社會互動變得具備智識性的背景。雖然他描述文化模式必須經過「歷史傳遞」，但是文化模式卻以既定（given）的型式而非以人類行動中的交涉產物呈現。文化模式的源起隱蔽於神秘之中。這個問題在下面引述吉爾茲的短文中顯得更為明顯。他寫道：

海狸建造水壩，飛鳥建造鳥巢，蜜蜂確定食物方位，狒狒
組成社會團體，而老鼠則依據牠們基因內主導的構造學習
合作的基本形式……但是人類也在隱藏於由無形的天賦所
構成的流動圖表與藍圖、狩獵技術、道德體系以及美學標
準的教育之下建造水壩或棲身之地，確定食物的位置，組
織人類的社會團體或是尋找性伴侶（pp.49-50）。

在其他方面：文化「最好不要被視為具體行為模式的複合
體—習俗、用語、傳統、習慣組合—或者就被視為今日的所有
例子的展現，而應該被看作一組控制的機制—計畫、應對方
式、規則與知識（電腦工程師稱之為『程式』）—以用來控制
人類的行為」（p.44）。然而，吉爾茲卻未企圖向我們解釋知識
如何隱藏，如何被編碼化以及程式如何被寫入我們的文化模式
當中。除此之外，社會互動的想法有點具備模型、控制以及掌
控的特質，使得吉爾茲的研究取向最終與他堅信自己已經成功
迴避的某種文化概念類型反而顯得更為親近。

吉爾茲的作品所面對的第二個困難是將文化視為「活動的
文件」的概念。雖然吉爾茲認知到活動的文件並非「生的社會
論述」，他卻沒有對不同詮釋的可能性給予足夠的重視。文件
與文本不會自我解釋，說明它們對於文化模式的作用也不能解
釋這兩個詞彙的意義。在他的《巴里島的鬥雞隨筆》一文中，
這是吉爾茲在《文化的解釋》中的一篇短文，吉爾茲寫道：
「人類的文化是文本的結合，它們自行結合，人類學家緊追著
那些擁有適當文本的人，然後解讀文本」（p.452）。吉爾茲採
取他所謂「內在觀點」（inside-view, p.416）的方式達成此目
的。他指出鬥雞是一種「藝術形式」（p.448）。然而，他對於

像是理解應該是「讓故事本身說話」（p.448）的主張並未加以
舉證支持。事實上，在這篇短文中關於鬥雞存在著許多相互競
爭的詮釋。吉爾茲寫下巴里島社會中的精英以及如何「將觀賞
鬥雞視爲『未開化的』、『倒退的』、『不進步的』而且通常不
會變成具有野心的概念。而且，伴隨其他的困擾——鴉片、抽
煙、乞討以及不適當的想法——這些精英也試著，而且並非是無
系統的，阻止鬥雞活動的進行」（p.414）。然而，對於「活動
的文件」的不同詮釋卻成爲以旨趣區分爲基礎之爭鬥的核心，
同時也不能忽略不同詮釋的重要性。

　　第三個吉爾茲研究取向的困難也是源於將文化視爲「活動
文件」的概念。有許多文化分析問題的重要闡釋可以追溯到這
樣的比喻，這樣的類比對於普遍的文化結構遺產只提供了有限
的理解。這樣的比喻也阻礙任何介於文化現象、制度轉型以及
歷史之間的關係進行理解。舉例來說，在閱讀《巴里島的鬥雞
隨筆》時，我們可以發現吉爾茲並未適當的認知到權力在社會
生活的核心地位。他並未解釋爲什麼對於某些人來說觀看鬥雞
活動是一項令人困擾的事以及爲什麼當警察出現時，其他人便
倉惶爬上可可樹或是向警方表示他們一整個下午都在喝下午茶
（pp.414-15）。文化現象永遠表達出權力的不對稱，也不能被簡
單視爲由某些人所完成的工作。文本的比喻不能充分處理帶有
某種利益的個人所實際實踐的活動。

　　湯普森主張吉爾茲文化概念的重要性主要包含主動將文化
現象的研究，視爲有意義符號形式之論點的普及。然而，有關
吉爾茲理論貢獻的進一步發展，還需要我們採取替代性研究取
項來加以完成。湯普森堅持其他的替代取向必須同時注意到結
構化的社會關係：以及訊息與符號內容生產與接受之處的內部

脈絡。

結構式的文化概念

　　湯普森認爲他所偏好的文化概念並非符號式概念的替代品，而是修正符號式概念。湯普森的論點讓我們能處理文化的符號式概念所衍生的問題，並且企圖提出適當的答案來回應這些問題。湯普森將結構式的文化概念描述爲：「有關符號形式的研究—也就是各種有意義的行動、客體以及表現—著重歷史特殊性以及這些符號形式生產、傳遞以及接收之處內部的社會結構脈絡與過程」。個人與位於特殊脈絡內部的組織間，訊息與其他符號內容的交換永遠都預設著特殊意義傳遞的動員。湯普森將這些有助於這個過程的情況與設備稱爲「文化傳遞的形式」（modalities of cultural transmission）[27]。

　　我認爲湯普森的結構觀點之所以有趣，是因爲這個觀點代表著和研究網際網路的既存文化取向作一批判性的分離。相較於那些僅僅喚起我們注意到網際網路表面現象的觀點，湯普森允許我們將焦點放在社會的結構脈絡與生產、傳遞和接收的過程，以及訊息與其他的符號內容之上。換句話說，結構式的觀點提供我們一個機會去恢復與復興波特的「虛無的聲音」，所謂「虛無的聲音」就是由鑲嵌於某個特殊的社會與歷史結構脈絡與過程的人們所生產與接收的清晰聲音。

　　在這一章的其他部分以及本書所貫穿的內容中，我將展現出什麼樣的網際網路研究會等同於文化傳遞的形式，由此我們可能會需要或得到這個研究取向意料之外的優點。

文化傳遞的面向

　　訊息以及其他位於社會結構脈絡內部的符號內容之流通與湯普森所謂文化傳遞的面向有關[28]。他表示文化傳遞的面向有三種：

1. 傳遞的科技媒介。
2. 傳遞的制度性措施。
3. 與傳遞有關的某種時間與空間的遙遠化。

　　作為文化傳遞的形式，網際網路將這三個面向結合為獨特的傳遞方式。接下來讓我們詳細的討論這些面向，並且探索個別的特殊重要性，以便理解網際網路在現代文化的媒體化中所扮演的角色。

傳遞的科技媒介

　　湯普森認為傳遞的科技媒介包含由訊息以及其他符號內容所生產、傳遞以及接收項目所構成的物質成分。當我們在檢驗某個媒體對於文化的影響時，對科技媒介的說明是相當重要的，因為如同殷尼斯與麥克魯漢提到的，社會互動的場景有可能受到各種不同物質形式的下層建築所影響[29]。湯普森表示有三項相關的科技媒介特質在此顯得特別重要。這三項特質分別是：

1. 定置（Fixation）。
2. 再生產（Reproduction）。

3. 參與（Participation）。

　　為了突顯其與網際網路有關的部分，我將以本書第二章所提及的媒介發展以及湯普森認為與這三個特質有關的網際網路實例作為討論的起點。然而，我們必須記住在進行討論時，不能將網際網路視為只是單獨存在的傳播整體。網際網路一詞包含許多不同的科技應用程式。在檢驗各式各樣的網際網路應用程式時，例如全球資訊網、電子郵件、IRC等等，我將援引更詳細的相關研究，並且與湯普森所謂的「科技媒體的特質」加以結合。在我討論其他兩個文化傳遞的層面時，也將採取相同的做法。除此之外，在討論的過程中，不同類型媒體之間的差異會越來越明顯，但是由湯普森研究的基本主題來看，新媒體與大眾媒體之間仍然存在許多類似之處。

定置

　　湯普森認為定置等級（degree of fixation）指的是科技媒介儲藏訊息的能力。由於個人與組織早已利用訊息的儲藏來達成特定目標，也因此儲藏的訊息可以被視為權力運作的來源。就這個角度來看，科技媒介的作用相當接近為權力的容器或是權力的發電機。儲藏訊息的方式，意味著科技媒介有潛力成為監督、傳遞訊息以及控制科技媒介所處環境的工具。訊息倉庫的類型影響我們遭遇問題的方式，這些問題包括誰會儲藏訊息、什麼樣的訊息會被儲藏、誰能接觸到儲藏的訊息以及使用這些訊息的目標為何等。

　　湯普森認為所有的傳播媒介皆具備程度不一的定置等級。然而，網際網路所具備的定置等級在某種程度上顯得比其他獨立的媒體，例如報紙、電影與電視來得更為複雜。這樣的情形

是因爲訊息的格式化，以及由新的科技劇本所創造出數位化訊
息傳遞形式的結果，均使得網際網路得以整合不同的傳播類型
—文本、聲音、影像等等—成爲廣泛的互動網路。但是，這並
非意味著我們現在已經擁有一種「超級媒介」，具備「混合」
一切的能力，也並非暗示我們可以放棄殷尼斯與麥克魯漢對於
科技媒體在傳播界中所扮演之角色的關切。相反的，有許多原
因可以說明爲什麼定置等級仍然佔據理解網際網路互動式影響
層面的最重要位置。首先，數位科技的廣泛出現增強訊息儲藏
的能力。其次，網際網路本身具備許多選擇的形式供我們使
用。第三，我們無法輕描淡寫網路駭客所帶來的威脅，而且已
經有許多使用者正天眞的暴露在脆弱的電腦系統之中，網際網
路應受到監督的範圍已經擴大。爲了達成某個特定目的，我們
能夠利用許多方式控制儲藏、接觸以及流動訊息的過程。

　　讓我以之前討論的福特汽車公司的網站爲例說明這樣的應
用[30]。該網站允許福特儲藏大量關於公司本身的訊息，以及有
關福特公司生產與服務的資訊—相較於公佈在廣告看板或是電
視廣告上，這樣的做法使得訊息的儲藏更容易，接觸到訊息的
可能性也越高。這個網站使得公司能精確的掌控哪些訊息被儲
藏，並且以此提升訊息的可接觸性，將相關的訊息傳遞給從房
車車主到公司股東等不同的特殊閱聽團體。這個網站成爲供給
福特公司信賴生產與形象整合資源獨一無二的方式。

　　儘管福特汽車公司的網站提供許多可資利用的新機會，網
站本身卻也產生新的問題。儲藏的訊息會變得不合時宜，變得
不正確或使無法提起使用者的興趣。網路使用者可能會對於爲
了取得極爲有限的儲藏訊息，還必須發封電子郵件或是填滿整
張表格的手續產生無力感。因此，福特汽車公司的網站是一個

同時具備授權與未授權的場所。例如,使用者可能會將自己的網頁與公司的網站相連,但是線上指引卻明確的禁止使用網頁上代表福特的網站符號,這樣的情形可能會對福特的產品與服務產生不利的影響。

再生產

　　湯普森關心的第二項科技媒介傳遞的特點是網際網路所提供的訊息與競爭內容的再生產等級(degree of reproduction)。用數位化的形式儲藏訊息,經由普遍存在的互動網路以及全球介面,像是瀏覽器以及其他程式—別忘了電腦的其他硬體部分、螢幕以及印表機—的處理,幾乎可以無限的重製各種在網際網路上傳遞的訊息。

　　例如,英國國家廣播公司(British Broadcasting Corporation, BBC)的網站允許BBC能夠時時刻刻滿足世界各地的使用者可能感到興趣的議題,並將這些訊息公佈於網站上[31]。更有甚者,網頁的任何變更都能讓參觀網站的訪客立即察覺與使用。然而,受歡迎的網頁,例如由BBC於網站上提供美國獨立司法官史達(Kenneth Starr)對於美國總統柯林頓(Bill Clinton)與李文斯基(Lewinsky)之間風流情事的調查報告,當幾百萬人在同一時間試圖連上網站閱讀這份報告時,BBC網站也免不了當機的命運。儘管科技有時會出差錯,但是原則上這樣的科技,至少展現出訊息能夠在全球的範圍內無限的被重製散佈。

　　能夠利用網際網路重製訊息與其他符號內容的方式,已經被部分理論家稱為所謂的拼貼效應(collage effect)。這個術語被紀登斯用來描述媒體的呈現方式,「媒體的呈現採取故事與

物品並置的形式，兩者除了『即時』與具備間接的關係以外，並未分享任何東西」32。我所稱的拼貼效應一詞並非完全符合紀登斯的用法。當我使用拼貼效應一詞時，想描述的是網際網路的活動作為去鑲嵌的機制，鼓勵訊息與符號內容從特定的位置釋放出來，並且讓這些訊息與符號內容跨越寬廣的時空，並重新組合的結果。組合與重組訊息的拼貼是由網際網路使用者本身加以完成。接著讓我在網際網路使用上的三個不同層次說明拼貼效應式的訊息重製所蘊含的複雜性。

首先，以一趟由位於美國的電腦為起點，針對福特汽車公司網站的參訪為例。經過短短幾秒，超連結能引領著使用者由這裡的電腦得到儲存於葡萄牙分公司電腦裡的資訊。其他的連結則讓使用者得到全世界各地的地區經銷商、信用資產以及股票與市場佔有率的資料。在利用網際網路的過程中，福特汽車公司把自己懸掛在自己所編織的網絡內最顯而易見的位置。在這個例子裡，福特公司成功的將訊息與其他的符號內容從廣泛的來源中匯集起來並且加以「拼貼」。網際網路允許我們重新結合以及重新製作不同脈絡下的多元訊息內容，也因此激進化與全球化原先既存制度的特徵，同時也製造出更為廣泛的機會以創造新的制度。

其次，拼貼效應還延伸到個人的網頁本身。儘管一張網頁是以一個整體的形式呈現在螢幕上，但是事實上一張網頁是由許多元素，像是文本與意象所組合而成，如果可能的話還包含音效與視訊。這些元素可能以檔案形式儲存與某個地點，也可能是為了建構網頁而透過網路抓取。同樣的，這些分離的元素也可能儲存於世界上其他不同的地點，並且進行不同網頁間的拼貼。不管訊息儲藏於何處，只要訊息一但被使用者利用瀏覽

器抓取,被抓取的訊息便能被重製並且能帶著訊息原來的內容,毫髮無傷的出現在我們的眼前。

最後,拼貼效應也延伸到電腦螢幕本身,如同前面章節的說明,網路使用者能同時使用種類繁多的應用程式。螢幕也因此成為抓取各種流動訊息的工具,一透過此能夠將過去異質的知識與訊息加以並置,並進一步構成協商式的動態性論述(negotiated dynamic narrative)。

參與

湯普森最後指出的科技媒介傳遞特點,指涉到環境面向以及參與等級(degree of participation),這項特質對利用媒介的使用者授與許可且要求他們服從規定。所有的媒體都需要這方面的技術。使用網際網路因此成為技術性的演出,並且需要特別的技能、資源以及專注才能成功的使用電腦。例如,BBC的網站就展現出建構網站的網際網路專家所具備的技能。該網站的訪客必須擁有一定的讀寫能力以及必須具備對於如何使用電腦的基本了解。然而,我們卻不能因此而否認這個網站的重要性,我希望將焦點由這些較明顯的技能轉向對於網際網路使用者更徹底的要求—相較於其他媒體,網際網路的介面對於使用者的要求可能更多。這些技能必須與紀登斯所謂幻影之地(place as phantasmagoric)的概念進行對話。這個概念描述位於某個地點的排他使用者面臨以下的情境:

> 經由去鑲嵌化機制全然貫穿,以史無前例的範圍將地區性
> 的活動為時空關係重新結合……(對於社會事件、人們以
> 及地點)親近性不再單獨的依賴—甚至是完全依賴—該地
> 的環境……因此,相較於以往作為外部的指涉對象,現在

地點變得較不重要[33]。

網際網路已經加速與激化這個過程。

缺乏技能的使用者在這方面將很容易暴露出自己的笨拙，如同在網際網路聊天室的初學者彼此進行的典型交談中，初學者參加某個頻道向他人道早安，而他們不自覺的事實是對於其他的頻道成員而言，現在或許已經是深夜了。然而，即使是有經驗的玩家也會將「頻道」稱為屬於「美國人」或「南非人」，而未發現到頻道事實上是開放給來自世界各地的任何使用者。不經過詳細的觀察，這些行為不過是無傷大雅的小問題，但是這些行為卻顯現出正在發展以及在特定的地點與時間，必須在網際網路上經常使用技能背後所隱含的複雜性。我們可以用「數位化的城市」、「虛擬購物中心」以及「網路咖啡廳」等詞彙來比擬這個現象，所有的技能全都是企圖將訊息與互動重新組織與重新埋藏至相近的場景。當然，這個過程同時也牽涉到企圖創造反技能（counterskill）辨證的形式，以便活化深藏於其他方面不明確的中介經驗。以具備內部網路的組織為例，許多組織的成員不再擁有傳統的辦公空間並且轉為游牧式的形態出現，組織通常創造類似咖啡廳或是辦公花園的場景，讓員工得以聚會並且面對面的取悅客戶。

傳遞的制度性措施

除了傳遞的科技媒介以外，湯普森主張訊息以及其他符號內容的交換同時也牽涉到傳遞的制度性措施。這是文化傳遞的三個面向中的第二個層面。湯普森界定制度化的措施是「一組確切的制度性安排（institutional arrangement），在這當中科技

媒介被引入和配置,個體則扮演對制度內部所鑲嵌之符號模式的編碼與解碼的角色。」[34]。

對於網際網路的說明大多數傾向把焦點擺在經濟層面,並且向外延伸到政治的層面,或是在延伸到權力分析時將焦點放在規範性的層面。然而,我相信對於網際網路較佳的分析,維有當我們能貼近那些被理解為「規則與資源,如同社會系統性質般組織起來」[35]的制度安排才能完成。在這類系統的內部,訊息交換的發生無法脫離政治運作與經濟力量,或是系統外部的規範性懲處手段的操弄。網際網路的使用永遠面臨到系統內部交錯的規則與資源的影響,且一再反映出社會系統作為一個整體的特點。有關網際網路使用的制度安排也因此永遠都沾染著社會分層的色彩,牽涉到個人與組織之間權力的層級關係。例如,讓我們觀察聖保羅大學(Universidade de Sao Paulo)的網站[36],我們可以發現許多制度的安排與這裡所發生的訊息交換息息相關。在這些制度安排之中,當然,由學校負責安排掌管出版品以及資料的傳遞,但是也有連上該網站以便獲得這所大學以及內部系所相關資訊,甚至是與這所大學聯絡的個人性活動。所有團體的訊息傳播都牽涉到權力的使用以及規範的應用。

故符號形式傳遞的制度化措施必定牽涉到湯普森所謂的:

1. 選擇性擴散的頻道(Channels of selective diffusion)。
2. 限制執行的機制[37](Mechanisms for restricted implementation)。

上述兩個觀點,都制度性的牽涉到媒體固定的使用形式,所蘊含的可能性與束縛,而使用者週遭則被自主與依賴間的不

對稱關係氣氛所環繞。現在讓我們分解檢視這兩個傳遞的制度
性設施的觀點。

選擇性擴散的頻道

　　湯普森對選擇性擴散的頻道作出解釋，這個概念指涉的是
建構一套制度化架構，以便控制科技媒介的使用以及掌握利用
科技媒介傳播與交換訊息與其他符號形式的機會。因此，他們
正如同之前所說明的，與其本身的儲藏能力之特性有關。如果
我們想要理解網際網路對於現代文化的影響，就必須辨識出當
我們在時間─空間中使用網際網路時，其座落位置
（situatedness）所導致的限制性來源以及其所衍生的機會性。

　　DDS的網站，也就是阿姆斯特丹數位城市[38]（Digital City
Amsterdam），提供相當好的說明實例。這個網站以基金會的形
式運作，並且受到阿姆斯特丹市議會、荷蘭經濟部、內政部以
及其他不同的贊助者的支持。阿姆斯特丹數位城市網站於一九
九四年成立，實驗性的推廣私人與公眾對於網際網路的認識，
現在這個網站已經成為全世界最大的線上訊息傳播網站。這個
網站上的訊息傳播與交換是根據虛構的「城市廣場」（City
Square）加以建構。網站上有許多不同的廣場，例如咖啡廣
場、電影廣場、藝術廣場、音樂廣場、多元文化廣場以及健康
廣場，每個廣場的作用是提供聚會的場所，讓對於某個特殊主
題有興趣的人能連結到某一廣場。基金會主要的目標之一是提
供選擇性的，而且免費的，網路使用。這樣的目標意味著阿姆
斯特丹數位城市允許使用者避開選擇性擴散的一般管道，因為
在絕大多數的這類管道中，使用者還必須交付網際網路服務提
供者商業性的費用。然而，利用電話撥接以使用網路的使用者

卻無法完全切合此網站提供免費管道的美意。因為雖然使用網際網路是免費的，但他們仍必須交付電話帳單並且在線路繁忙時等上好一陣子。除了電話撥接以外，數位城市網站也可以藉由已經在線上的人使用網際網路。透過這種方式使用該網站的使用者便能夠避免電話忙線的情形。

　　如同阿姆斯特丹數位城市的例子所顯示的，網際網路使用的模式，典型的與網際網路作為科技媒介的性質以及這些特性與網路使用所鑲嵌的制度安排所提供的限制與能力等互動方式有關。除此之外，這些情況會因個人將他們從事的行動移置時空（time-space）之中而有所改變。儘管這是讓網路的使用不管在何時何地都能更為輕鬆的技術發展，但是只有少數人能繼續使用這種技術。個人連上內部網路或許能讓他們在平常的工作日檢查自己的電子信件，但是當他們離開或移開原本使用網路的機會時，新的使用限制與可能性的模式便浮現出來。

限制執行的機制

　　訊息的擴散是一個能在許多方面控制與規範本身的過程。湯普森寫道所謂限制執行的機制，「作為一個重要的角色並且可能用來限制或造成符號擴散形式的偏斜」[39]。回到之前的例子，進入數位城市的訪客可以選擇成為城市的「居民」或是「遊客」。為了成為數位城市的居民，訪客必須在城市裡的中央廣場填寫表格取得資格。相較於遊客，數位城市為城市的居民開啟更多的機會。他們能在其中一個廣場建立自己的首頁、在咖啡廳裡談天、參與討論、使用免費的全球電子信件設備以及參加選舉。在另一方面，遊客卻只能在城市裡到處逛逛。

　　數位城市居民的活動以及他們交換訊息的能力也受到其他

規則的管理。舉例來說，居民被給予定量的電腦記憶空間，讓他們儲存收到的電子信件以及架構他們私人首頁的檔案。如果儲存的訊息量超過這個額度，寄來的電子信件將退回給原寄件人。基金會決定網頁所能容納的商業廣告的特定比例。屬於居民的首頁不允許包含色情的成分。之所以有這樣的規定，數位城市表示並非是道德上的壓力，而是經濟層面的考量：具色情成分的網頁將造成嚴重的網站塞車並且將耗盡基金會的資金。居民不允許使用密碼保護他們的網頁，也不允許利用密碼隱藏商業性與色情的訊息。基金會可以「驅逐」違反規則的使用者，特別是那些讓居民感到困擾以及任意破壞其他成員所儲藏訊息的使用者。

　　阿姆斯特丹數位城市的例子顯現出網際網路的使用，如同其他中介式的傳播形式所展現的，表現出科技的有形之斧以及使用者在制度安排的脈絡下適應這些有形之斧的方式，也因此讓訊息能跨越空間與時間的藩籬被不斷的重製與散佈。

傳遞過程中時間與空間的遠距化

　　第三個湯普森的文化傳遞面向指的是時間與空間的遠距化程度（degree of temporal and spatial distancing），這個面向牽涉到訊息與其他符號內容的傳播[40]。這種時間與空間的遠距化，湯普森表示，同時依賴科技媒介以及前面所討論的制度性措施。雖然面對面的接觸發生在紀登斯所謂「共現的脈絡」（contexts of co-presence）之中，科技媒體幫助時空中的符號形式「拓展接觸的可能性」[41]。在訊息交換期間的時空動員所帶來的壓力與機會，可被利用來建構組織或維持類似交換的基本途徑。

在進行時間與空間的遙遠化討論之際，湯普森表示我們應該回顧殷尼斯的作品《傳播的偏誤》（The Bias of Communication）[42]。在這本書中，殷尼斯不僅強調科技媒介形式的重要性，也要求我們注意時間與空間在分析傳播系統時的中心地位。於一九四〇年代期間及一九五〇年代早期完成這些作品，殷尼斯儼然是從事傳播媒體分析，並切入這些組織間時空面向所展露的權力關係，釐清其複雜關係等研究的開山始祖。確實的，在他的作品中有許多篇幅將焦點放在說明如果特定形式的組織相對穩定的存在於時空中，某種情況便能維持下去。他援引「帝國」（empire）的概念指出這樣情境內的製作與再生產牽涉到權力的制度化。殷尼斯寫道：

> 傳播媒介對於超越空間與時間的知識傳播有著重大的影響，而且我們必須研究這些媒介的特性，以便評估它們對於本身所處的文化情境所產生的影響力。由於傳播媒介具備的特點，可能使得這些媒介特別適合在超越時間甚於空間的情形下傳播知識——特別是在這些媒介顯得笨重與過於牢固以至於不適合移動時；或者恰好相反，它僅能跨越空間而無法跨越時間的傳播知識——特別是在如果該媒介顯得輕巧又容易搬動時。對於時空的相對強調將意味著媒介所鑲嵌的文化存有明顯的偏誤[43]。

根據這個觀點，個人在各種社會組織的形式裡使用具有空間性偏誤特質的傳播媒介時，或許能延展與跨越範圍廣大的空間。另一方面，其他類型的媒體則可能產生對於時間的控制，讓社會系統的重製能跨越長時段的時間。當然也可能有同時結合時間偏誤（time-biased）以及空間偏誤（space-bias）的媒

體，以便完成更穩定的組織文化。

　　儘管殷尼斯在訊息傳遞上有關時間與空間的遙遠化概念並不完整，但是這個概念確實以基本的方式強調個人與組織並非只是「在」時間與空間中使用媒體，他們也利用媒體對時間與空間進行組織的工程。藉由這樣的觀點來檢驗網際網路，我們可以開始試圖捕捉網際網路對於個人與組織而言，為求完成他們的計畫所必須觸及的時空影響層面。舉例來說，我們可以研究網際網路如何影響個人與組織空間動員的能力，且如何運用網際網路協助日常生活中特定工作與任務的分配，以及整合他們計畫中空間與時間的軌道[44]。因此網際網路的使用永遠牽涉到權力的不對稱，以及經由使用網際網路讓每項訊息傳播活動都成功的完成。使用網際網路所造就的轉型能力，也就是網際網路之所以能讓世界「變得不同」的方式，完全仰賴於參與其間之個人與組織所挾帶的特質，比如他們在時空內所居處的位置，他們從事活動時的制度環境背景，以及處置事務時所採納的工具類型。

　　讓我以網際網路的聊天室為例說明這幾個要點。使用者可能會接收到某個訊息，告知他們禁止使用其所想要參加的頻道，有時使用者甚至不清楚之所以被禁止的任何正當原因。這樣的情形通常意味著所有的使用者禁止從某個特殊的主機連結到某個頻道。由於因為帶來麻煩而遭到除權的使用者，雖然能以其他的代號重新加入該頻道，但是要改變本身的主機來源卻不是件容易的事，因此頻道的管理者必須採取如此徹底的手段來訪止不速之客的再度來訪。一位使用者若遭到不公平的除權，會因為其他使用者的「壞」行為，像是經常傳遞給頻道的管理者要求除權的訊息而解除這項禁令。如果使用者認識管理

人員，或者以某種方式展現出聚集其他使用者當作其權利之防
衛措施的意圖，除權的禁令或許就會被解除。如果有管理者表
現出知道禁令背後的實際情況以及執行的原因對於解除禁令也
是有幫助的。

　　以規律性存在的網際網路聊天室為例，可以說明使用者如
何得到一個分化的時間與空間的總量，他們運用網際網路來組
織時間與空間的能力也永遠是可能產生爭論的焦點。然而，到
目前為止，這些網際網路的研究都傾向將那些與使用網際網路
相關的時空性預期結果，和那些與所謂的「虛擬實境」（virtual
reality）組織時空性相關的非批判性關懷混雜在一起。換句話
說，網際網路的使用結果，如同有些人想讓我們相信的，就是
製造一個看似平順的、充滿活力的以及柔順的時間與空間模
式，在這樣的模式內，個人與組織似乎都被賦予了扮演上帝的
能力。巴瑞薛曼（Barrie Sherman）與菲力賈金斯（Phil
Judkins）就提出類似的觀點，他們將虛擬實體描述為以下的場
景：

> 我們能讓水凝結然後再變成水；我們能帶著屬於它們的智
> 識生活浸入無生命的物體（椅子、電燈、引擎）中。我們
> 能創造動物、讚頌組織結構、靈巧的顏色與精靈……我們
> 不能將我們的真實世界變成我們想要的典型。虛擬實境或
> 許真能扭轉我們現在所擁有的不完美世界，帶來更多舒適
> 的感覺[45]。

　　這同樣也是在布蘭特（Sadie Plant）的作品中一再強調的
論點，他將虛擬實境視為充滿毫無束縛自由度的區域，並將虛
擬實體描述為「自由實驗的參考架構，對於可能發展的距離沒

有界線、也沒有限制的場域」46。

　　但我們必須對於這些論點採取較為批判的立場，由於虛擬實境的降臨，時間與空間轉變成相互重疊的面向。我們必須承認訊息與其他符號內容的時空模式提升網際網路的可接觸性，也成為真實個人與真實組織的行動的表現方式。所有的網際網路使用者都從事著與網際網路使用的各種區域，與環境所提供的限制與機會面向有關的磋商。波登（Deirdre Boden）與哈瑞莫洛克（Harvey Molotch）也主張所謂的現代訊息傳播制度：

> 無疑地依賴微觀的命令；現代性的達成並非經由電腦的電路盤以及類似聲音信件、視訊會議以及傳真重製等設備，而是經由緊鑼密鼓上演的社會每日慣習而完成，這包括人類的思考、合作以及面對面的溝通。相較於作為現代性進一步開展的原因，親密性更像是現代性的基礎47。

　　當然，部分電子的中介環境明顯的鼓勵使用者進入幻想的世界，在幻想的世界中他們或許能採用「流動的身分」以及「讓我們偽裝」的態度。這樣的情形在多人線上即時遊戲（MUDs）中顯而易見，在MUDs中，使用者明顯的被期待按照這樣的邏輯來行動。除此之外，他們的訊息傳播必須受到監督，並且認知到這些訊息並非只是「幻覺」，而是真實的個人以結合時空的複雜方式使用媒體以及與他人聯絡的有意義表現。

　　我在這裡提出的要點與虛擬實境的確實性（authenticity of virtual reality）的相關爭論有直接的關係。個人的「確實性」以及他們建構「社群」的原因，傳統上都指涉到鑲嵌於某個特定地點產生的親近性。類似網際網路科技對於這種類型的確實

性基礎將造成嚴重的威脅。羅伯薩克（Robert Sack）寫道：

> 作為一個行動者，我們必須知道我們身在何處。對於地點
> 具備的基本與整合意識讓分離的單位變為複雜，矛盾與迷
> 盲的部分。地點是特殊與獨一無二的，然而在許多方面地
> 點卻顯得只是總稱以及相似。地點似乎在「這裡以外的地
> 方」（out there），但是它們卻是人類所建造的……我們的
> 社會儲藏著關於地點的訊息，但我們對於地點只有稀少的
> 感知。由社會過程造成的外貌將顯現出模仿、迷惘以及並
> 置的特點48。

藉由強調網路使用者的「座落位置」，虛擬實體中的「地
點」—網頁、IRC頻道、新聞群組等等—將不再只是「這裡以
外的地方」。而都將成為清晰的實體。

邁向網際網路的社會理論

為了建立理解網際網路所帶來的行動與互動形式轉變的分
析架構，首先，我將援引部分將網際網路視為文化傳遞形式的
概念。透過比較網際網路以及大眾傳播媒體部分的普遍性特點
兩者之間的迥異，作為我們分析的起點是相當有幫助的，因為
經由這樣的比較可以讓我們發現某些轉型確實正在發生。其
次，我將依循顧德納（Alvin Gouldner）的論點，顧德納認為
大眾傳播以及「公眾」（public）的興起之間是屬於相互模塑的
發展關係，並且開始探索網際網路造成公共場域轉型的方式。
第三，我將檢驗各式各樣經由使用網際網路所創造出的嶄新互
動情境。最後，我將試著創造出某種嘗試錯誤的工具，用來證

明受到日常生活社會組織影響下的網際網路媒介，對於互動特徵所產生的作用是有其重要性的。

大眾傳播與網際網路

麥克魯漢寫道：「新媒介的問世經常顯現出舊式媒體所具備的輪廓與預設」[49]。因此，摩里士（Merrill Morris）以及歐根（Christine Ogan）指出大眾傳播領域的學者，已經藉由網際網路的研究中得到許多重要的發現[50]。然而，儘管新媒體與大眾媒體間存在著重要的相似性，摩里士與歐根卻未對於將網際網路界定為大眾媒體的複雜性加以說明。他們似乎只是想要成為第一個恭賀過往大傳媒介的理論與方法論，還能夠被應用於這種新媒介之上的人而已。現在讓我們藉由網際網路以及湯普森對於大眾傳播（mass communication）定義之間進行的比較，試著提出較為批判性的論點。在他的定義中，湯普森明確的將他的研究取向建立在和媒體與文化傳遞有關的基礎上。

「大眾傳播」一詞指涉到廣泛的媒體制度與服務，湯普森表示這個名詞在許多層面上被誤用。這個詞彙的第一個部分意味著訊息的傳遞有可能觸及多數的閱聽人。然而，實際上，閱聽人的數量通常不多，經常也是分殊化的。尤其在牽涉到被動性的媒體訊息消費時，所謂的「大眾」就只能形成一群不具批判性群眾的結合。這個詞彙的第二個部分是遭到誤用的，因為「傳播」與面對面的溝通事實上並不相同。在共現的情境中，訊息的製造者通常也是潛在的接收者，也因此容許高等級的對話性參與。然而，湯普森寫道，大眾傳播「建構起製造者與接收者之間全然的斷裂，透過這種方式接受者沒有什麼能力影響傳播過程的方向以及內容」[51]。湯普森進一步將大眾傳播概念

化為「制度化的生產以及透過訊息／傳播的傳遞與儲存普遍化符號事物的擴散」[52]。

藉由這樣的定義，湯普森將焦點放在大眾傳播的四個特點，我在這裡將利用這四個特點反映出網際網路的本質：

1. 制度化的生產以及符號事物的擴散。
2. 製造與接收之間的制度性斷裂。
3. 在時空中可接觸性的延伸。
4. 符號形式的公共循環。

制度化的生產以及符號事物的擴散

大眾傳播的討論，一般都會牽涉到符號事物的生產與擴散之大範圍制度的議題。就這個層面來說，我們或許會聯想到大型的傳播機構，像是BBC、CNN與MTV，以及其他規模較小的生產單位。電視需要昂貴的設備、工作室與專家，而且我們能簡單的分辨出業餘錄影帶與規律的專業化電視節目之間的不同。相對於此，網際網路是一種相對上較為開放的傳播系統。它不需要大規模的專門系統來進行內容的生產，也不需要大規模主要涉及到軟體的設計與銷售的團體，網路的連接以及訊息的儲藏與傳遞也都是如此。當然，在特定的網站與內部網路的建立中，還是牽涉到組織的介入，而複雜的私人網路所需的投資也只有大型組織負擔得起。但是由一些學童所建構首頁的品質，在許多方面其實與大多數的跨國公司所架設的網頁很難加以區辦。

製造與接收之間的制度性斷裂

湯普森對所指出的第二個大眾傳播特點則存在於寄送者與

接收者之間的二分關係。儘管所有的中介傳播都會產生製造者
與接收者之間某種程度的斷裂，大眾傳播卻普遍都涉及單一方
向的訊息傳送。接收者只具備極少的能力來干預傳送的過程。
在隔離以及可見性的面向上，也就是訊息的製造者必須以特別
平等的形式對待他們的閱聽人，就產生某種吊詭的情形。畢
竟，那些決定什麼應該被傳送以及被誰傳送的人，根本不能確
知他們的決定與接收者們的觀點究竟能否貼合──假使這些接收
者的意見真的能被聽到的話。

　　在另外一方面，網際網路卻模糊了製造者／接收者的一般
分野。在此媒介內訊息的流動總是雙向地，網際網路的使用者
能夠同時作為訊息的製造者以及接收者。網際網路所提供的互
動能力，也因此讓網際網路蘊含著讓使用者意見被高度覺察的
能力，並且讓他們在訊息傳遞的過程中取得更高的能力。

　　儘管只是具備潛在的可能性，網際網路卻已經在很大的程
度上克服了製造者與接收者之間普遍呈現的斷裂關係，而互動
的程度則端視遭遇者間的實際互動經驗，以及每次應用其實用
性的差異而有變化起伏。只要舉幾個例子便能充分的說明這些
重點。第一，某個組織可能擁有某個網站，但是對於訊息的傳
送卻沒有任何的管制。如果網際網路的使用者選擇參觀這個網
站以及抓取訊息，他們就成為訊息的接收者。第二，某個組織
在訊息的分配過程中採用某些形式的導引科技，藉由將訊息傳
送給接收者取得部份的管制能力。第三，某個組織或許會設置
內部網路，只允許少數屬於特殊團體的使用者在此發表訊息，
或如網站製造者般地進行各種活動，也因此重新型塑過去和大
眾傳播下，製造者／接收者間舊有的分界關係。第四，如果我
們採取較狹窄的觀點，網頁通常只允許等級較低的清晰反應與

提問。最後,接收者通常只能透過電子郵件信箱回應。

然而,如果我們採取較為寬廣的觀點,刻意參與的可能性或者至少是公開發表意見的可能性,相較於過去的大眾傳播媒體,網際網路就遠顯得更加明顯。例子之一是類似IRC的聊天系統。使用者在這裡成為潛在的製造者與接收者,他們能夠以全球為範圍,參加各種議題的討論以及即時的辯論。另一個例子則是電子信件。當一封私人性的電子信件被傳送給獨立的接收者,信件的製造者便成為可能的接收者,因為接收者可能會回覆該電子郵件。然而,當我們利用電子郵件透過通訊錄,將訊息分送給一串冗長的通訊對象時,訊息的製造者與接收者間的斷裂就又被拉開。

透過這些雙方均衡的訊息關係,這些例子表現出儘管互動與管制的程度可能會隨實際操作而改變,但是相較於大眾傳播,網際網路似乎更普遍的挑戰舊有寄送者與接收者間的分際,在有利接收者的情形下扭轉過去的既存的權力關係。

時空中可接觸性的延伸

湯普森指出大眾傳播的第三個特點與在特定的時空中可接觸性的提升有關。儘管大眾傳播普遍在訊息的傳遞中牽涉到時空遙遠化的程度,訊息可接觸性的延伸還是依賴與訊息傳遞相關的制度背景。舉例來說,透過電視播放的訊息類型,必須是和娛樂話題相關或是具有新聞價值的事件,總而言之,就是得具有電視化的放映價值。以廣告為例,訊息的製造者就準備付費來購買廣告時段。即使如此,想提高可見性到最佳的程度的訣竅還是在於能夠將之貼合到時間與空間的特殊性,譬如得仰賴於放送的時段是否符合潛在接受者的日常作息安排。在這個

層面上網際網路則顛覆以往可接觸性的模式。組織現在能在它們的網站上儲藏大量的訊息，並且不分晝夜的達成提升可接觸性的目標，甚至能夠在他們踏出家門之前，就與全球的使用者建立起對話的關係。除此之外，即使是小型或中型的公司與個人的網際網路使用者，其所擁有的擴張可接觸程度的潛力，也大幅超越以往大眾傳播最具特權使用者的權力。

符號形式的公共循環

　　由湯普森指出的最後一項大眾傳播的特點牽涉到符號形式的公共循環。如同我之前所描述的，大眾傳播的產品將依據一群難以確定性質，且數量必然龐大的潛在接收者，將其傳播形式加以普遍化。然而，隨著新式衛星與有線科技的發展，像是電視之流的大眾傳媒，已經持續穩定的從往日針對接收者多元性而製作的公共服務傳播形式脫離出來，並且逐漸朝向瞄準特定區域範圍內的特定觀眾方向發展中。

　　然而，儘管頻道數目正不斷地增加，我們仍然很難否認大規模傳播單位的重要性以及它們在形塑公共意見時所扮演的角色，依舊維繫其不墜的地位。的確，部分的公共服務頻道企圖藉由將過去由於較為特殊化頻道林立下，所造成的支離破碎「公共性」予以統整聚合，以便為他們自身創造出新的活動舞台。我們無須以輕描淡寫的態度看待當代電視領域萌生轉變的例子，因為網際網路正以更為劇烈的方式，讓符號形式的公共傳播情境產生顛覆性的改變。我希望藉由有關「公共性」（publicity）的概念與網際網路的討論開始探索這段轉型的過程，並且相關的討論將持續至第七章。在下面的討論中，我將試著把網際網路與公共領域的理論加以連結。

網際網路與公共領域

哈伯瑪斯早期的作品《公共領域的結構轉型》（The Structural Transformation of the Public Sphere）於一九九一年由湯瑪斯伯格（Thomas Burger）翻譯為英語，本書引發了社會理論家以及傳播學者之間紛擾不休的爭論，思考在不同基礎的今日，重新著手建構一批判性公共領域概念的可行性[53]。無論任何形式的傳播媒介，包含網際網路，都製造出某種領域，在這個領域之中知識是被共享，而意見也被形成，故檢驗這項議題也變成極為重要的任務。

根據哈伯瑪斯本身對於十七世紀直至今日之媒體制度發展的研究，哈伯瑪斯詳細說明了他口中所謂的公共領域（public Sphere）興起歷程及隨後其所面臨的崩解。他表示公共領域之所以蓬勃發展並作為溝通與論辯開展的場所，是受到那些小規模與獨立形式之輿論刊物的傳媒興起所催生。十七世紀末，在私人領域受到自治權的保障，且限制公共權威介入的前提下，新的傳播領域在此時也應運而生。對哈伯瑪斯來說，批判性的公共領域具現了公開討論場所的概念，是由一群個人所組成，他們是在人人平等，均享有發表意見空間，以及不斷重製公共觀點的原則下聚集在一塊，進行批判性的討論、爭辯以及理性的辯論。然而，這樣的理想從來無法完全被實現。商業化的大眾媒體以及國家干預的擴張都導致哈伯瑪斯所謂公共領域的某種形式的「再封建化」（refeudalization）。公共領域遭到崩解的命運，且只能沈沒入意向與輿論管理的夢幻世界。

儘管存在著將批判的公共領域視為某種最理想典型的嚮往，許多批判者傾向與哈伯瑪斯的論點站在同一陣線，將今日

重建批判性公共領域所受到的阻礙，其原因歸咎於如同電視之流的大眾傳播媒體。哈伯瑪斯寫道，「在某種程度上，大眾媒體作為具有中央化性質的訊息流動網，其單向的傳播管道—從核心到邊陲或從上到下—想當然爾有助於提升社會控制的強度與效率」[54]。另一方面，湯普森則懷疑這樣的立場，並且就這個層面表示哈伯瑪斯的作品遭遇到由歷史、觀念以及實踐所交織而成的難題[55]。然而，不論是哈伯瑪斯有關公共領域的說明或是湯普森對哈伯瑪斯早期作品的批判，都未提及網際網路的使用可能造成的結果。讓我們更靠近的討論湯普森的三個批判要點，並且檢驗伴隨著網際網路使用所帶來的機會與限制，以及可能造成的影響。

公共領域並非對所有人開放

湯普森指出某些值得深思的歷史證據，這些證據顯示哈伯瑪斯所描述的公共領域從來就不對所有人開放，成員大多受限於那些受過良好教育與富裕的菁英份子。有時甚至儼然是男性的專區。除此之外，哈伯瑪斯還忽略盛行的社會運動所扮演的角色，這些活動通常與公共領域不一致，同時哈伯瑪斯也忽視早期新聞界的商業特質。

儘管這些爭論或許是一條強力的批判戰線，但是不論如何，將現代公共領域的模型建立在一個已逝的時代之上，並不具備太大的意義。像是網際網路般的新傳播科技，且伴隨著造成現代社會轉型的某些發展，都讓我們幾乎不可能將建立起一套對於公共領域的特殊歷史詮釋，當作理所當然的集體目標。

然而，顯然湯普森的批判並不能整個駁倒哈伯瑪斯對於公共領域的概念性理解。哈伯瑪斯的概念仍然能作為理論性的指

引，指出在媒介式的公共性中，什麼樣的行動是意味著對於批
判性原則的肯定與履行。除此之外，由於網際網路創造「對話
空間」（dialogic spaces）的新機會，我們或許需要思考如何執
行某些批判性原則，正如同渥金（Ronald Dworkin）所解釋
的，給予人類活動指引，但不必然會造成特定的結果[56]。

媒體產品的接收者並非被動的消費者

湯普森批評哈伯瑪斯的公共領域「再封建化」的概念，他
認為哈伯瑪斯將媒體產品的接收者視為被動的消費者。湯普森
寫道：「這樣的預設已經由更具脈絡化與詮釋性的靈敏途徑所
取代，在這樣的途徑中，個人接收媒體的產品，運用這些產
品，然後將這些產品整合進入他們的生活之中」[57]。

然而，這樣的批判並沒有傷害到哈伯瑪斯更為普遍化的論
點，也就是說那些我們仍舊必須注意到的重要議題。其一是媒
體的商業化，這可能造成歷經媒介公共性的扭曲。另一個則是
中介經驗的分崩離析，這有可能阻礙有效率反對運動的形成。
網際網路前所未有的開啓了參與性觀點形塑的契機，讓我們更
加急迫的探索如何讓個人與集體能夠積極的參與批判性的討論
與辯論，以及為何這樣的參與極易遭到阻礙。

傳統的公共性模型已不再適用

我在這裡所要討論的最後一項由湯普森所提出的批判，其
實與哈伯瑪斯在論述中所採用的傳統公共性模型具有直接的關
係。湯普森表示這樣的模型不再適合作為思考今日公共生活的
取徑，因為新型態的公共性，由於大眾媒體的協助，絕大多數
都具備非對話性（non-dialogical）的特質[58]。這樣的情形意味
著訊息的傳遞顯然是單向流動的，從訊息的生產者到接收者。

　　然而，網際網路的互動品質卻創造出參與性的輿論形塑的新機會。不像大衆媒體，網際網路並不能輕易的以非談話性媒介來理解，或等閒視之。現在我將藉由探索網際網路引發的不同型態互動情境來進一步追蹤這項論點。必須到第七章，我才會針對由網際網路所創造的特殊公共性進行全面性的討論，且我在第七章也將檢驗對於哈伯瑪斯的道德論述概念提出批判的作品。

互動情境的類型

　　爲求指出部份將網際網路應用概念化爲文化傳遞形式的論點，我們必須針對各種由網際網路帶起的互動情境進行研究。在社會互動中存在著哪些不同的選擇？湯普森區辨出三種互動的類型，而我將試著建立這三種互動類型與網際網路之間的關係。我同時將利用「傳播區間」（arenas of circulate）的概念捕捉發生於湯普森所指訊息與其他符號內容傳播與經由媒介時，所發生的區域化現象。藉由援引布爾迪厄（Pierre Bourdieu）的作品，我也將帶入「可能性劇碼」（repertoires of possibility）[59]的概念。我將描述個人與集體引用各種規則和資源，對於訊息傳播的組織與維繫所能達致的程度。

互動的類型

　　湯普森所指出的三種互動類型分別爲（1）「面對面式的互動」，（2）「中介式的互動」（mediated interaction），（3）「中介式的準互動」（mediated quasi-interaction）[60]。這三種互動情境都是由網際網路所造成，並且也都引發這些互動情境的互動與組織特質的轉變。

　　湯普森表示面對面式的互動牽涉到共現，並且居處期間的個人也都因此而共享著相同的時空參照系統。參與者能夠接觸到多重的符號性指示，而傳播的過程通常也指向某個特殊的對象。參與者能夠同時成為訊息的接收者與製造者，而遭遇者彼此間具備著對話的特質。然而，如同雪利托克（Sherry Turkle）所言，若將我們的注意力集中在「居住在MUD之內」 或是「銀幕上的生活」，我們便會錯過網際網路的使用其實是和面對面互動過程呈現相互交織的複雜關係。舉例來說，兩個人或許在房間內進行討論，然後同時轉過身利用IRC將信息傳送給遠方的朋友。類似的，負責網站建構的計畫團隊成員也會利用電子信件互相聯繫，並且安排面對面討論計畫進度的集會。

　　中介式的互動，湯普森表示，牽涉到生產的脈絡以及符號事物的接收兩者之間的分離。常見的中介式互動，像是寫信以及打電話，明顯的涉及到個人將本身指向其他特定的接收者。參與者的行動與言語具備對話性，同時也引發不同形式的回應行動。中介式的互動剝奪了參與者在面對面的互動模式中，經常能得到的廣泛符號暗示。符號暗示的窄化導致各種問題的發生，例如遭遇者間對話的開展與結束、傳播的轉向等等。故能否成功地完成中介式互動，通常就必須依賴參與者間和對方的熟悉程度而定。

　　網際網路也經由提供個人間私下的電子信件、網路電話以及談天選項等互動形式，明顯的替行動與言語的雙向流動增加可能的劇碼。然而，除了一對一的遭遇之外，網際網路也創造出廣大的公共範圍，多對多的對話空間─例如，IRC頻道─個人能在這種空間將自己的行動指向許多接收者，並且與他們建立相互的關係。這樣的討論場合建構了一個讓個人能向其他不

具體存在的人，製造符號內容的情境，當然地，在此同一時間，也區分出某些人，根本無法接收由其他人所製造出的符號內容，更違論加以回應。縱使電話建立起的談天系統，已經多少滿足了現代社會對於這類討論領域的需求，但是透過網際網路所開啓的規模與可能性卻是史無前例的。

中介式的準互動與中介式的互動不同，如同湯普森說明的，中介式的準互動牽涉到指向某些不明範圍的潛在接受者的傳播，而且經常是獨白式的傳播。舉例來說，中介式的準互動涉及到由大衆傳播的媒體，像是書籍、報紙、廣播與電視所建立的社會關係。網頁或許與這種類型的溝通最爲貼近，個人與集體行動者能藉由創造本身的網頁進行回應。除此之外，網際網路超越其他的媒介，開啓混合不同形式的互動的機會。網頁或許能扮演整合中介式互動以及中介式的準互動的角色。聲音、影像以及文本的結合也開啓製造與接收更爲廣泛的符號暗示的機會。雖然網路電視以及網路廣播也牽涉到中介式的準互動，如同我之前所解釋的，部分網頁也允許使用者共同的觀看網路電視，與其他使用者一同進行中介式的互動。

傳播區間

在邏輯的層次上，傳播區間的概念讓我們能在時空因素上與牽涉到網際網路使用的不同互動場域相分離。一個訊息與其他符號內容的傳播區間，在空間的層面上，可以經由「佔據位置」（position-taking）的區域被加以辨識指認，而在時間的層面上則像是「軌跡的組裝」，讓個人在日常生活的過程中能夠依循61。儘管在概念層次上，讓這些區間彼此分離是重要的，但是傳播區間總是免不了會被社會實踐的實際建構所介入和波

及，而這些社會實踐更不能被粗糙地降級爲截然二分的時空模式。

就許多方面看來，將遭遇者予以「空間定位」的取徑，適度的呼應了哈傑史崔德（Torsten Hagerstrand）的作品[62]。我在這裡指出一個簡單的例子。兩個生活在某個城市中不同區域的人，同意相約在市中心的咖啡店。當他們在聊天與喝咖啡時，他們的時空路徑產生交會，之後當他們分開，時空路徑也隨之分歧。在這個面向上，我們能爲他們建構出這段時空的敘事性傳記，甚至大量比照其他人的路徑以便構成人們相互關係的地圖。然而，哈傑史崔德的時空地理學主要關心的卻是個人在時空中的物理移動，以及他們在共現情境中的交往。個人的軌道，哈傑史崔德寫道，「人們依循著普遍生活的塵世時間與空間，必須在壓力與機會下調適自身」[63]。然而，他的分析架構也能被用來思考個人延伸時空所採取的路徑。

湯普森對於大眾傳播的原初研究中所提及的一系列人爲傳播區間，都因爲網際網路科技的運用而崛起，現在我們必須將這些人爲傳播區間與網際網路的使用作一連結[64]。首先，有許多傳播場域牽涉到網際網路使用的初級區域，例如介於不同區域的網際網路使用者間的中介式互動以及中介式準互動的結構脈絡。初級傳播場域關係到所有線上的行動與互動。其次，也有許多傳播區間涉及到網際網路的次級區域，像是介於相同地點的使用者之間面對面互動的結構脈絡。第三，尚有許多傳播區間屬於網際網路使用的邊陲區域，例如介於網際網路使用者與非網際網路使用者之間的面對面互動之結構脈絡。所有的這些區域都能順著網際網路、內部網路以及外部網路的路線進一步分化。

　　辨識出不同的傳播場域，讓我們能夠研究那些將場域邊界視爲時空邊緣的論述[65]。再一次跟著湯普森辨認三組鎖進的時空配套（coordinates）對我們是有幫助的。首先，存在於脈絡之內的時空配套，個人如同訊息的製造者般的活動。其次，也存在著牽涉到訊息與其他符號產物的傳遞的時空配套。第三，尚存在著脈絡內部的時空配套，個人如同訊息的接收者般的活動。傳播區間的時空邊緣越過這些配套並且通常延伸到引起爭議的疆界。每段疆界都處於長期穩定或者暫時衝突的情境，並且注意疆界以外與以內的議題[66]。爲了避免外在世界的侵害，而設立防火牆以用來保護內部網路，便是時空邊緣在網路使用上最清楚的例子。傳播場域的結構是與「頻道的選擇性擴散」以及「限制執行的機制」等制度安排相關的顯著形式，而這兩個概念之前在本章都曾說明。

可能的劇碼

　　布爾迪厄的「劇碼」概念描述在傳播區間之內，策略性佔據位置的可能程度。可能性的劇碼依賴個人與團體遵行的規定，以及爲了達成傳播的目的所能聚集的可資利用的資源。內部網路通常賦予使用者程度不一的權威等級。例如，部分使用者或許只瀏覽企業資訊網頁，其他的使用者則試著建立與全球資訊網之間的外在連結。同時也存在著只允許使用者寄發電子信件給其他使用者，但是不允許群組寄信的內部網路。個人在不同的傳播區域也能採取不同的角色。舉例來說，在部分家庭中，父母會限制他們的孩子每個禮拜在家裡上網的時數，但是如果把場景搬到學校，則可能還有其他的規定。父母也可能安裝過濾或訊息阻擋系統，避免孩子連上某些網站，這種行爲更

徹底的減少他們所能選擇的劇碼。

社會組織與網際網路

　　我在本章已經藉由湯普森將網際網路視為文化傳遞的形式所衍生的概念與想法，以分析網際網路使用的諸多爭論。在結論中，我希望重述前面章節中提及的幾個基本重點，並藉由一系列根據湯普森之大眾傳播分析所製作的幾個圖例加以說明。這些圖例包含各種互動形式的社會組織，並且說明經由網際網路的途徑所建構的互動特質與其他媒介確實有所不同。然而，我的本意並非暗示各種傳播區間的運作都能被簡化入這些圖例，而是提醒我們必須注意到網際網路使用的情境以及說明網際網路所造成的結果不能只限定在線上活動。所有的這些圖例相對來說都是較為抽象的，而且不企圖捕捉所有本章的詳細內容。舉例來說，一項網際網路的分析或許會要求解釋初級的傳播場域，以便辨認更多有關訊息與符號事物傳遞中，其時空配套所顯示的地域性。除此之外，為了朝向本書的中心議題的第三個步驟，我必須進一步深入探討在這裡提及的各種傳播場域。

　　圖3-1、3-2與3-3是根據湯普森的作品《媒體與現代性》所建立的面對面式的互動、中介式互動以及中介式準互動的總結與說明[67]。圖3-4則是我對於湯普森研究的延伸，主要是希望表示出網際網路如何協助社會組織間互動的進行。

　　現在讓我逐一說明這些圖例。圖3-1顯示發生於分享著共同傳播區域之個人彼此間的面對面互動。圖3-2則概略的說明發生於相距遙遠使用者之間的傳播過程，例如，一通電話或是部份書寫形式的傳播。表3-3則說明牽涉到大眾傳播的情境。

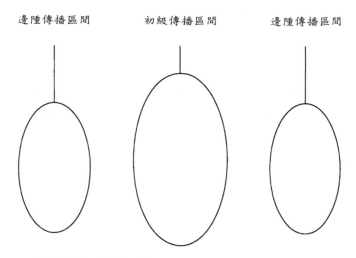

邊陲傳播區間　　　初級傳播區間　　　邊陲傳播區間

圖3-1　面對面互動的社會組織

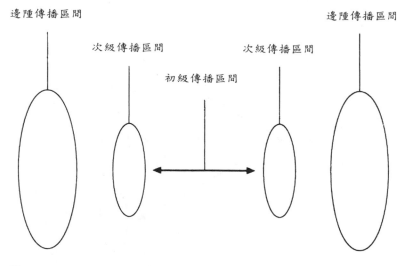

邊陲傳播區間　　　　次級傳播區間　　　次級傳播區間　　　邊陲傳播區間

初級傳播區間

圖3-2　技術中介式互動的社會組織

介於製造者與接收者之間的基本斷裂是顯而易見的，訊息也是以單一方向被傳遞。在這裡，訊息並非指向特定的個人，而是朝向未經明確定義的潛在接收者。

圖3-4則描述運用網際網路的中介符號交換的社會組織。網際網路牽涉到製造的互動結構以及接收的互動結構。在製造訊息時，他們也能讓某些人更容易接觸到此訊息，或是讓範圍不明確的潛在接收者接觸。一個讓某些特定對象能接觸到某訊息的例子，是使用者只是寄送私人電子信件給朋友或同事。而讓定義不明的潛在使用者普遍的接觸到某訊息的例子，則是公

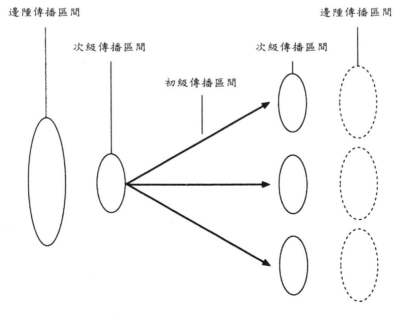

圖3-3 中介式準互動的社會組織

布於全球資訊網的首頁。訊息的傳遞由一連串的箭頭代表。訊息傳遞的過程或許是製造者有意識造成的結果，例如，他們主動地寄發電子信件。然而，訊息傳遞的過程也可能是接受者本身有意識採取的結果，例如，他們下載或儲存網頁上的訊息。這種形式的訊息傳遞由反射箭頭代表。除此之外，參與者可能同時是製造者與接收者。這種情況由線段的兩端都標誌著箭頭的符號代表。這樣的情形則可以參與者利用IRC進行談天為例。網際網路的特點協助傳播區間的去鎮嵌化，讓新式的人類連結與社會組織的出現更為可能。網際網路同時也開啟個人參

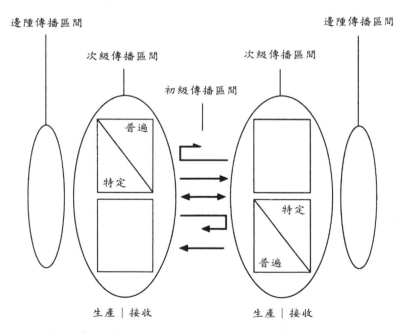

圖3-4　運用網際網路的中介符號交換的社會組織

與社會生活的新機會。然而，如同我在本章中所展現的，去鑲
嵌化的傳播區間最好被理解為繃緊的推力，與民眾經常身陷於
極端不同的科技與社會情境之真實景況內部的拉力所造成的結
果。

網際網路：改變我們創造與溝通的方式

　　如果社會理論不在某種程度上建立可以被運用於實證研究
的概念，那麼這樣的社會理論可說是不具備合理性。在本章的
最末，我的目標是提出與我所陳述之實際結果相關的理論性架
構。我將思考強森對於介面文化（interface culture）的分析。
如同我在第二章所說明的，介面在網際網路的使用上扮演著舉
足輕重的角色。

介面文化

　　強森的作品《介面文化》（Interface Culture）中的討論主
軸，是在他所謂介面設計下「藝術與科技的融合」[68]。他說明
道，一個介面，是「形塑使用者與電腦之間的的軟體」
（p.14）。介面意味著電腦「代表本身與使用者互動：用使用者
了解的語言」。○與一的數位語言，他寫道，「大多數人類並
不懂這種語言—而由其他的符號所代替」（p.15）。他提出個人
電腦的虛擬摺疊駐存（virtual folder residing）作為例子。在他
對於介面的定義中，同時包含像是網頁瀏覽器的軟體與電子郵
件程式，但也包括像是城鎮廣場、購物中心、辦公室與客廳
等，可以讓我們由某些軟體進行連接的數位化（digital）環境
（p.18）。對強森來說，介面代表著「致力於遠離介於媒介與訊

息之間的新陌生場域」（p.41）。

強森將我們在電腦上使用的介面，視爲賦予我們體認現代
資訊環境意義的基本方式。他提到，介面不僅僅塑造線上的互
動—更是線上互動的核心元素（p.73）。他說明道：

> 維多利亞時代的作家，例如狄更斯（Dickens）經由工業
> 時代的科技革新而將自己釋放出來，作家們建立了工業社
> 會所帶來的具威脅性的新領域；與社會關係的文學性地
> 圖。我們對於二十一世紀虛擬城市的導引，將展現另一可
> 資比較的設施，介面—並非小說—將成為這個時代的媒介
> （pp.19-20）。

在《介面文化》中，強森將焦點放在五個互有關聯的現代
媒介中的元素：（1）「桌面」、（2）「視窗」、（3）「連結」、
（4）「文本」與（5）「代理人」。讓我們依序簡短的思考他對於
這些元素的所提出的論點。

桌面

當介面的設計者首次開始著手運作時，強森說明道，他們
面對到一個「完全未使用過的白板，一個正等著被填滿的空白
空間……在這個新訊息空間之中，你能夠建立你所想要的任何
東西……於是，我們現在的生活越來越普遍的被桌面所環繞
著。能夠理解運用桌面背後所隱含著意義—它的巨大影響力與
它的限制—將是探究當代介面的關鍵」（p.44-5）。

視窗

強森將「視窗」描述爲有助於現代介面構築之廣大創新發
明的縮影。在本質上，他表示道，視窗驅動式的介面配置是富

有變化的。他寫道：「你可以將它們拖越你的螢幕，輕敲一次滑鼠變成改變它們的大小。它們的設計是具備可鍛造性以及開放性結果的性質」（p.77）。

連結

強森所謂的「視窗」允許我們靈巧的塑造訊息，「超連結則讓我們與整個世界結合為更加堅實的外貌」（p.105）。他繼續說道：「連結應該經常被理解為一項整合的設備」（p.111）。然而，他也繼續提出警告道，「在使用者能創造出屬於他們的連結基礎之前，網路上只會存在者少數的拓荒者」（p.123）。

文本

強森表示桌面、視窗與連結並未破壞文本在未來介面設計上的重要性。他對於可能的典範轉移感到慶幸：桌面除卻圍繞著虛擬空間被組織起來之外，他們同時也圍繞著意義與語言被組織著（p.169）。舉例來說，訊息將不只收納於虛擬空間以及桌面的某個特殊位置。訊息也會根據基於類似其中的關鍵字屬性，依照其語意關係進行重新組織。

代理人

強森所討論的最後一項現代介面文化的元素，被他稱之為「聰明的代理人」。這些自動化的設備將協助介面的使用者完成工作與達成目標。諸如此類的代理人現在都被建入介面當中。「代理人」，舉例來說，可能被內建於網頁瀏覽器之內，協助家長防止他們的孩子連接到他們不希望孩子瀏覽的網站。其他代理人的例子則包含內建於電子郵件軟體的程式，協助使用者挑選出他們所不想接收到的信件。

問題與眼前的嶄新道路

　　強森對於介面文化分析的貢獻提供我們以及有價值的洞見。首先，他企圖融合科技與文化的世界；其次，他企圖認可介面媒介為文化傳遞的手段；第三，他企圖連結媒介設計的風險以及今日之訊息社會中的不確定性。然而，他的分析也反映與分享了當前對於網際網路造成之互動影響的理解嘗試內，所包含的幾個主要缺陷。現在讓我們以建構性的態度來關照部分的主要缺點。

　　探討電腦創生所可能導致的後果，或許可說是問對了問題，但是這類研究很容易將電腦看作值得生活於其中的機器（machines worth living in）的作法，卻非建立判斷介面標準的絕佳出發點[69]。儘管強森認知到現代訊息社會的風險與不確定性，他卻幾乎以介面設計的內部來界定這項詞彙。他更關心的是，什麼樣的介面設計允許我們錯置了所謂的虛擬「垃圾桶」，而非介面如何協助我們將這些媒介經驗連結到日常生活的實際脈絡[70]。藉由堅持值得生活其中的機器的可能性，強森忽略了介面的設計、製造與使用的社會脈絡。無論如何，在進一步思考後，這一類型的觀點顯然相當古怪。不管一部電影或電視節目顯現出有多麼寫實或多具吸引力，我們都不會天真的承認想要「住在」電影或電視裡面的期望。滑鼠，如同強森提到的，或許讓「使用者進入某個世界，並且真正的在這個世界裡面處理事務」，但是我們確信沒有任何案例否定了使用者行動所發生的實際情境。

　　如同強森所暗示的，這些經由設計的介面以及建構的網頁從未面對一個「完全未使用的白板」或是一個「正等著被填滿

的空白空間」。人類的創意活動總是受到社會結構的驅使與限制，而且這同時指涉的是他們發揮創意前所倚賴的原初社會結構，以及諸多社會過程後其創意結果所造就的社會結構。人類從來沒有一雙自由的手。舉例來說，我將論證當個人建立起一個網站，也就帶來某種情境，一項恰當的使用傳播媒體所留下的根深蒂固的遺產，而這些遺產通常是我們不情願放棄的。這樣的觀點將能說明多數以「印刷」小冊形式出現的網站，這些網站的創造者似乎尚不清楚這種新科技所帶來的新選擇與責任。

使用介面的個人也不意味著能永遠在他們的休閒時間都能這般的使用介面，像是讓視窗「變大或變小，將它們推向螢幕的邊緣或者把它們拖引到中央」[71]。他們對於介面的使用與他們可能的劇碼連結在一起。這種情形意味著不平等的資源、不同的詮釋以及特殊的規範性期望等，對於個人與介面間的訊息交換過程有不可輕忽的重要性。舉例來說，如果想要接觸到多種網際網路的介面類型，通常是因為使用者經過付費程序，才可能得到連續的號碼以便獲得合法的使用權力。部分介面的使用是免費的，但是這些介面會打開包含商業訊息的視窗，而這些視窗是使用者無法關閉的。其他的介面或許可以免費使用一段時間，然後如果你有興趣繼續使用該介面，便會出現含有不斷提醒個人登記為合法的使用者的訊息視窗。換言之，介面使用的範圍極為依賴使用者的地位與權威以及他們所能承受的力量。

除此之外，強森將商業網站間的連結，也就是點出連到其他公司網站的方向，描述為「對於超連結特別愚蠢的使用」[72]。當然，我們或許會對某種特殊的網際網路使用感到憤怒，

但是商業活動卻建構了介面文化的主要部分。當這樣的網站被理解為鑲嵌於結構的社會關係與商業網站所創造的脈絡之內時，商業網站所展現的連結最後就不應該被視為愚蠢的。例如，這些連結本身或許能夠被追溯到與其所依賴連接的組織，其實在未來將有具體地經濟與政治的關係。

　　理解介面的語意組織是相當重要的。然而，介面文化的創造不能被降級為只是語言的實踐模式，畢竟無論是被給予主動創生，當中的人們都產生了些微的變化，並分享著相同的規則與資源。在介面創造與安置的脈絡內，存在著既有的結構不平等，如果認為訊息的管理或許僅僅只是環繞著文本的關係而開展，無異是過於唐突的看法。因為個人的參與以及介面不只帶來語言的實踐，同時也帶給我們實際上的利益實現。在介面文化中，訊息的管理表現出更濃郁的權力不平衡。

　　聰明代理人之標誌，以那些設計用來阻止青少年接觸到可能有害網站的介面為例，也不能被理解為一種真空的存在物。它們必定牽涉到它們的設計與使用所鑲嵌之脈絡的規範性特質。

　　所有的例子都顯現出強森對於介面文化的分析，是如何地忽略了訊息與其他符號內容的製造與接收發生時所處的社會脈絡，在介面文化中所具備的重要位置與作用。這樣有缺陷的介面文化分析，將阻礙我們藉由網路化互動萌生的諸多新選擇建立積極參與及新負擔的期待。他的分析並不允許我們觸及晚期現代性的真實人們與真實組織的許多事務。即便我們同意強森有一個值得我們追尋的目標，也就是個人應該「創造出他們所擁有的連繫基礎」——我們也必須進一步詢問在他分析的前提中，這樣的目標該如何達成。

　　本章的討論目標是處理當前對於網際網路互動影響的理解
中，所包含的幾個主要缺陷。我相當程度的援引湯普森所致力
的建構性主張、概念與想法，以便協助我們理解發生於你我媒
介世界的改變。我相信這樣的取徑不只能讓我們更爲理解網際
網路所創造的新選擇與新負擔，也能指出我們該如何積極的利
用網際網路，處理當前我們所面對的社會挑戰。然而，儘管網
際網路的使用在一九九五年已經得到可觀的成就，湯普森的
《媒體與現代性》卻壓根沒有提到我在第二章所描述的發展。
除此之外，湯普森寫道：「部分的讀者或許會感到訝異，因爲
本書在濃厚的社會理論與媒體關切下，卻甚少引用被貼上「後
結構主義」（poststructuralism）與「後現代主義」（postmoder-
nism）標籤的文獻」73。然而，湯普森對於這項作品所表達出
的不甚滿意，卻不構成我們任意繞過此文獻在媒介探討領域重
要地位的充分理由。更值得一提的是，對於網際網路的互動影
響的理解卻急切的要求我們面對後現代主義的概念與爭論。

第四章

網際網路與人類聯繫的形式

　　網際網路使得新的人類聯繫機制開始出現，而這樣的新機制是受到新式傳播媒體的發展所形塑—同樣的，它們也形塑著新式媒體的發展。本章的出發點認為在晚期現代性中，我們所涉入的社會互動形式，均帶有更加強烈和開放結局的性質。從這個角度來說，網際網路這類的科技發展，其作用在於同時增加互惠式和非互惠式傳播進行的能力。這些新的情境敦促個人與組織尋找新的相互聯繫與合作的可能性，並且創造拓展之前被侷限於相同地區所分享的聯繫機會。然而這些挑戰卻也同時造就某些晦澀難明議題的形成，尤其當我們試圖在知識逐漸落入不確定的範疇，而對於問題黑白二分的答案逐漸模糊的情況下，仍試圖使得社會關係具有積極信任和整合性時。因此適當地理解這些晚期現代性中的過程，有助於我們發展出處置新風險與不確定性時，具備穩固的基礎。

　　儘管我可以由大不相同的角度來詮釋和論證這個議題，但網際網路的使用對於人們在虛擬場合中聚首所帶來的便利性，顯然已經引起了相當可觀的討論熱潮。例如，萊茵哥德（Howard Rheingold）的作品就經常在這樣的討論下被提及。他表示當「有夠多的人」懷抱著「充分的感覺」來經營他們在虛

擬實境的關係，並且經過一段「夠長」的時期後，唯有透過電腦螢幕才能到達的「虛擬社群」（virtual community）於焉浮現[1]。他由略顯傳統的角度出發，將這些社群描述為，環繞著特殊利益與目的所組織而成之自我界定的互動傳播網路。

> 身在虛擬社群的人們藉由螢幕上的字串交換歡笑與爭論、進行學術的討論、傳達商業訊息、交換知識、分享情感的支持、擬定計畫、腦力激盪、聊八卦、爭吵、墜入情網、尋找與失去朋友、玩遊戲、打情罵俏、創造有些水準的藝術成果以及更多的懶散討論。

身在虛擬社群的人們，萊茵哥德寫道，「從事一切在現實世界人們會做的事」[2]。

我們可接觸的線上社群研究，常挾帶著崇高的目標並且抱持著樂觀其成的態度。舉例來說，萊茵哥德希望「告知更多的民眾網際空間（cyberspace）對於政治自由的潛在重要性，以及虛擬社群如何改變個人與組織在真實世界裡的經驗」[3]。然而，大多數這種類型的研究，其問題在於利用十分有限的論調，來描繪網際網路對於人類聯繫與管理形式的影響。但他們卻未建立對於晚期現代性內「社群」概念的批判性取徑。因此，他們無法掌握網際網路對於人類的聯繫與管理中，蘊含著更為廣泛的關係，也無法超越對於線上互動的窄化想法。他們通常將線上社群的參與者視為「把他們的軀體拋在腦後」，並「遷進虛擬社群」，然後這些參與者將編織出「一張位於網際空間的人際關係網」[4]。

相對於上述的談法，我們必須以馬克波斯特（Mark Poster）的主張作為分析的出發點，波斯特表示，

網際網路與虛擬社群開啓新式互動的可能性，真實與非真實社群對立的概念並不能適當的指出模式與聯繫間的不同，反而只會模糊社群形式的歷史建構方式[5]。

從這個角度來說，萊茵哥德的觀察來自他本身在虛擬社群的個人經驗，卻與他分析虛擬社群的取徑顯得有所矛盾。例如，他說明他那「看不見的朋友有時會出現於閃光之中，從鄰近的街區或地球的另一端現身」[6]。透過這樣的觀點，他無法有效地貼近於這類面對面的遭遇，以及日常生活中實際角色境遇的重要性。他寫道：

> 當我走進一個充滿陌生人的房間，我先環顧四周。回想起我第一次走進充滿IRL（「in real life」，在我真實生活中出現的）人群的房間，每個人都知道許多有關於我的生命中的私密細節，而我也非常了解這些人背後的故事。這是在我生命中一種最為陌生的感覺，我不認得房間內的任何一張臉孔。我之前從來沒有見過他們[7]。

我們必須抗拒任何像萊茵哥德對於在類似初次見面的情境中所表現出的笨拙，採取一笑置之的處理方式。我們必須採取更積極的態度，並探討網際網路是如何對於人際連帶（solidarity）與聯繫形式的建構產生影響，使得關係最親密與相隔最遙遠的人們能夠直接的互相連結。我們必須詢問為什麼自身對於日常生活中這些親密與疏遠混雜出現的狀況，愈來愈習以為常。現代社會的狀況是如何，讓數以百萬計的個人與組織，透過網際網路或內部網路來參與新形式社會關係的建構？「虛擬」社群的崛起是否意味著「真實」世界將逐漸沒落，或

者「眞實」世界是否會因此而轉變或被賦予新的生命型態？我們應該如何將前述線上社群的中介經驗與你我日常生活的實作脈絡連結？如果我們不能著手回答這類的議題，那麼以民族國家爲例，我們便不能期望能理解它們是如何透過網際網路加速新型態連帶與認同感的建立，繼而解決其統理的問題。我們也無法了解組織如何利用內部網路與外部網路促進團隊合作、企業內部的網絡化（intrafilm）以及知識的共享。我們也無法站在適當的位置，適切地理解個人在日常生活中，利用網際網路與內部網路以形塑新的義務類型與相互性的方式。除此之外，我們也不能完全明瞭這些新局勢所蘊含的危險性，以及隨之而來的非預期性結果。

邁向新的社群意識？

「社群」（共同體，community）是一個非常難以掌握的概念。社群可能被用來指涉一個十六世紀村落的自治體生活—或者指涉那些同樣身在現代組織內部，卻很少面對面接觸，並成功地利用網際網路進行合作的個人。在本節中，我將以檢討兩種「社群」概念的不同用法作爲起點，強調其現實與理想交織的複雜性。兩種使用方式仍舊佔據今日社會與政治思潮的核心位置。其次，我將討論在什麼意義下，這些用法正被新的人類聯繫形式所侵蝕，並且批判性的思索適當的「社群」概念以便描述人類聯繫的新形式。在本節的最後，我將強調企望建立新社群連帶所可能遭遇的幾個關鍵性難題。

真實與想像的社群

　　現代社會生活中社群概念的重要性經常藉由指涉「民族性」
（nation-ness）的概念所展現。民族性通常被視為我們這個時代
中，最貼近深刻情感合法性的現象[8]。民族，波斯特說明道，
通常「在現代時期被視為最強烈的團體認同，也因此或許是這
個時代中最『眞實』的社群」[9]。最終，現代的夢魘，用奈許
（Manning Nash）的話來說，「就是變得隔絕，沒有紙張，孤
獨、疏離，並在組織化他者的世界中，漫無目的地飄盪」[10]。
然而，雖然一個民族可能以其疆域或象徵符號的意義(尤其是
那些被它驅逐者)，被視為一「眞實」的社群—對於不屬於該
國的民眾更是如此—卻使得國家與斐迪南杜尼斯（Ferdinand
Tonnies）所稱的社群（Gemeinschaft）有著極大的不同。杜尼
斯提出這種理念型（ideal-type）以便描述生活愜意的實體，在
杜尼斯所謂的社群中，社會關係是根據鄰里、同伴的地域性所
建立，是一種相互分擔的責任，並且經由相互的了解與自然感
情的體驗促發彼此的良善[11]。我們可以從社會組織連續體的這
端發現，民族是最符合班乃迪克安德森（Benedict Anderson）
對於「想像的共同體」[12]的界定。

　　現在，我們或許會主張某種基本認知的存在，強調所有的
社群都是被想像出來的，因為社群的形成與複製，通常被假設
為運用廣泛符號謀略的成果。但是在現代時期內，對於民族國
家與其他形式的現代組織來說，則是愈加經由對於訊息和其他
符號內容的儲藏和操弄，來運用其權力，並促使社群的成形。
杜尼斯式的社群「不費吹灰之力便歷久不衰，就好像只需要肉
體的親近性，便足以支撐，也缺乏變動性」。至於那些被想像

出來的社群，「相信本身的存在，便是它們僅有的磚牆和武器」
13。安德森指出四個現代社群可以被描述為「想像」社群的標
準。第一，想像社群的成員不會認識許多其餘的成員，也不會
與大多數的成員見面，「但是每個人的心中都存有對於彼此共
通點的想像」。第二，他們的想像是有界線的，即使是最大的
社群範圍也是有限的，社群與社群之間也存在著邊界。第三，
這些社群被想像為獨立自主的，而社群成員的夢想就是免除外
來者的干預。最後，這些社群之所以是被想像出來的是因為，
無論成員間是否存在著不平等與剝削，成員總是相信社群展現
出「一種深厚、橫向的夥伴之情」14。

　　傳播媒介之所以有助於這種建構實體的出現，不僅藉由讓
具備共同認知的共享歷史，以及共同本質之共通領域間的傳遞
變得可能外，也同時透過將那些原先應侵入想像社群的符號予
以隔離或驅逐15。當然，整個過程具備重要的意識型態意涵，
如同南希（Jean-Luc Nancy）所主張的：「將社群看作本質的
想法……是迴避政治性的後果」16。從這個角度來看，有許多
策略早已被用來平息政治與經濟決定的結果所造成的紛爭。這
些策略對於跨越時空的想像社群，之所以能被穩定的製作與再
製有著莫大的貢獻。其中之一是藉由反思性地組織可能的活動
範圍，進而使得現代社群披上不朽的外衣，例如藉由發展出各
種的傳統以及現代儀式，或者制定相關的規則。第二種策略則
涉及對於議題的界定，議題可能會被界定為政治議題，因而開
啟干預與批判的機會。第三種方式涉及界定的過程—將之界定
為人們普遍接受的標準與實作方式，這類的定義假使奏效，便
能讓整個社群成為更好的整體17。這些策略絕大多數都沒有被
討論過，或者經由慣例主張所推動，再不然就是在中央化管制

的方式下推動。這些作法使得人類聯繫的形式是由關係的模式（modes of relations）所構成，麥可奧奇蕭特（Michael Oakeshott）將之界定爲「有機的、革新性的、目的式的、功能的或徵候的」[18]。在這樣的狀況之下，當個人遭遇到伴隨著兩個或更多矛盾意圖的聯繫形式時，開放給他們的選項其實只被侷限在一個很有限的範圍。這些不一致的目標要嘛是被壓制，要嘛就必須「有系統的和其他目標相互聯結，或被解釋爲達成目標的工具」[19]。儘管這些類型的聯繫並未以精確名詞的形態出現，但此類型的聯繫卻正是奧奇蕭特所謂的「強迫式聯繫」（compulsory association），「因爲他們所建構的關係是由共通目標的權威所應允，並藉由決策權威的形式傳達，以界定出共通目標應該在實際的狀況下，如何被追尋」[20]。

　　這些平息性的策略之所以顯得特別的成功，紀登斯寫道，正是因爲「人們擁有較爲穩定的偏好，且對於廣泛政治與經濟過程具備反省程度相對較低的介入」[21]。然而時至今日，這些策略的實行，卻受到晚期現代性情境的嚴重阻礙。舉例來說，在某些文化上強調四海一家的社會中，「民族性」的代表物不再被視爲與生俱來的，並不在將之視爲行動的唯一準則。我們只需要想想巴爾幹半島上的國家所面對的各種危機便可得知。一旦這樣的景況出現在現代貿易企業時，便需要，也正引領著它們採取更具自主性的行動。這個過程使得企業更加必須使自身投入這樣的行列：允許他們的員工像個「聰明人」一般的組織起來，並且不再硬性的區分階層，且讓員工可以擁有依據本身的知識與技能作爲基礎做出決策的權力。唯有如此才能提升企業的競爭優勢[22]。而有機的、革新的、目的式的以及功能的關係模式，則會扼殺此過程中，所需之邊緣創造力。

晚期現代性的社群復興

　　在晚期現代性中，由於社群中各種旨趣的翻新，使得人們開始憂心階層的平衡與「官方授權代理人」的消亡，會帶來社會「去整合」（deintegration）的非預期結果。就在這樣的脈絡下，哈伯瑪斯提醒我們留意社群的再現，他將之視為「特殊的、自然的、地區的，且面積小到足以使得彼此互相熟悉的社會空間重新受到重視」[23]。鮑曼同時寫道，「現在的社群被期待能夠帶來之前在國家的合法性活動之內所找尋的救贖」[24]。他指出新的聯繫類型帶來所謂的「新部落」（neo-tribe），是由「其出現的目的是期望給予選擇者以往未曾被賦予的選項」[25]。

　　然而，有許多人對於在今日社會的景況下，是否能夠重拾社群傳統的確定性，抱持著懷疑主義的態度。例如，紀登斯就形容這樣的企圖是「無法實現的夢想」[26]，鮑曼則主張今日的聚落不過「分享著許多無關緊要的選擇，且並未在選擇者的生活片段中作出太大的改變」[27]。因此，晚期現代性的社群什麼都有，卻惟獨欠缺愜意與自然。人們

> 辛苦的工作以及不斷向上的奮鬥，水平線持續的倒退、且毫無止盡的道路終點……瘋狂的搜尋社群共識基礎的過程，卻弔詭的導致放蕩與分裂，與更多的異質性……成功達成共識的唯一機會是接受意見分歧的異質性[28]。

　　鮑曼主張，今日的社群是，

> 被視為差異與夥伴的危險混和物（最後更展現為不協調和

無法穿透）：就像是不盡然必須以孤獨為代價的獨特性，或者有其根由的偶然性，或者具備確定性的自由，它的形象，它的媚誘之處，就如同一個全然曖昧不清的世界般不一致，但人們卻仍期望它能夠提供庇護[29]。

「不確定化」的過程可說是晚期現代性中，唯一具有連續性與強化的概念[30]。

經由這些觀察，我們或許會開始懷疑以「社群」概念來描述在晚期現代性中，所興起的人類聯繫新形式究竟是否恰當。我們可以發現當中所蘊含的緊張關係：對於社群團結的嚮往理念，但卻逐步知悉我們其實根本不可能再度擁抱那已經不存在、社會安排所供應的確定感。讓我們停留在這個問題上頭，因為上述的問題似乎顯示，我們必須尋求不同的論點，來理解聯繫新形式所帶來的契機，並重新思考我們期待從其他不同的論點中會得到什麼。

乍看之下，我們不難發現—如同卡斯堤爾有時所暗示的—新的人類聯繫形式似乎像是過去某種零碎的「部落」社會型態[31]。然而，這樣的相似性卻未必符合事實。前現代的部落文化或許表現出高度零碎以及分裂的特點，但是前現代的部落文化，同時也展現出高度依賴在場的有效性以及受到時空結構的限制[32]。現代傳播媒體的發展造成新的訊息擴散網絡，顛覆以往我們建構共同「實體」的方式。任何針對以往的部落意識與晚期現代性人群實作行為所做的比較，充其量只能得到流於表面以及沒有多大用處的結果。

我們也不應將新形式的社群生活等同於費雪（Claude Fischer）描述在現代城市中所可能接觸到的前現代場景[33]。費

雪認爲現代城市的公共工程與現代的傳播，將作爲產生人類聯
繫之新形式的工具，而這些是身在前現代場景的人們所接觸不
到的[34]。

　　將社群的概念用於說明新的人類聯繫形式，可能會窄化這
些聯繫類型所創造的空間與時間整合體，並將之導向與現代社
會生活最不相干的方向。取而代之的，我們必須強調與檢驗的
是伴隨著嶄新人類聯繫類型的發展後，其無所不在的滲透，如
同這些力量對於我們各個層級組織文化所做的：從民族與超越
民族的社群到地區與區域性的社群，從進行合作的經濟組織社
群到由社會運動與其他團體所創造的社群。不管人類的經驗變
的多麼零碎，身在反思性現代化下的我們，都是居住在相同的
「論辯的空間」（discursive space）。紀登斯寫道，「就長期的趨
勢來看，從來沒有任何一段時期，能像今日社會對於當前的事
件與問題能被如此公開的爭辯」[35]。就這個觀點來看，二十四
小時經濟的構想，指稱的是那些能夠參與其中的人們，都居住
在相同的「論辯空間」之中。

　　我們在描述今日所使用的術語必須能反映現代的傳播科
技，像是網際網路正開啓了發展人類聯繫新形式的新契機。時
至今日，社會實體的生產與再製重新鑲嵌在區域性的社群生活
之中，而這樣的的過程是前現代場景所不允許的。虛擬實境的
可能性不斷地擴張，直至現代日常生活動力論的極端，其方式
透過提升紀登斯所描述的「藉由與『缺席他者』的關係，使得
空間與特殊位置分離，空間從某個特定的位置脫離」：「將時
間與空間分開」，他繼續說道，「提供他們重組社會活動的關
係的基礎……這個現象藉由粉碎區域性的習慣與實踐所造成的
限制，作爲開啓多樣改變的契機」[36]。在晚期現代性，人類聯

繫的場景以前所未有的比例浮現並進行，而且多半個人都開始同時參與多種人類聯繫的場景。

這樣的觀點徹底地顛覆萊茵哥德對於「社群」的詮釋，因為他仍認為社群必須深深的沉澱固著於時間之中。這些嶄新的人類聯繫形式需要藉由關係的模式進行即時的整合建構，這些關係的模式。並非如奧奇蕭特所界定與傳統社群相關連的「有機的、革新的、目的式的、功能的或徵候的關係」，而是「一種智識行動者的理解關係」[37]。身在智識的關係（intelligent relation）之中，紀登斯寫道，「意味著以尊重彼此自主權的態度與他人一起生活」[38]。也因此，那些經此聯繫起來的個人「並非在某企業中，追尋相同目標或推展或護衛普同利益的伙伴或同僚，……而是透過實踐彼此相連」[39]。這些新組合方式的效率，不能單以目標的達成與否來測量，而必須以「他們意見交換過程中，所分享的能力」[40]的角度加以評價。

不像傳統的社群，這些嶄新人類聯繫形式包含在紀登斯所謂「普世主義」（cosmopolitanlism）的觀點之下，「就像是一種心靈的態度以及制度化的現象」[41]。紀登斯表示，普世主義者，通常被錯誤的理解為個人主義者以及舊式社群的敵人，所謂的普世主義者指的是「某個有能力闡明那些認同的本質，並對那些抱持不同價值觀者評估這些認同意涵的人」。因此，普世主義者的態度並非放任一切的態度，因此也不構成對於社群性與認同的威脅。普世主義也並非堅持一切價值都應平等的態度。根據紀登斯的說明，普世主義是一種強調「個人與團體依據其所抱持的想法，以及他們參與的實作所擔負起的責任」[42]。

有許多人主張我們今日所目睹人類聯繫新形式的興起，象

徵我們進入了被他們標誌為「後現代」的新時代。然而,如同湯普森寫道的,

> 如果由後現代主義所激起的爭辯教導我們任何事情,那絕非是現代社會的發展過程的特質推動我們超越現代性,並朝向嶄新,然而未知的世代前進,而是理解這些過程的傳統理論架構,就許多方面來看,令人遺憾的,已經是不適當的[43]。

　　如同我們將在本章之後看到的,關於「虛擬社群」的討論都深深地沉浸於後現代的修辭,也就使得我們必須回過頭來討論這個議題。

晚期現代性連帶的難題

　　巴斯(Fredrik Barth)寫道,團體認同對於人類聯繫形式的認知是依賴團體成員看待外人的方式,因此永遠都具有排外的特質[44]。也因此,任何在一更為任意和「包容」的基礎上,建立人類聯繫新形式的嘗試,都將遭到許多問題所苦。鮑曼正確的觀察到「在想像社群的世界裡,求生存的奮鬥就是通達到人類想像空間的奮鬥」[45]。除卻許多其他實作的問題,使用新傳播科技技術所提供的機會,便總是牽涉到與他人一同競爭利益。因此,讓我們檢視紀登斯所提出的幾個在晚期現代性中,企圖建立新的人類聯繫與連帶形式時,所可能遭遇到的難題[46]。

　　首先,社群的實體與概念;長久以來便與中央化權威的形式綁縛在一起,並號稱利用階層化組織的社會場景來捍衛普遍信念。現在,在這個去傳統化傾向越顯激烈的時代,沒有任何

國家與經濟組織對於具備能動性、步調快以及瞬息萬變的人類聯繫該如何運作，或者該如何判斷聯繫過程應有的發展方向有清楚的認知。對於李歐塔（Jean—Francois Lyotard）來說，

> 需要藉由此類評判以支持其正當性的社群，必定處與肯定和毀滅本身的過程中。這類過程中所援用的共識類型，如果真的有共識的話，也壓根不是經由論辯中獲得的，而是暗喻的和難以捉摸的，並沾染著生命螺旋的色彩，結合了生命與死亡，總是處於初生或垂死的狀態，並總是對於共識是否存在的問題保持開放的姿態，這類的共識不過只是社群的一朵烏雲罷了[47]。

因此，在去傳統化的時代中，我們必須強調出由容忍和對話所引導的傳統更新。

紀登斯表示，在建立新的人類聯繫形式會遭遇的第二個問題，是階級的平衡化以及「官方許可代理人」的移除，將輕易的被證明是危險的，且更有可能導致「專制」形成，而非新連帶形式的浮現[48]。由萊茵哥德以和其他論者所推崇的網路無政府特質，或許變得根本不那麼令人興奮[49]。在大多數的工業化社會中，民族國家已經達到高度的團結以及內部安定，而層級組織也同樣地達到高度的行政統一與控制[50]。讓各種類型的權威都開放接受尖銳質疑後，將可能造成更多的衝突與對抗。從這個角度，紀登斯警告我們基本教義派（fundamentalism）崛起的可能[51]。我們同時也必須擔憂的是：新資訊科技的發展，使得組織能夠採取自主團隊的工作形式，並可能努力傳遞工作計畫和利益，繼而犧牲他人的偏好時，壓迫性的地方性與公共的壓迫將再度籠罩。當我們開始理解整個現象，一股挫折感可

能會油然而生，如同鮑曼所解釋的，

> 即使伴隨著絕對真實的逝去以及普遍性的死亡與埋葬——有
> 些人們至少還能讓他們過去的恩人——現在被責難為虛假的
> ——允諾給予的協助：因為「擁有權利」所帶來的樂趣——而
> 現在並非在任何時刻或在相同時刻的所有地點都能如此，
> 而且只限定於特定的人群[52]。

紀登斯表示，在建立新人類聯繫形式時所面對的第三個難題是民主化的概念，這使得藉此發展的社群復興（revitalization）成為問題[53]。例如，對於社群成員言論自由以及自由聯繫的保證從未成功創造社群。除非我們能在個人自由，以及使得個人在超越本身需求的議題具備責任感，兩個極端間取得平衡，否則任何的社群意識都會煙消雲散，李歐塔文中的烏雲，正是絕佳的寫照。

由紀登斯所提及的第四個難題是，儘管新的傳播科技或許能作為創造新的行動與互動形式的工具，這些新科技卻不會使我們理解智識行動者間的關係[54]。我認為我們必須把討論拉回湯普森深具批判性之參與式意見形塑（participatory opinion formation）概念，而他深信這種意見形成的可能性，在我們的時代中，早已自政治的實體與可能性中移除。他寫道「在國家與國際層級的政治，以及更高權力層次的大規模公民與商業組織中，我們很難發現參與式意見形塑的概念如何在此間被推行」[55]。

儘管存在著這些問題，新的人類聯繫形式依舊是相當重要的，因為這些新型式建構了某種空間，在這個空間之中意義創造和真理確認的過程——上演。如同鮑曼提及的：

私密性的存在讓生活帶來許多樂趣：選擇的自由，有機會嘗試各種生活的方式、有機會讓我們檢驗自身的自我形象。但是這樣的存在也同樣帶來悲傷：孤寂以及當我們面對選擇或選擇的結果所感到的無可救藥的不確定感……這也就是為什麼我們總是不斷地感受到一種壓倒性對於「歸屬的需要」──一種需要辨識我們不只作為個人，而同時也是更大實體成員的需要56。

　　無論我們對於晚期現代性中，新的人類聯繫形式本質和需要程度抱持多少的懷疑，對於這些新聯繫形式所帶來的威脅與契機形式，我們都必須發展出更完整的認識。

社群的虛擬化

　　過去幾十年來，有許多研究試著說明更新社群的要求與網際網路使用兩者之間是如何交織在一起的。我對於相關研究的討論是選擇性的，並將繞過某些相關研究，避免使得我們的討論落入過於廣泛的研究類型。不過我仍將區辨出幾個主要論辯的軸線，才能批判式的採用這些觀點，並試著駁斥幾個它們提出的極端論點。這樣的作法勢必得連結到本章前半段與網際網路的相關討論，並將利用在第三章所發展出的理論架構。

　　在這個脈絡之下，我將把焦點特別放在瑞德（Elizabeth Reid）、萊茵哥德以及托克（Sherry Turkle）的作品。他們的作品經常被引用，這使得他們在這個領域有相當可觀的影響力，並且能有效地描繪出爭論的主要輪廓。

「隨身變」：變成任何你希望的人

在《極化：網際網路聊天室的傳播與社群》（Electropolis ：Communication and Community on Internet Relay Chat）一書中，瑞德著手研究網際網路的聊天室（IRC）的使用者利用傳播媒介創造與維持線上社群的方式[57]。她主張此種過程將造成某種新文化的崛起，她說道，必須以吉爾茲所謂的「一組控制的機制」才能加以理解。她的論點來自兩個相關的觀點，也就是社會疆界的解構與社群的建構。她的論點是以取自網路聊天室登錄檔案的摘要作為支撐。讓我們依序說明這兩個觀點。

社會疆界的解構

根據瑞德的說明，社會疆界的解構發生於兩個層次。第一，「網路聊天室內的互動……的完成，是使用者認知到彼此擁有概略的平等—根據一般的經濟測量—並且都是類似地位社會團體的成員」。第二，「網路聊天室的結構使得聊天室使用者解構界定社會互動的普遍疆界」。

瑞德最關心的是第二個層次的解構。他認為使用網路聊天室的個人，基於兩個理由會拒絕「以較傳統的方式維持社群的存在」。第一，在網路聊天室中，「使用者有可能，毫釐不差的，以他希望的形象現身」。她解釋道，使用者，可以試著越過特殊性別的社會角色。他們也可以在線上對其他人送出本身充滿吸引力的描述。依據瑞德的研究，個人使用者對於匿名性造成的問題所抱持的態度，從極端憎惡到視之為「遊戲的一部分」都有。接著，他便節錄下面的對話作為說明[58]：

（所羅）凱倫是個男孩

（所羅）凱倫是個男孩

（所羅）凱倫是個男孩

（小臉）那又如何？？？？？？

（凱倫）我以前聽過你的名字

（毛怪B）在凱倫身邊找個輕鬆的地方，給她她最愛的飲
　　　　　料。

　　第二，瑞德表示，網路聊天室並不只是疆界的跨越，網路
聊天室也「鼓勵反禁制的行為」，因為聊天室「造成了一般區
分行為可接受與否疆界的模糊化……反禁制的傾向與缺乏處罰
鼓勵使用者進行自我的規範，將導致網路聊天室內極端行為的
產生」。根據瑞德的說明，這樣的特質使得虛擬社群的參與者
之間，形成深厚以及高度的情感關係。她節錄下面的對話內容
作為佐證：

（羅莉）只是經過幾次在聊天室內的交談，我明顯的發現
　　　　我能輕易的與你成為好朋友……

（羅莉）當我們談得越多，我們便能發現我們之間更多的
　　　　共同點……

（羅莉）就在此刻，我對丹尼爾有一種「不僅僅只是朋友」
　　　　的感覺ˇ

（羅莉）我告訴他我煞到他了……

（羅莉）不論如何，這樣的感覺已經滋長了好幾個月。

（丹尼爾）儘管發生些不幸的事，但是我們克服了這些困
　　　　　難，並且讓我們之間的情誼更為堅定。

（羅莉）嗯，你也知道，十一月的最後三個禮拜我們將待
　　　　在一起，看看我倆之間是否能夠像我們想像的那

般美好。

這些模糊的疆界同時鼓勵「人們利用聊天室作爲抒發的場所,個人在使可以露骨地、不受一般禮俗拘束地發洩他們對於某些人或團體的不滿」。在這裡,瑞德提供發生於#GBLF頻道的意外作爲例子,這是一個屬於「男同性戀、雙性戀、女同性戀以及朋友」的聊天室頻道,這個意外鮮明的表現出部分聊天室使用者對於這些團體的忍無可忍。

社群的建構

網路聊天室造成維繫社群存續之傳統方式的瓦解,瑞德提到,「網路聊天室的使用者必須建立替代或對應的方式」。她提及某些集體層次的方式,像是「共享意義」 與「社會約束」等「共同文化」。「共享意義」的例子包含「對於傳統非口頭式訊息的文字性替代」,瑞德以下面的節錄爲例。

(王子) 母獅子:別吃掉我……
(風暴) *看到母獅子就感到不寒而慄*

瑞德表示無法發展出類似方式的人類團體,將無法進行傳播與溝通,也無法構成共同文化。

根據瑞德的說法,網路聊天室上的「社會約束」關係到「對於個人的誠實與眞誠的期待……藉由慣息與結構的執行加以維持」。例如,她提到利用其他使用者的暱稱與他人進行互動的「禁忌」,且操作者擁有懲罰不被接受行爲之權力。她寫道:「權威與自由的概念在網路聊天室中通常是處於對立的位置,如同網路聊天室社群企圖利用新創造的社會規範,以模仿『眞實世界』中通常被視爲暴力社會處罰的方式,來處理情緒

與行動」。

　　瑞德並且做出結論，認為剛興起的網路聊天室文化，在本質上便具備異質性的特點，因為「在聊天室頻道中，每個使用者均來自不同國家的情況，並不罕見」。她指出兩個經由這種現象對網路聊天室所可能產生的社會效應。「網路聊天室的使用者能夠分享共通性與社群意識，但是他們也可能展現出疏離與敵意。我們不可能分辨哪一種情形較具有壓倒性」。然而，她寫道，「網路聊天室遊戲的玩家一般均會扭轉外在文化被視為理所當然的規範……這是一種嬉鬧式的暴動，屌而啷當的破壞並將幻想與高科技現實擺放在一起，也因此驅使我將網路聊天室詮釋為一種後現代的文化」。

社群就像微生物

　　在《虛擬社群：電子國度的農場》（The Virtual Community：Homesteading on the Electronic Frontier）一書中，萊茵哥德開始提出「虛擬社群的民主化潛能」所帶來的「人本中心觀點」，他將虛擬社群視為「談話、八卦、爭辯、彼此互相打量以及從辯論中發現政治概念的弱點」[59]的地方。他描述他的研究如同「一趟針對寬廣之虛擬社群所從事的旅行」，表示「若能多少知悉人們在小型虛擬社群的行為模式後，將有助於我們將焦聚放大到網際空間的更廣大領域後，不會感到目眩神迷，且也將以此作為比較的工具」（p.16）。

　　萊茵哥德主張有關虛擬社群的研究，就如同一個有機體的生理機能與再生特質的研究。他寫道：

　　從某個角度來說，整個系統具有繁殖與逐步發展的特質，

將網際空間想像為社會的培養皿，經由網狀培養基作為中介，虛擬社群，儘管顯得千變萬化，都如同生長於培養皿上頭的群體。每個由微生物組成的小群體——在網上的社群——均是一項沒有人計畫卻還是發生的社會實驗……一旦CMC（電腦中介傳播，computer mediated communication）科技在何處變得可資利用，他們無疑的將利用這些科技建立虛擬社群，如同微生物必定會經分裂組織為群體一般（p.6）。

參與這樣的社群的參與者將會追求「集體良善」（collective good），以使「疏離的個人被拉攏入社群之中」（p.13）。他寫道，「重建社群的需要之所以迫切，是因為美國正失去社會共通的意識」（p.12）。

在這個背景之下，萊茵哥德開始檢驗存在於今日各式各樣不同類型的虛擬社群，例如使用者網路（Usenet，譯按：為Usernetwork的縮寫，網際網路上由新聞討論群組成的巨大網路）、MUDs、BBSs、信件列表、電子導覽以及網路聊天室，這些都是他認為能夠用來促使網際網路朝向某種「電子廣場」發展的部分型態。即便他的分析包羅萬象，讓我們仍將焦點集中在他對於網路聊天室的分析，以便在稍後能夠與將我們的論點其作品比較出相同與相異之處。

萊茵哥德強調網路聊天室的重要性不僅僅只是提供娛樂，同時也讓「遠端的商業集團、進行研究的科技專家與學者」完成「真實的工作」（p.117）。如同瑞德，萊茵哥德表示

當你剝除一般的理解規則和圍繞並支撐人們溝通之不言自明的共享預設，便能夠進入網路聊天室的領域，也因此在

網路上，社會中界的定義——諸如告知我們字句行動在我們社會所應代表的意義——大多都被視之為無物……在網路聊天室上，字句其表達的優劣和使用措辭的時機，都存在於一個純然去鑲嵌的狀態（pp.178—80）。

用萊茵哥德的話來說，想要成為網路聊天室的高手，「需要創造性、快速的思考、想像力以及對文字的敏感度或長期建立喜劇演員般的形象」。你知道，他寫道，當「當網路聊天室的常客在你進入網路世界時，會熱情的向你打招呼時，這代表你已經進入了聊天頻道的社會階層之中……在網路聊天室內，個人能夠贏得注目就代表著他的身價：每個人都能在舞台上變成他希望的形象，每個人都是觀眾，每個人也都是評論家」（p.182）。

萊茵哥德也指出網路聊天室有可能助長跨文化的理解，例如，當來自不同國家與政治背景的人們在線上相遇的時候（p.185）。他之所以對此感到興趣，是因為他希望利用網際網路「建立更強大，更具人性的社群」（p.300）。他問道：「什麼樣的場景更能傳遞民主，什麼樣的場景又更有利極權的規則：在一個由少數人類控制傳播科技的世界，將會利用傳播科技操作數以億計的信念，或是在每個公民能傳播訊息給其他公民的世界？」（p.14）。

「所謂的真實生活不過只是另一扇視窗」

在《螢幕上的生活》（Life on the Screen）一書中，托克搜尋網際空間中的社群，回應之前提及的兩種詮釋類型的說明[60]。她表示「就在不久之前，我們捨棄社群以便交換……遠方

的娛樂；逐漸的，我們想要娛樂……能夠就在我們家中進行。在這兩種狀態中，所謂的鄰里情誼都被忽略了」（p.235）。

　　如同瑞德，托克認為網際網路以及今日使用電腦的方式都使得後現代理論得以成形（p.235）。因此，托克解釋道，「電腦賦予人類生活的意義，與大多數在一九七〇年代的預期有著極大的差異」。她繼續說道，「其中一個對於過程如何發生的描述……表示我們正從計算現代主義者的文化，朝向擬像（simulation）的後現代主義者文化出發」（p.20）。最終，「就會自傳統現代主義者的渴求，轉而強調不僅只重視表面，而是深入檢視操作系統的機制。我們正逐漸習慣於操縱螢幕的擬像」（pp.41—2）。例如，互動發生於「螢幕的方形封閉區域，通常被稱之為視窗。視窗的功能，讓電腦能在同一時間將使用者放置於不同的脈絡之中……你在電腦上的身分就是你各個分身的總合」（p.13）。援引道格的例子，道格是托克在進行研究時遇到的MUD玩家，她表示「網際網路的經驗延伸了視窗的隱喻意義—現在真實生活本身，如同道格提到的，變得『只不過是另一個視窗』」。對托克來說，「螢幕上的生活」以及實體中的「生活」包含著對應的生活，在這樣的生活中，自我變得「一個去中心的自我，能同時出現在許多世界當中並且扮演許多角色」（p.14）。她針對這種分裂經驗的詮釋，明顯的暗示「探尋更深入機制的作法，將是徒勞無功的，相較於尋找過程發生的起源與結構，探索轉變世界的表面顯得更為實際」（p.36）。

　　依循著這種普遍的背景，托克認為與其將虛擬與現實的生活視為兩種互相競爭的互動領域，我們應該嘗試並取得兩者的最佳狀況。她主張「如果虛擬性的政治意味著線上民主以及斷

線時的冷漠，那麼我們便必須加以關切」（p.244）。爲了讓虛擬與眞實之間更加相互滲透，她表示，「我們也不需要拒絕螢幕上的生活，但是我們不需要將兩者視爲彼此替代的生活方式……藉由文字將線上世界作一番說明後，我們可以利用我們在機器內建立的社群，改善其外部的社群」[61]。擬像的文化，她說明道，「有助於我們取得多元的觀點，而此一整合的認同，則來自於碰觸到我們的多面自我後，整合其流動、彈性和愉快的能力所完成」[62]。

　　對於托克而言，虛擬性被理解爲某種轉換空間，能夠被用以具體化自我。她表示，維根斯坦（Ludwig Wittgenstein），「在邏輯哲學論（Tractatus）中，使用梯子來比喻他的作品，當讀者利用某個概念達到更新層次的理解時，這個概念便遭到被拋棄的命運」[63]。

虛擬社群的難題：替代性的觀點

　　上述三類論述，都對於探討網際網路對於今日人類聯繫形式的顯著影響有著重要地位。三者同時也有助於說明部分線上傳播的內在結構特質。但是這三種論述也面臨到某些困難。部分的問題來自於發生在上個世代的社會歷史進程。第一，聊天室成員的數量，自瑞德於一九九一年完成研究之後已經又大幅的增加，成員間的社會與經濟背景也變得更爲分歧。第二，科技的變遷讓網路的匿名性變得較非自動形成，而是某些網際網路的使用者有意識的促成。因此，當聊天室的使用者企圖隱藏他們的身分時，便會引起更多的懷疑。許多使用者現在藉由電子信件、網址數位化掃描的照片來展現其本身的眞實面，且加

強責任。第三,使用者現在已經發展出新的社會技巧,舉例來說,在尚未信任他人前,先略過其參考訊息。除此之外,當「虛擬場所」的成員數量和多樣性逐漸增加時,他們便獲得更多的重視。使用者現在更容易知道,當他們進入某些虛擬場所可能遇到的網友類型。

然而,與其停留在這些社會歷史過程的論述,在本章的結論中,我將試圖發展對於前述「虛擬社群」論述的建構性與系統性批判。我將嘗試說明藉由將網際網路視爲文化傳遞媒介的研究取徑,將如何開啓有關這個議題的爭辯。最後,我將質疑那些認爲世界必然朝向後現代性情境發展論述的眞實性。

「虛擬社群」論述的限制

儘管「社群」的概念在瑞德、萊茵哥德以及托克的作品中佔有重要的地位,但是他們都未曾以批判性角度切入相關的討論。因此,他們並未觸及到鮑曼描述爲「和現代性本身同樣悠久」的困境:「究竟『社群』是個人選擇的結果……抑或說……『社群』在所有的選擇之前就已形成」[64]。最後,這三種論點都以各自不同的方式,曲解了這個問題。

瑞德的研究取向從兩方面回答這個議題。一方面,她主張個人能夠以他所希望的形象現身,但是另一方面,她卻援引吉爾茲的觀點表示存在著用來管控行爲的計畫、對策、規範以及知識。萊茵哥德也有類似的討論。他以發展「人本中心觀」作爲分析起點,但是接著卻採取不同的路線,變得傾向服從社會客體的權威,如同在培養皿成長的微生物群體,沒有人能進行安排而只能等待事情的發生。

由於強調虛擬世界與眞實生活並非互相競爭的互動場域,

托克的論點乍看之下顯得十分特殊。然而，透過將虛擬世界概念化為與現實生活平行的存在，且現實生活不過是另一扇視窗，她很快的便重返瑞德與萊茵哥德認為「虛擬社群」內人類的互動，得以從脈絡性時空中釋放出來的行列。我們很難明白她如何重新使得這兩個分離的面向相互滲透。當她表示網際網路的使用允許自我的去中心化，我們可以同時存於很多世界以及扮演許多角色的時候，她甚至顯得更加遵循社會客體。人們開始得以從事任何期望的事，也不用再把任何事或人看得過於認真。

就鮑曼的困境觀點來看，三者的分析觀點，都是值得我們擔憂的。儘管瑞德在「遊玩」的脈絡下，討論網路聊天室的使用，她仍將使用者描述為持續參與信任實驗的個人，例如一位名為「喬治」的使用者，他在聊天室中自行命名為「艾莉斯」。如果網際網路果真如此的運作，那麼網際網路將只能提供相當有限的人類聯繫契機。

萊茵哥德由於將個人視為受到難以控制需求的驅使，並將之與生物有機體加以比較，而帶來了驚恐。他表示美國已經喪失社會共通的意識，而由於面臨這樣的失落，「虛擬社群」的出現恰好得以滿足這樣的需要。在這樣的觀點下，網路使用者似乎便成為紀登斯所描述的「如同文化呆瓜，而非能夠充分理解(論辯的或心照不宣的)經由他們的行動所製造並複製之制度的行動者」[65]。因此，我們沒有太大的空間將使用者間的關係視為具備智識的關係。

托克的論證則導致主體的去中心化。在分析的過程中，她過度誇大網際網路對於獨立使用者行為的操控能力。如同萊茵哥德，托克傾向將螢幕上的生活視為全然是由參與個人背景脈

絡之外的力量所操控。我們或許真的經驗到我們的「身分就像是一組角色可以被混合與配對，而不同角色間的多元需求必須經過協商」[66]。但是一個去中心化的主體能有什麼樣的妥協權力？這三種論調，都以其本身的方式，加入對「一全然嘲諷，全然腐蝕與全然消融之心靈的解構性陳述的行列」[67]。

　　此三種「虛擬社群」論述取徑的重要支撐點，在於這些作者均一致地將這些人類聯繫形式與現實世界劃分開來。萊茵哥德將聯繫的形式視為自我界定（self—defined）的電子網絡。瑞德則將它們視為替代性的虛擬世界，在此間所有的社會疆界都遭到解構。托克將這些聯繫形式看作某個空間的佔據，而進入這個空間的方式，是利用一隨後便會被棄置的梯子。這樣的談法，也使得他人可以輕易的以各式各樣的解讀與詮釋，來看待「虛擬社群」。

　　然而，在他們的作品中，我們卻可以找到許多涉入這塊所謂「失去內容的土地」的例子。以瑞德為例，他就莫名其妙的接收了#GBLF頻道。我們何不以這些為例，呈現個人其實不僅只是利用網際網路來變成所期望的形象，而是在他們所認可的性別規範下，以網路創造並賦動這些特殊的社會和歷史概念。事實是網路聊天室或許在#GBLF中提供參與者競逐這類概念的新管道，而這些概念在過程中也可能有所轉變，這個面向也是常被忽略的另一個問題。

　　萊茵哥德寫道：「每個人類合作團體，都同時面對著競爭的世界，因為他們認知到某些有價值的事物必須團結起來才能取得」。他以莫斯科反對戈巴契夫期間、中國天安門事件期間；以及伊拉克與科威波灣戰爭期間等地的實地報導為例[68]。那麼我們何不以這些例子，證明個人在網路上頭聚集在一塊，不僅

只是為求生理上的相互吸引，還可能以此作為延續成員，在此一特殊社會和歷史環境下，積極參與和多元目標和計劃之溝通合作的管道。

當托克為詹明信（Fredric Jameson）提出後現代生活的「無深度」（depthlessness）的屬性，以及社會生活中的新冷漠，像是「尋找深度與機制是徒勞無功」予以喝采時，她或許是正確的。但是接下來的問題是，我們將如何知道是否已經到達她所謂「虛擬世界與現實生活的最佳狀態」以及「角色多重卻整合認同的觀點」？

最後，我希望質疑將網際網路視為促使後現代理論具體化的觀點，這類觀點認為所謂的「虛擬社群」，是驅使我們超越現代性，進入瑞德與托克稱之為後現代性之過程的產物。瑞德並未進一步論證這樣的發展方向從何而來，而僅僅暗示這種趨勢將伴隨她指出個人「以一種嬉鬧式的暴動，屏而啷當的破壞並將幻想與高科技現實擺放在一起」而出現。我們不清楚為何能夠將反對文化的發展，完全歸因於後現代主義的時代。若以現代日常生活的普遍特質，來看待反對文化的形成，將更為合理，並且得以進一步檢視網際網路如何帶來反抗權威關係的激烈化。或許在這樣的觀點下，以「嬉鬧式的反叛」為例，也不過造成由網路所提供契機的部分滲透，且終究會非預期的限制「疆界的解構」，但這卻正是瑞德亟欲證明的。

托克在這個層面的立場同樣也顯得模糊不明。她的論點主要提問的是：為何我們正在超越現代性，且進入一個不同的時代，但卻只單薄的以說明我們使用電腦方式的改變作為證據。在一九七○年代，她表示，我們使用的電腦如同「赤裸的機器」，舉例來說，我們只要掀開電腦的塑膠殼，便能理解其組

成零件。時至今日,她表示,我們已經從現代主義者的情境轉移至後現代主義者的情境,使用者停留在表象的層次,再此間所有的機器內在機制的意涵,均不再是肉眼可見的。

在此回想工業設計的特點或許是有幫助的。早期產品的設計通常展現出之後往往被隱藏起來的細部零件。例如,第一輛汽車的引擎、車桿與備胎都是外露車體以外的,但是從一九三〇年代開始,這些設備逐漸就被隱藏於車體之內。這種美學的複雜性則由於在今日車輛的設計,再次流行展露以往被隱藏設備的風潮更加明顯。位於巴黎的龐必度中心(Beaubourg),提供向外的管線輸送服務,也是類似的例子。

若將我們的討論與現代社會之去技術化與再技術化的議題連結,將更爲合理。在一九七九年,托克是少數有幸擁有電腦的人。在今日,數以百萬計的人們擁有電腦。我認爲相較於過去許多人不知道如何使用這些機器,現代擁有電腦的人對於電腦則顯得非常了解,同時也具備了解的潛能。人們現在傾向通常前所未有的將電腦視爲小事一樁,而且被鼓勵如此。由於店內和家中大量販售的電腦已經迅速的淪爲過時,這些機器愈來愈嘗試依據個人需求而自行組裝,或插入新的元件而完成升級。人們也經常性的藉由增加新的設備像是音效與視聽卡,來擴充自己的電腦,以便讓電腦具備更大的作用。與其將電腦的使用者描述爲面臨「數位化的挑戰」,且只有白領階級擁有充分的技術用語能夠控制這些機器的看法,其實我們只需要採取正確的方式,便能夠由這種新的傳播模式中,取得最佳的效用。這不僅牽涉到對科技的掌握,同時也涉及制度安排的預期與非預期的結果,以及循此所導致的各種關係類型。

替代性觀點的開端

在提及邏輯哲學論的概念時，托克忽略了這個概念經常與維根斯坦後期的作品有所差異。在《哲學研究》（Philosophical Investigation中，維根斯坦將本身與之前的觀點作了區隔，並說明社會互動的意義根植於社會實踐的情境之中[69]。我也希望藉由重建這個後期觀點，作為由網際網路創造之人類聯繫形式的替代性觀點核心。因此，我們必須用系統性結合對於虛擬社群及社會建構之脈絡與過程的關切，因為人們便是在此間建構其社會關係。

在本章前頭所列出的分析架構，將有助於我們理解經由網路所型塑之人類聯繫新機制的崛起，此外，也有助於釐清網路自特定場所束縛中，解放社會關係之時，所涉及的深刻時空重組過程。更有甚者，對於虛擬社群及其社會結構脈絡的雙重關注，則有助於我們以不同的角度分析網際網路使用，如何協助自我實現與賦動的形成。儘管網際網路的使用或許給予我們解放的可能性，我們必須同時警覺到網際網路也可能創造新的壓制機制。網際網路此一媒體的開放程度或許較高，並且如同瑞德表示的，將有助於既存科技與社會疆界的解構，但是，我希望避免讓網際網路的使用者能以「他們希望的型態現身」的概念永垂不朽。取而代之的，我將更加強調完整的理解訊息與符號內容的生產、傳遞與接收所發生的社會與歷史情境。不過，與此同時，我也希望避免落入萊因哥德與托克的立場，在他們所抱持的觀點中，個人都像是「文化麻瓜」，他們根本無法理解經由中介的交換與溝通。

我所採取的觀點是，當個人在利用網際網路建構與維持社

群性關係之時，他們是所謂聰明的行動者。因此，他們知道許多關於科技媒介的特性，以及他們身處的制度性脈絡對其使用此媒介的限制與效能。然而，這樣的知識能力是有限制的。首先，許多他們的知識都是隱而不宣且是經驗之外的。第二，他們也並未對資訊生產、傳遞與傳播的社會與歷史情境，以及他們的行動所導致的結果具備充分的認識。如同紀登斯寫道，「每個社會中的競爭個體，都能對其社會的制度多所了解：這樣的知識不僅由社會的操控所專屬，而是身處其間者所必須擁有的」[70]。重新將「虛擬社群」視為情境性實踐的重要動機，在於我們能夠以此著手檢驗這個複雜的區域，而非僅僅崩解這個區域的複雜性。

　　為依據本章之前所發展的架構與概念，我將把焦點放在「#Gay.nl」，這是一個我曾經提及過的網路聊天室頻道，以便協助我們理解幾個要點。然而，我們必須謹記，「#Gay.nl」是一個公開性使用的網路聊天室頻道，和那些從屬於組織的私有內部網路和網際網路的「論辯空間」，多少存在著差異。儘管我接下來的許多討論仍與私人的網際網路與內部網路有關，但我將會在下一章中，討論這類的封閉溝通系統和人類聯繫的其他形式，例如網站和新聞群組。

　　任何企圖進一步理解網際網路對於人類聯繫的衝擊，都必須考量到這類社會互動系統，如何囊括時間與空間。例如，人類聯繫的形式，像是「#Gay.nl」，如何跨越時空？如同所有人類聯繫的形式，「#Gay.nl」也是經由頻道參與者的智識性實踐而被不斷地製造與重製。當我們提及網際網路有助於此一過程的進行時，便等於在進行網際網路如何參與文化傳遞的研究──此一過程同時作為中介交換的常規化統合的情境脈絡以及結

果。若我們能夠悉心的選擇網路聊天室的登錄檔案，並摘錄其中對話的常規和一般對話時，在某種程度上展現出此一複雜過程的痕跡。然而，就這些資料而言，我們並不能以這些訊息的摘錄，便窮盡組織各種交換的生產和接收過程。事實上，就這些資料而言，任何想要詮釋它們的企圖都會成為危險並可能引起紛爭的行為。因此，我們必須重新發現這些節錄的脈絡情境屬性，並區辨出時空統合的三種組合，經由此訊息與象徵內容得以組織、傳遞，並且用來維繫人類聯繫的這些形式。它們的時空統合包括線上活動，以及兩個遙遠脈絡場景間的生產與接收。

　　為了說明這個觀點，我將檢驗來自「#Gay.nl」的對話節錄：

　　*吉歐上個禮拜在巴塞隆納

　　***羅傑-NL（wiels@ehv0.svw.nl）已經離開#Gay.nl（羅傑-NL）

　　（吉歐）剛好還是不對的時機

　　（Abaqs18）嗨！雷后

　　（雷后）我很快就要走了

　　（雷后）有些討厭鬼盯著我的螢幕瞧。

　　***雷后已經離開聊天室（我正要離開）

　　（Abaqs18）我也是！我妹妹要用電話

　　（吉歐）雷后：叫他們走開！

　　（Abaqs18）啊！她已經走了！

　　（Abaqs18）大夥掰。

　　*** Abaqs18已經離開聊天室（離去中）

　　我特意選擇這段節錄顯示網路聊天室的互動不一定如瑞德的作品所指出的那般整齊有序。她所提供的例子製造出的幻象，讓我們誤以為聊天室的對話是可以輕易被理解的。然而，網路聊天室的對話卻更像一般的談話，且同樣的零碎與散亂。如同談話，聊天室的網友必須以其實際脈絡環境，作為規律統合與跨越時空互動的基礎。若不將上述由聊天室檔案節選對話之更為廣泛的社會結構脈絡考量在內，我們根本不可能理解此一聊天室內參與者進入與結束對話的複雜過程。以Abaqs18為例。他撥電話給位於安罕（Arnhem）的網際網路服務業者，讓他得以參與「#Gay.nl」上的互動。然而，他在家中使用電話與電腦的行為卻鑲嵌在與他的家戶有關的廣泛社會脈絡之中。如同其家居社會生活的其他面向，電話的使用與電腦的使用，仍從屬於家中不同成員間的權力關係。另外一位「#Gay.nl」的參與者，羅傑—NL，從他的叔叔的辦公室連上網際網路，但是他只能在晚間使用這些設備。然而，他在頻道之前的行為，卻另其他參與者感到不滿。吉歐是參與者之一，他是頻道的管理者，如果他發現羅傑—NL的出現，便會把他從頻道內驅逐。雷后，是本段對話節錄的最後一個暱稱，居住於莫斯科，並且偶爾從她就讀大學的電腦室連上「#Gay.nl」。她知道許多荷蘭的生活情況，也希望在考試結束之後能接到參觀阿姆斯特丹的邀請。她所使用的電腦室通常是一位難求的，並且由於擔心她的同學不了解她為何要在這個頻道留連，她也必須經常關掉網路聊天室的程式。除此之外，電腦室的系統管理者也不允許學生利用電腦連上網路聊天室。藉由將網路聊天室的登錄檔案的節錄，視為與互動的情境相互連結時，我們能夠將線上聊天的研究，如同高夫曼（Erving Goffman）寫到的，視為某種

序列的特質「藉由這些對話個人聚集在一起，並在對話取得注意下，維持事物的實証性、連接性與流行性，藉由這樣的對話形式，將人們兜攏在一個互爲主體的內心世界小屋中」[71]。

如同我們看到的，托克，展現線上互動的紛亂，以便支持其主體去中心化的論述。然而，我認爲我們反而應該尋求主體的重建。某個網路聊天室頻道的新人，可能會因爲某當中的交換訊息和內行者的笑話而感到困擾。另一方面規律的參與者則有技巧的並且信手拈來的使用共享知識庫，並監視他們的互動場景，以便完成這個中介經驗並且使之饒富意義。

有時網路聊天室頻道的互動，會像下面引自「#Gay.nl」的第二段例子：

> ＊＊＊馬丁（~noname@p000.asd.euroweb.nl）進入「#Gay.nl」
>
> ＊＊＊馬丁已經離開聊天室（離去中）
>
> ＊＊＊魏斯20（waar@vp00-00.worldnet.nl）進入「#Gay.nl」
>
> ＊＊＊克里茲（~me@Sneek.demonet.nl）進入「#Gay.nl」
>
> ＊＊＊印第20（blide@gs0.saxo.nl）進入「#Gay.nl」
>
> ＊＊＊提姆已經離開聊天室
>
> ＊＊＊魯克斯已經離開聊天室
>
> ＊＊＊印第20（blide@gs0.saxo.nl）已經離開「#Gay.nl」（印第20）
>
> ＊＊＊傑斯20（jess20@hg00.saox.nl）進入「#Gay.nl」
>
> ＊＊＊傑斯20（jess20@hg00.saox.nl）已經離開「#Gay.nl」（傑斯20）
>
> ＊＊＊考依（k@.ant.euroweb.be）進入「#Gay.nl」
>
> （魏斯20）嗨 有人在嗎？

***佩格20（someone@amf0.saox.nl）進入「#Gay.nl」

***佩格20已經離開聊天室

***魏斯20（waar@vp00-00.worldnet.nl）已 經 離 開
「#Gay.nl」（魏斯20）

以魏斯20為例，某些使用者可能由這類明顯的無活動—這樣的情形甚至可以持續好幾個小時，而判定此時「#Gay.nl」宛如一個正在衰落的社群。確實的，網路聊天室頻道起起落落。但是我在這裡想表示的是，我們不應將類似「#Gay.nl」的聊天室頻道，視為是經由網際網路所創造之人類聯繫形式的唯一傳播領域。如果我們同意必須重新將「虛擬社群」看作情境實踐，以便理解線上所進行的事物，那麼我們也會接受除卻在「#Gay.nl」之主要頻道的對話外，還有其他更多的事物在發展著。在這段節錄中，主要頻道作為重要的會面區域，使用者在此宣告他們的出現，但是他們尚未開始進行公開的討論。不同於公開的暴露對話內容，部分現身的成員可能會與其他玩家進行私人性的對話，或者可能同時也身處於另一個不同的頻道聊著天。有的使用者甚至會登入聊天室，但是一邊卻寫著電子郵件，或者正忙著泡壺茶等等雜務。

與其將「#Gay.nl」的主要頻道只視為參與者社群性行動的證據來源，我們還必須檢視更廣泛的訊息傳播區域類別。這也許必須包含所有人為的互動情境類別。整合、信賴以及共享知識庫的發展，是維持某個集團的社會組織所必備的，這些發展涉及到各式各樣的線上傳播形式，像是網頁與電子郵件的使用。除此之外，使用者也經常轉而使用一般的媒介，例如電話以及，當然的，讓「#Gay.nl」的參與者會以個人或團體網聚的

形式，好讓彼此在共現(co-presence)的場景中碰頭。這樣面對面的接觸在網路世界中並不罕見。這些面對面的經驗為中介式溝通提供了基本的脈絡式支撐，即使並非所有的參與者都曾經面對面的接觸過對方。我們不應將這種牽涉到不同的傳播領域的關係，無論在螢幕之內或之外，視為一連串競爭參與者注意力的平行生活模式，並導致使用者生活經驗的支離破碎。相反的，我們應該將這樣的關係視為巧妙地調和各種不同的互動情境。這樣的過程，同時受到依附於使用者位置之可能性劇碼所帶來的賦動與限制之雙重影響，而這裡所稱之使用者位置，則又牽涉到多組相互交織的制度化規範與資源的作用。

我認為我們需要重新檢視個人如何積極地利用網際網路促發新的關係類型，而這樣的關係進一步協助而非阻礙他們理解世界的嘗試—在此間關係最親密及相距最遙遠的人們都能直接的互相聯繫。

第一，如果我們主要把焦點放在科技媒介的貢獻，卻忽略了訊息以及其他符號內容生產與接收的結構性社會關係與脈絡，我們便無法適當的理解新關係模式的可能性。以網路聊天室為例，作為一科技媒介，或許能允許有效的造就社會疆界的解構。但是個人如何著手處理疆界的弱化卻是相當重要的，這是一個相當複雜的議題，使用者必須用他們的力量介入正在進行的過程，並且他們必須了解到此行動的危險性。因此，僅僅將網際網路視為提供創生嶄新人類聯繫形式新契機的媒介是不切實際的。網際網路其實是一實踐社會行動的媒介。這表示網際網路的使用，無可避免的會與個人與團體在進入這些嶄新的互動情境時，所攜帶的智識類型、技術與資源相關，此外，使用者使用網路的動機也必須納入考量。

第二，如果我們暗示個人將「兩袖清風」的聚集，以類似微生物的發展方式形成新的實體，那麼我們也無法適當的理解新關係模式的可能性[72]。個人所扮演的角色，及其在不同傳播領域內的可能性劇碼不再如同以往地，能夠和他們在不同聯繫的場景和對象間截然二分。若要理解此一轉變的方向，則得再次考量到訊息內容生產與接收的脈絡。

那麼，類似「#Gay.nl」的網路聊天室如何作為開啓建立新的關係模式與新人類聯繫形式的新契機。讓我們批判性的思考這些相關的爭論。我們發現奧奇蕭特的主張無法完全描述「#Gay.nl」所建構的關係模式，他認為這當中的狀態可以用他的論點「有機的、革新性的、目的式的、功能的或徵候的」一網打盡。總是有些引導性的提示存在。畢竟，這是一個男同性戀的聊天室頻道，而頻道的主題是可以被設定的。但這並不是說此一頻道只開放給那些無條件支持的男同性戀者，或藉由他們的參與，來炒熱早已設定的討論主題。也並不是說，所有加入的男同性戀者都找對了該參與的聊天網址。舉例來說，那些搜尋區域訊息或是尋找網友約會的使用者，便會接獲轉往其他頻道的建議。重點並不在於如何將這些參與者趕跑，而是如何有效地協助他們找到適合、有用的聊天室。管理者鮮少因為某些零星的偶發事件，便動用他們的權威，或者強迫某種目標的完成。頻道不只依照參與者的偏好來運作，避免參與者可能移到其他頻道，頻道也發現若使得參與者彼此形成連帶，則將獲益匪淺。成員稀少之小頻道的零碎化意味著使用者不容易在頻道中尋覓網友，而且小型頻道很難避免有敵意的使用者對該頻道的接手。換言之，這些虛擬社群賦予原本將過度開放的人類聯繫機制，以一定程度的可預測性和確定性。

　　當聰明行動者間的關係，可以透過其分享互動交換的經驗，而非某種一般的目標來加以評價時，構成「#Gay.nl」的關係模式，也因此與奧奇蕭特的自發性統合的概念更加貼近。故維繫並支持「#Gay.nl」的自發性統合，多半是參與者主動創造事件，而非被動的等待事件的降臨。參與者，舉例來說，建構網頁告知其他使用者醫藥事務到假日旅遊等各種訊息。其他的使用者則可能利用頻道籌畫旅行、假日與宴會。

　　然而，這樣的情形並不意味「#Gay.nl」是一由「有夠多的人」帶著「充分的感覺」，並且經過一段「夠長」的時期後，在虛擬實境中所構成之純然「回到未來」式社群！卡斯堤爾關於網絡文化的主張可以被應用於「#Gay.nl」之上，此聊天室同樣也是「在跨越形形色色參與者的心靈和策略認知後，由多樣文化、各種價值觀和各式計劃所組成」[73]。然而，「#Gay.nl」之所以倖存，證明此聊天室和他的參與者在某種程度上，都將四海一家作為一種恰當的心理狀態和制度化現象而加以擁抱。部分使用者在頻道中有著比其他使用者幸運的遭遇，而遭遇的好壞同樣也依賴於個人所能帶入新互動情境的智識、技術與資源。顯然，聊天室內仍存在衝突與新不確定性的可能。部分參與者的確有時會因為憤怒而離開頻道。其他的使用者或許會把電腦裡的聊天室程式整個刪除，並且發誓永遠不會再回到聊天室。然而，大部分「#Gay.nl」的使用者珍視此頻道作為其論辯的空間，他們可以在其中根據他們的想法與培養所參與實踐活動負責的態度。除此之外，儘管有可能匿名的登入頻道，並且採取蠻不在乎的態度，大多數的個人仍了解到如果他們希望更為全面性的加入「#Gay.nl」社群，他們必須採取更為認同與聰明的參與模式。

　　卡斯堤爾也進一步地延伸假設認為儘管這類形式的虛擬社群能夠「持續很長的一段時間,並圍繞著一群死忠的電腦使用者,但大部分參與的互動仍是屬於零星分散的形式,因為大部分的人會在本身轉變和期待落空後,進入或離開網路」[74]。然而,我認為這些社群是否能夠長期存在的問題,端賴於個體和團體在處置時,所採取的智識類型、技術和資源,以及他們維繫此聊天室的動機。至於「#Gay.nl」的人類聯繫形式,已經持續非常長久的時間,但卻並非因為出現一小群核心的死忠使用者,而是相當吊詭的,透過為求完成事物之曇花一現的企圖而構成其存在。然而,曇花一現並非意味著參與者將其「身體拋諸身後」,而是意指參與者能夠以其珍視的態度從事持續轉變實作和他人產生連結。

後現代性:帶來最佳的自由

　　如果網際網路並非如瑞德與托克表示的,一定會驅使我們進入後現代性,那麼我們必然迫切的思索其他的可能性。我並不企圖為此提出具體的結論,而更希望將此開放為接受批判討論的領域。伴隨著這樣的企圖,讓我概述在紀登斯極具影響力的作品《現代性的後果》(The Consequences of Modernity)中,便已提及的替代性概念[75]。在這本作品中他提出一系列被當今的網際網路分析嚴重忽略的論題。

　　紀登斯寫道,「『現代性』指的是約莫十七世紀以降,發生於歐洲的社會生活或組織模式,且這些模式之後或多或少都將全世界納入其影響範圍」(p.1)。他表示我們之所以在今日感到迷惘與不確定感「主要導因於許多人感受到我們並不完全理解世界上的許多事件」(p.2)。然而,與瑞德以及托克的主

張相反，紀登斯表示「與其說我們正進入一段後現代時期，不如說我們正朝向比過去更爲激進化與全球化的現代性後果前進」（p.3）。他將這段時期稱爲「高度」或「激進化現代性」，這樣的說法可以由我從第一章以來，不斷討論的三項相關發展爲特色：全球化深化的影響；後傳統組織形式的出現；以及社會反思性的擴張與深化。這些過程，如同我之前解釋的，已經造成過去四五十年來，人爲不確定性的加速與激化。沒有任何人故意造成此現象的來臨。這正是紀登斯所提及人類行動的非預期性結果。然而，這也和紀登斯所謂社會知識的循環有關（pp.151-73）。這個概念意味著由於我們持續灌入社會新的訊息，因此我們的現代社會不可能是非常穩定的。這樣的訊息雖然確實讓世界更爲透明，但它卻未留給社會進一步轉變的處女地或例外。

　　在這樣的情況下，我們似乎有兩種選擇。我們可以舉起手臂並且高呼我們能完成所有想做的事，告知其他人與我們自己不用把事情看得太嚴肅。或者，我們可以依據紀登斯的建議並且試著「爲所有人的實現與滿足感，尋求進一步的可能性」（p.156）。

　　相較於宣稱網際網路正驅使我們進入後現代性之中，我建議選擇第二個選項。畢竟，第二個選項提供更爲積極和批判的取徑，讓人們自由的發展使用網際網路參與活動的方式，正如同之前所強調的，這些參與強調「個人和團體對其所抱持的想法和所加入的實作都必須擔負責任」[76]。除此以外，選擇第二個選項並非意味著我們應該忽視鮑曼寫道的，

　責任的接受並非易事──不只是因為它將帶來抉擇的苦惱

(抉擇總是包括喪失某些並取得其他)，也是因為接受責任
預示著陷入永恆的焦慮──害怕是錯誤的──但是誰又知道
呢？……由於此一愈加不確定的世界，其成員掙扎的想要
抓住些什麼，且也正是因為這樣，居住在此一世界中的人
們，讓本身納入此間，並熱切地尋求「完成最佳」的技
能，好為他們那或許無法選擇，但卻如此真實的自由作準
備[77]。

　　研究網際網路對於互動的影響，並非尋找網際網路必定帶
來社會普遍良善的證明，或是指出網際網路將造成人類處境的
惡化。重點在於找到方式以發展使用類似網際網路科技的技
巧，並用以處理現代社會的情境。我們姑且只能期待湯普森所
描述的「有權力的個人與組織之活動相關訊息的更加擴散，頻
道的更加多元與擴散，並更為強調建立起使這些活動更加計算
與控制的機制」[78]。為了面對網際網路帶來的後果與機會，個
人與組織必須將自身納入這些發展，並培養新的技能。為求理
解他們可能採取的方式，我們必須研究人類聯繫新機制的出
現。瑞德、萊茵哥德以及托克對於利用網際網路所提供契機所
抱持的希望，儘管相當崇高，但卻不會自行達成。網際網路使
用的後果，正如我之前所表示的，是不同的科技與社會情境
內，充滿緊張與矛盾推拉間的結果。我們或許選擇忽視它們，
但是這樣的做法卻會讓我們陷入險境。

第五章

組織與網際網路

　　過去四、五十年來，我們所身處的制度脈絡面臨重大的文化轉型。在日益激烈的全球化與反思性情況下各種形式的組織陷入在多種選項之中，做出妥協抉擇的無止盡過程中[1]。在這個社會、經濟與政治的脈絡轉變中，資訊科技的使用，從私人到公眾，從區域到全球，從陳舊到新穎已經滲入各種形式的組織。對應於這樣的發展，所有的組織開始發展或實驗新的管理組織行為方式，並且設計與應用各式各樣社會管理的策略以連結資訊科技作為組織運作的方式[2]。在這樣的場景中，網際網路的援用不只創造許多新的可能性，同時也帶來某種程度的不確定性與責任。時至今日，所有的社會互動都是鑲嵌於某種形式的組織之中。在這樣的脈絡底下，轉變的形成，導因於組織企圖處置與我們日常生活各個層面直接交織的不確定世界。

　　理想型之偏好與計畫的例子可以在民族國家、經濟組織、社會運動以及更為傳統的組織形式，像是家庭、教堂與學校中發現，這些組織均企圖處理在第一章曾說明的現代世界不確定性。所有的偏好與相關計畫都花費相當的時間發展，並且在某種程度上與為求控制風險所形成的積極方式有關。網際網路現在對於變遷的世界有著顯著的影響。我們似乎被迫面對一個全

新的議題,以及有關這個議題的修辭與喋喋不休的詞句,像是
電子社群、電子民主、電子商業以及電子交易。而在此新議題
之下,我們似乎多多少少也被給予了組織世界新方式的模糊允
諾。

儘管組織正逐漸發展相關的知識與專家,以便面對這個新
環境,但是這並非意味著組織在某種程度上,已經建構出讓網
際網路科技能被成功安排的一組經由明確界定的理由與實踐方
式。除此之外,許多組織在今日所面對的問題並非單靠組織成
員本身的能力就能完整定義。組織所面對的問題通常是個人、
團體與組織所有行動所造成的非預期性結果,涉及利益與傳統
等多重面向的碰撞,經常造成屬於全球範圍的問題。因此我們
可以做出結論:我們仍持續與新式組織實踐的動力與複雜性爭
鬥,而藉由對於類似網際網路等新科技方式的理解,則有助於
我們從事這類鬥爭的嘗試。

處理現代世界的不確定性所面對的挑戰,以及部分可能的
回應,將可以透過經濟組織加以說明。例如,各種對於工作程
序之基礎性重構所作的努力。最近,有三種重構工作程序的理
念特別盛行:(1)總體品質控制的執行;(2)商業過程的再
啟動;以及(3)市場導向組織的創生。這三者之所以被採
用,是透過它們內含的理性邏輯,作為支撐組織轉變的基礎。

總體品質的控制,以不同的外貌出現,代表一種制度,組
織藉由這種制度得以將焦點放在顧客與客戶上,促進團隊合作
以及參與性的管理,以便改善服務或產品的品質,刺激發明以
及降低誤差[3]。

商業過程的再啟動,同樣也運用在許多層面,涉及組織程
序的再設計,並且將重點放在過程而非任務,即便在預算減少

的情況之下，也希望提高生產量以及改善消費者的滿意程度
[4]。雖然總體品質的控制經常被描述爲具備高度的參與，涉及
由下到上的決定程序，強化與改善既存的生產與服務，商業過
程的再啓動則是描述典型的由上到下，對於組織程序設計的重
新思考。

　　市場導向的組織是從大衆行銷轉移到另一個情境的企望，
企業不再將顧客視爲市場的一部分，而是將之視爲競爭個人所
組成具備能動性的團體。爲了達到這個目的，組織被鼓勵捕
捉、儲藏、分析以及挖掘有關消費者的訊息，企圖藉此保障與
強化顧客的忠誠。這樣的訊息同樣也允許市場導向的組織瞄準
與辨識更多以顧客與客戶爲基礎，並能帶來利潤的領域，並且
擺脫較無利潤的領域。市場導向組織的創生連結起許多有關總
體品質的控制，以及商業過程再啓動的層面，因爲爲求服務客
戶所進行的組織資源整合，將更加直接的要求組織實踐進行水
平與垂直的整合。

　　然而，儘管對於這些措施懷抱著高度的寄望，相關的大部
分嘗試卻陷入掙扎的狀態。這些措施最終造成非預期性結果，
或是無法達到經濟組織企求的結果。有諸多原因，可以解釋經
濟組織所普遍體驗的失落感。舉例來說，戴凡波特（Daven-
port）表示，組織未能充分的重新認知到創新資訊科技的潛
能。組織通常僅以資訊科技取代既存的工作程序[5]。舉例來
說，功能強大的個人電腦僅僅被用來打字，而難以被視爲過程
的創新。他同時指出組織爲了刺激訊息的流動，以及消除管理
的層級所安排的資訊科技，經常無法達到原本的目的，因爲這
些組織並未注意到組織訊息的政治性因素[6]。因爲訊息可以被
用來動員權力，而那些擁有資訊者顯然並不急著將它們分享散

播出去。

戴維斯（Stan Davis）與波特金（James Botkin），從他們的角度，批判企業們收集訊息，並且在無法藉由創設知識導向獲利企業類型獲利的情形下，企圖助長學習性組織的發展等行為[7]。他們表示你最不想要的就是學習性組織！換句話說，一個學習性組織或許能有效的收集訊息，但是有效的收集訊息還必須奠基在相關策略的發展，讓該組織能利用它收集的資料獲得競爭的優勢。然而，在反思性現代化的情境下，我們或許希望進一步推廣戴維斯與波特金有關學習性組織的批判。假使組織和組織成員，在面臨所蒐集大量資訊的危機之下，仍期望能夠生存並在日益加劇的反思性情境下持續發展時，他們便必須提升本身學習與遺忘的能力[8]。

巴拉巴（Barabba）指出許多組織試圖朝向市場導向發展，並期望能夠團結一致的服務顧客，卻通常僅僅牽涉到組織面的功能性結構組織的轉換：「不同於過去處理過程中的壁壘分明，但是他們仍是缺乏連接的。那麼到底發生多大的改變？」[9]。就他的觀點來看，

> 市場導向組織的重點並非組織實質的屬性或是組織架構的形貌。市場導向組織的基礎是開放性的訊息系統，允許訊息自由的跨越功能分享與流動，讓個別的員工能用來處理一般的商業過程……這種完美形式的企業其基本原則——不管是水平式或垂直式的組織——是藉由根據傾聽、學習以及領導所建構的決策網絡為基礎，以對於產業，消費者及社群進行理解[10]。

部份評論家對於所有資訊科技的價值抱持高度的懷疑，表

示這些科技若未被適當的運用，資訊科技反而可能變成競爭的負擔。華納（Timothy Warner）就說：「我們必須瞭解的是，有時人們可以解決一個明顯的資訊程序問題，其方式不是利用打開電腦開關，而是在資訊程序需求產生前就移除它」[11]。除此之外，如果資訊科技被錯誤的使用，不正確的訊息便會以光速的速度在組織中蔓延開[12]。

如同有關如何重組工作程序的話題一般，如何使用網際網路的新概念，被那些有幾分熱情的經濟組織熱烈討論著，然而我們對於許多有關網際網路的使用所帶來的可能與風險的理解卻不甚清楚。更直接來說，雖然存在著許多文獻企圖說明網路與網路應用程式的「傳遞」（hands on）使用，甚至有越來越多的工作在探討網際網路作為商業資源的可能性，我們對於網際網路將造成的互動式影響卻不甚了解。最後，對於某些組織傾向將網際網路、內部網路與外部網路視為因為宣傳所造就的流行風潮，並認為這樣的風氣最終將會消失無蹤，如同其他他們曾經經歷過的系統一般，我們一點也不感到意外。其他的組織則將網頁與電子郵件系統視為某種配件，可以被簡單地附加在更廣泛的傳播頻道兵工廠之中。因此，網際網路、內部網路與外部網路的使用通常只不過作為分配訊息的替代方式，並不需要由新的理性與動機形式所產生的新式行動與互動來支持。舉例來說，當電子郵件開始被引入使用，部分組織藉由比較傳統的郵政系統向組織成員說明電子郵件的使用方式。儘管這樣的類比或許符合某些教育的考量，但卻不是理解網際網路對於組織文化影響的妥切方式。利用這樣的比擬理解網際網路可能會帶來一個非預期性的結果—由網際網路科技提供的機會並未完整的發揮作用，同時我們也不知道網際網路的使用可能會造成

許多相關的風險。在這些可能的風險中，最為明顯的是無法充分的理解這種新科技所帶來行動與互動的新型態。

許多組織對於網路科技在組織變遷中的使用與角色所抱持的態度，能夠以應用於一九八○年代以後，大多在一九九○年代的商業解答（business solutions）為背景得到最佳的理解，這些商業解答著重組織問題的經濟層面與科技層面。商業重整通常意味著降低產量以及縮小規模，在工作人員與職務減少的情況下完成更多的工作。同時，如同卡斯堤爾寫道的，資訊科技，

> 被視為具備魔法的工具，能夠改革與改變商業公司。但是資訊科技的引進卻未帶來基本的改變，事實上還加重官僚制與僵固的問題。相較於傳統面對面的命令鏈，電腦化的管理顯得更為麻木不仁：至少在過去面對面的情況下，仍有討價還價的餘地[13]。

將現代經濟組織所面對的問題界定為風險管理的危機後，我們便能夠掙脫過去在經濟與科技層面阻礙我們理解資訊科技，以及資訊科技如何帶來轉變的束縛。在許多層面上，除了競爭對手或敵人，現代組織得面對更多的風險。紀登斯表示，組織場景中的不確定性，正渴求著具備替代性與生產性的面對風險的方式[14]。處於反思性現代化的情境之下，處理風險不能僅僅只是從組織階級的頂端啟動，或是藉由完全由下到上的決策過程。組織必須同時超越這兩種方式。他們必須在同一時間發展更具生產性的精神以促進積極信賴感的建立，這有賴於個人與個人所形成團體間的智識關係，正是這些成員構成了組織。進一步利用網路科技建構新型態經濟組織的企圖是否能獲

得成功，端視是否能適當的理解組織文化的建構，以及適當的認識科技的重要性：就像是網際網路作為文化傳遞形式所扮演的角色。

這些初步的觀察也顯現在其他人類組織的面向。民族國家，傳統形式的組織，批判性的運動以及特殊的利益團體都努力尋找處理新風險參數的方式以及重新設計制度的背景。舉例來說，民族國家的辦事處所構成的網絡，逐漸取代傳統中央集權的國家權威，人們所構成的網絡也慢慢取代傳統的社會團體。這些轉變均以跨越時空的方式，重新界定組織運作、溝通以及常規化其行為的方式。同樣的，在這裡，網際網路增加組織可能的選擇範圍，也使得所有參與者以全新的態度面對之。

組織今日所面對的問題讓許多社會與文化理論家採取一種悲觀的態度。對他們來說，今日社會組織的樣式並沒有增加太多。例如，鮑曼寫道：「連帶行動的瞬間爆發或許不會造成後現代關係本質特點的改變：他們的分崩離析和不連續性，焦點和目標的窄化；接觸的膚淺性。合作關係來來去去，而且在每個案例中，說真確些，『整體性』的出現，也不過就是『其部分的總合』罷了」[15]。儘管所有形式的社會組織已經經歷過轉型，而它們所處的情境更產生具體的變化；但是我們仍需以不同的方式思考這樣的轉變。

我在本章的目標是，展現在本書第二章所建構的理論架構，如何提供我們對於組織所使用的網路科技更有意義的方向與用途。這個架構允許我們將焦點放在社會性結構脈絡與生產的過程，以及訊息與其他符號內容的傳遞與接收。用更普遍的詞彙來說，我希望批判地檢驗網際網路使用的核心，對於組織文化的結構性特點所帶來的影響。我希望顯示將網際網路理解

為文化傳遞的形式，能協助我們發現如何讓組織在新獲得的自主性，與由網際網路使用的實際與情境脈絡而來的責任之間，能更小心翼翼且順著更積極的路徑邁進。

現代組織文化的顯明特徵

想要理解組織場景中的網際網路使用的核心結構性特徵的企圖，必須堅定的建立在普遍性的組織理論之上。這個前提意味著我們必須從詢問部分有關現代形式組織之本質的基本問題開始。

現代組織之所以與過去其他的組織類型不同，是因為現代組織的普及性以及具備更為強化的能動性[16]。現代組織文化最明顯的特徵之一是驚人的訊息收集、儲存與傳遞的能力，讓組織能夠統整發生於組織內部的行動。因此，現代形式的組織最好被理解為某種相對較為開放的社會系統，在這個系統的內部，如同紀登斯寫道，「規律的使用訊息，仔細編碼散漫零碎的接合處，以便極大化對於再生產系統的控制」[17]。現代組織文化因此是反身式的被建構，並且藉由參與其中的個人理解訊息後的實踐活動而存在。

這些實踐行為並非僅僅發生於時空之中，它們是組織形式中最主要關係模式，並讓組織能夠或多或少的跨越時空疆界。舉例來說，部分的組織，擁有較短的時間延展，並且只存在於完成特殊任務所需的時間。其他的組織則因為自組織建立以來已經存在好幾年而感到光榮。至於這些組織的空間面向，部分組織在同一棟大樓中擁有一到兩個房間，而其他的組織則佔有非常廣大的區域空間，以連結不同組織中心的行動。組織文化

與傳播因此變成影響組織的重要因素。在這個脈絡之下，網際
網路可以被視為有效資源在時空中以組織形式進行複製的工
具，同時也可以視為完成組織文化之傳遞的工具加以分析。

　　在《時間與社會組織》（Time and social organization）這篇
短文中，紀登斯指出三個現代組織的顯著特徵[18]。讓我們藉由
依序批判性的檢驗這三個概念指出我對於這個問題的立場，這
三個特點用來分析絕大多數當代組織形式長久以來所面對的問
題時，將會成為有用的標誌。

強化監督

　　如同紀登斯指出的，現代組織的第一個明顯特徵，是這些
社會系統均為兩種結合監督層面的加強。第一個層面的監督是
訊息的累積、編碼以及儲存。舉例來說，一間旅館，是在營業
時間必須收集與處理廣泛的訊息的組織。旅館持續追蹤保留、
取消以及目前可以使用的房間，同時也紀錄競爭對手的房間數
量、物品清單以及所採取的行動。第二個監督的層面則是對於
組織成員行為的直接監視。再以旅館為例，我們或許會聯想到
對於資歷較淺的前台服務生的監督，但同時也包含進入旅館餐
廳，坐下等著用餐的顧客。這些監督層面的結合對於組織的權
力基礎是相當重要的，因為這樣的結合允許組織產生跨越時空
的控制，如同紀登斯所說的，「對於個人行動進行時間性與空
間性的控制，將使他們的行為成為組織的一部分」[19]。

　　兩種類型的監督都涉及到「低層次」或「高層次」的訊息
輸入。舉例來說，「低層次」的訊息輸入是那些藉由在記錄訂
房系統的旅館紀錄簿上所遺留下的記號。「高層次」的輸入，
則可以個別旅客向旅館經理抱怨，某件要命的意外事件可能導

致他們對於再次投宿興趣缺缺爲例。

　　監督的概念也與組織的科層化以及程序原則有關。紀登斯表示所有的組織都有朝向科層化發展的傾向，在這些組織場景之中，個人的表現可能受到非個人性與個人性的程序原則所監督[20]。組織程序的非個人性界定允許組織觸及更遙遠的時空範疇。然而，從這個角度來看，存在著一種建立高層次成員與低層次民衆分離的權威階級傾向。雖然權威體系「永遠伴隨讓那些低層次的成員企圖重新捕捉權力的補償傾向」，但是對於高層次的個人來說，個人化的連帶變得更爲重要，讓他們能獲得更多獨立的權力，並且按照他們的想法更自主性的依循規則[21]。

　　伴隨紀登斯使用監督概念而來的一個問題是，這個概念傾向強調權威階級的反思性監督行爲[22]。然而，監督卻永遠是雙向的過程。例如，監督也涉及到被監督對象對監督者的監視，並且包含訊息的累積以及散佈。也因此，反思性監督的概念必須被視爲比紀登斯所暗示更爲廣泛的現象，它整合被特定時空的組織用來製作與再生產訊息與傳播的各種方式。

組織與特別設計的場所之間的聯繫

　　現代組織的第二個顯著特徵是，它們與某些經過特別設計場所的聯繫。紀登斯視這些現代組織的場所爲「物理的背景，經過背景與社會行爲的互動衍生出管理的權力」[23]。回到旅館的例子，一棟旅館的建築物並不僅僅表現出權力的積累，他們早就融爲一體。建築物的設計與維持對於各種超越時空的組織活動的監督有關。舉例來說，一走進旅館的大廳，顧客便直接走向接待處，在此他們的物理進入得到仔細的管理。權力的建

築性集中就是權威與階級的物理性展現，也因此進一步拓展監督的可能性。

介於場所、時間與空間的活動之間的關係

第三個現代化組織的特點，是紀登斯所謂的「透過不同的組織部門所建立的介於場所、時間與空間活動之間的關係」。行程表，像是時刻表與其他圖表，都是組織時空的設備，用來整合與組織內部與外部脈絡有關的活動。就這個角度來說，紀登斯也認知到組織與個人面向的區別。對於身在組織低信賴位置的參與者來說，個人時空組織的安排絕大部分都恰巧符合，並適用於組織的時間表。對於那些處在組織高層位置的成員來說，則擁有較高的自主性，個人性時空組織的安排也顯得較為多元，並且只在幾個重點上與組織的時間表有所交集。

然而，有兩個原因說明為什麼這三個現代組織的顯著特徵需要進一步的批判與精煉。首先，我們必須將這三個特點與影響晚期後現代性改變的因素加以連結—我已經在第一章說明，過去的改變與網際網路使用彼此獨立，並且當時網路尚未被援用。第二，在利用網路科技的同時，我們必須開始武裝自己，來迎接比過去更為激進與廣泛的改變。

晚期現代性的網際網路與組織文化

處在具備反思性現代化的情境之下，所有形式的組織都缺乏行動的綜合性領域。組織傳播以及訊息生產與接收的脈絡也因此涉及持續的重組過程。不確定性不再能以中央集權式的規律性程序來應付，也不再被侷限在由相對固著的時空統合所構

成的範圍之中。當現代組織逐漸進入晚期現代性，主要的改變
發生於組織監督模式的運作、組織場域的設計以及組織的活動
所涉及的時間性與空間性。將網際網路的使用視為邊陲途徑的
組織，僅僅將網際網路視為訊息擴散的替代模式，對於網際網
路使用所帶來的相關改變，只能片面的理解。這些組織將無法
適當地重新認識網路這種新科技，所提供用來處理風險的另類
方式。這些組織甚至可能會在沒有預期的情況之下創造新的不
確定性，並且以負面的現象而非作為組織面對的正面挑戰的型
態現身。

　　結束這些初步的觀察，現在讓我們更新現代組織文化的顯
著特徵，重新考量晚期現代性普遍情境的影響，以及這些顯著
特徵與網際網路使用的結果之間的關聯。

晚期現代性的監督

　　處於一個高度反思性的世界，以及作為全球化的結果，組
織內部的監督情境正經歷著激烈的轉型期。然而，這些改變並
不意味著意見一致或者沒有存在著反對聲音。第一，在許多層
面，中央化的組織權威相較於以往，顯得較未被嚴格的維持。
當組織被「敞開」（open out）時，組織便帶來跨越傳統科層階
級關係的浮現。這樣的結果讓訊息的生產、傳遞與接收都得以
重新分配，甚至影響到位於組織較低層級以及外部區域的成
員。同時，所有參與組織的成員也被賦予較大程度的行動自主
性。讓他們有更多的空間發明以及發展相關的技巧，而非僅僅
呆板地執行任務。一般咸認，成員被賦予瞭解資訊的權力後再
發起行動，將有助於他們區分及採取合作行為來解決他們每天
面對的問題，並且改善組織核心的表現，慢慢朝向一個成功的

組織前進。因此，組織控制的另類發展逐漸將組織設定為由智識代理人之間的關係所構成的群組。然而，這種發展的缺陷是組織所經歷過的不確定性經驗，將在各個監督層級中變得越來越普遍。

毋須感到訝異的是，中央化組織權威的鬆懈，已經促使許多評論家，當中最為著名的是卡斯堤爾，預示著新組織形式的演進，將伴隨著風險分攤與控制的責任而來。卡斯堤爾針對這些新的組織形式寫道：「不同的組織安排之下，以及通過多樣的文化表達，它們都是根據網路發展而來的。網路是新建立的組織與未來組織的基本元素」[24]。貝克（Beck）則站在更為陰鬱的角度，指出組織權威角色的去中心化就如同「制度的去整合」，

> 它提供社會關係再封建化的空間。組織權威的去中心化為所有社會行動的場域建立起新馬基維利主義（neo-Machiavellianism）。秩序必須被創生、融合並形成。只有網路，必須加以連接以及保存並且擁有自身的「流通性」，允許權力的形成或是對抗權力[25]。

紀登斯以類似的心境提出警告，組織權威角色的去中央化可能會導致某些難題，無法建立在日常生活中的實際脈絡中的懷疑主義與約信之間的平衡[26]。組織內的信賴不再只是盲目地依賴過去被視為全知全能的中央化權威。組織權威角色的去中央化，意味著絕大多數競爭的主張又再次興起。

第二個急遽轉變的監督情境，與第一個情境完全相反，牽涉到低層次輸入的激烈化，以及用來統整行動的高度自主性訊息。大受歡迎的企業資源—計畫軟體便是一個很好的例子。這

個軟體被用來自動化與連接各種與目前業務有關的過程,經理或多或少可以藉此獲得關於他們企業的即時資訊[27]。然而,由於階級權威變得越來越具備妥協性,根據低層次訊息輸入的決定所產生的結果,現在將更可能面臨反思性的挑戰,產生新穎而可能發生衝突與爭鬥的領域。

然而,沒有任何監督形式的轉型需要被計算是否達到組織所希望降低的組織整合度等級。我們沒有理由預設組織所追求和依賴的穩定性,只能嚴格的經由中央化,由上到下的決策過程,或甚至是全體一致的共識和認同才能完成。相反的,晚期現代性的組織穩定性越來越依靠創造出適合在充滿多元價值與規範的組織,與組織面對的環境中協助成員完成工作與任務的情境。除此之外,權威角色的去中心化並無法防止「權威中心」的出現,而是利用多樣的資源設定與權威的複雜規定有關的場景。今日成功的組織是那些當他們面臨組織目標與脈絡轉變時,能迅速提升生產知識的能力,並且能夠適應知識在組織內部以及跨越組織之運行與流動的組織。

但是網際網路到底帶來什麼影響?網際網路可以被用來開啟範圍更廣泛的新契機,亦能被用來協助處理這些監督環境的激烈轉型。在網際網路或公司內部網路的公開訊息,可以作為重構分配訊息的主要轉移機會。然而,雖然組織曾經站在對抗大眾媒體的位置,以便傳達由他們觀點所詮釋的消息,這些組織現在已經能立即的「傳播」組織本身[28]。

然而,網際網路科技並非只能被用來提升中央化訊息擴散以及組織的垂直整合,網路科技也能被用來支援去中央化的組織單位所構成的網路、跨組織網路以及決策的過程。厄尼斯特(Dieter Ernst)指出五種具備類似作用的網路:支援者網路、

生產者網路、消費者網路、標準同盟以及科技協力網路[29]。

除了上述的網路，網際網路也可以被用來支援「低層級」與「高層級」之訊息輸入的強化。共享的知識以及網際網路、內部網路與外部網路的互動特徵，能被用來支持在組織之內或跨越組織邊境所建立的「知識關係」。就這個角度來看，組織利用網站、電子郵件、討論室以及會議系統進行整合的運作，以及知識的分享。然而，網際網路科技也可以被利用來收集、儲存以及傳遞統合組織行動所需的低層次訊息。從這個層面來看，網站與電子郵件能夠被用來交換電子化的資料，以及管理電子商業交易。

由於網際網路看來似乎能按照組織的期望虛擬化所有事物，網際網路因此被視為一項神奇的工具，能夠引領組織的改革與轉型。但諷刺的是，在反思性現代化的情境之下，網際網路的開放性也成為組織擔憂的主要來源。事實上，由網際網路使用所造成的不確定性，有時會帶來極為嚴重的後果。首先，網路使用的曇花一現與經常無從捉摸的模式、網路連結所造成的時空節奏、網頁的開啓與封閉以及跨越網路流動之小包訊息的總量，相較於費盡心思理解組織的結構安排，這些重要的層面似乎都讓我們更了解一個組織是如何運作的。其次，伴隨著網頁的公佈與合作工具的使用，網路的實際運作與操作程序要求更高的可見度以及透明度，現在我們只能以過去大多數組織不能接受的方式達成被視為滿意的組織結果。這種組織政策造成的非預期性結果可能很快就會顯現出來，進而毀壞過去受到組織影響所及個人心照不宣的認可態度。第三，不管是有意或無意，行為與實際運作或多或少仍有盲點存在。當使用者無法發現他們所需的訊息，以及對於他們得到訊息的價值與重要性

感到不確定時，網路有時也可以被用來作爲下載訊息的設備。
第四，如同網路創造組織內部連結的新可能性，網路也藉由
「去中介化」（disintermediation）過程切斷傳統的「權威中
心」，進而加速權威角色的去中心化。同時，新的「資訊日記」
的出現與消失，也有助於特定領域內，行動與組織過程進行知
識與技術的重新整合。

上面所列舉的不確定性正被釋放，並且引起我們的焦慮。
之所以說是釋放，是因爲個人與團體能夠繞過或進入帶有權威
資源的對話，而在過去與權威之間的隔絕阻礙了他們工作的完
成。至於說引起焦慮，是因爲人們也同時陷入失去他們一度擁
有或希望擁有權威氣氛的危險之中，此外，則是因爲人們所做
的一切事物，逐漸轉由專家知識作爲決策的保證，而對於這些
知識，人們卻根本無法掌握。

晚期現代性的場所設計

在某些層面上，儘管大多數的組織，仍舊與管理權力屬於
集中型態的場所有所聯結，階級權威與建築上的權力集中的典
型連結已經被不同的物理背景所取代，使得地點（place）的概
念表現出與以往相當不同的意義。

從這個角度出發，卡斯堤爾描述他所謂「赤裸建築物」
（architecture of nudity）的出現，「赤裸建築物」的特徵爲「建
築物的形式是如此的中性、如此的純淨以及如此的透明，它們
並不企圖表現任何東西」[30]。他寫道：「場所變得與它們所處
的文化、歷史以及地理的意義相分離，並且重新整合爲功能網
路或是想像的拼圖」[31]。然而，將他的觀點對照大衛哈維
（David Harvey）的主張，哈維表示「當空間的障礙消除，我們

對於世界的空間所容納的一切將變得更為敏感」[32]。

很明顯的，地點的意義在現代組織中的改變是極為複雜的議題。有時地點意義的改變涉及特定組織的建築，或是廣佈於時空中的建築群。有時則牽涉平時並非組織的一部分，但是當組織需要時便能發揮影響力的地點。為求明白呈現，我將利用三個例子說明地點意義的改變，是如何挑戰現代組織中對於傳統組織地點的預設。

首先，讓我們檢視詹明信（Jameson）對威斯汀飯店（Westin Bonaventura Hotel）發展的報導，這間飯店於一九七○年代中期由波特曼（John Portman）所設計，建立於洛杉磯。威斯汀飯店有三個入口，詹明信寫道，「沒有一個出口具備像老式飯店的華麗棚蓋，在將行李由街邊送入飯店內的通道旁，也沒有過去豪華的建築物所習慣安置的紀念碑」。他用「後門的事務」來描述這些入口，並且表示這棟建築物中包含某些「封閉統理飯店本身的內在空間的新類型」。舉例來說，建築物的玻璃外觀，「造成奇妙獨特與無所不在的分離」。他繼續說道：「大廳或中庭，伴隨著本身巨大的圓柱，被小型的水池所包圍。我必須冒險地這麼說：如此這般的空間，讓我們根本無法用言語描繪之，因為這些地方實在難以掌握……在超空間裡你的眼睛和身體只能感到疲於奔命」。詹明信描述這個場景內的運作就像是「折煞人的困惑，這個空間正是如此報復所有試圖理解它的人」[33]。然而，將這樣的分析與晚期現代性監督的轉型相連結，我認為我們在這個例子所發現的現象並非渾沌不明或詹明信所稱的困惑，而是組織權力物理性展現的改變。

其次，自我容納之組織空間的開啟，不只影響個別組織的建築或場所的設計。當某個組織的部門在時空中彼此相互遠離

時，組織也可以達成高度的整體統合的政策。我們可以援引渥斯（Hanswerner Voss）對於一九七○年代早期曼徹提（Massimo Menichetti）在義大利的帕雷多（Prato）地區針對紡織工廠所作的分析，利用這個早期的例子進一步精細化發生於多重場所的組織設計轉型[34]。爲了降低生產的花費，以便提供較低的市場價格以及創造更多類型的產品，曼徹提決定將這個大型的階層化公司分解爲較小的、功能分殊化的以及獨立運作的團體。他鼓勵各個組織內部的部門不斷創新，並且將各部門最擅長的工作加以獨立。他同時創立義大利紡織（Italfabrics）公司，這是個以紐約爲基地的流行服飾公司，其中來自集團間子公司的訂單，不超過總營業額百分之三十。這種層級組織引進去整合化、靈活生產的概念以及由下到上的決策過程，也因此反映全球規模組織的物理性背景。

　　第三，舉例來說，儘管某些生活的空間，像是房屋、旅館以及運輸的模式仍舊屬於相對自主的地點，但是這些地點的設計卻慢慢的讓它們也能夠成爲組織的一部分。個人因此能夠與組織建立更強烈以及空前的連帶關係，不管他們身在家中、正在移動或是世界上的任何一個角落都是如此。我們接到的電話可能來自飛機，筆記型電腦也能裝上行動電話，每個人都能被電子式的貼上標籤。

　　但是網際網路到底對於組織場所設計的改變產生何種的影響？這個問題的答案不但相當複雜，也因爲時空情境的不同而有所改變。然而，對於絕大多數的組織來說，取得「連線」使得他們得以採納另類的工作安排，並創造出虛擬的辦公室，成爲他們徹底重新思考自身物理性背景的關鍵點[35]。接著，讓我們檢視對於大英航空（British Airway）新總部的分析，這家公

司位於英國的哈曼渥斯（Harmaondsworth）的「水邊」
（Waterside）。如同許多其他的現代組織，大英航空一開始是利
用產品的利潤經營，而非以傳統性的辦公室出現[36]。不同於傳
統辦公室的時空分離，大多數「水邊」的居民在由一百七十五
英呎中心走道所連結、具備彈性以及開放性的區域工作。儘管
該地區仍有少數半封閉的區域，但即使是負責空運工作執行長
的辦公室也沒有以牆壁區隔開。公司希望開放設計的建築物能
夠改善工作的流動。並鼓勵員工採取跨部門以及團隊的工作方
式。大英航空表示整個工作環境是利用開放性的設計，鼓勵某
種工作文化，盡量減少環境內的階級與科層制度，並且徹底改
善訊息的流通。而這最終將有助於決策過程並提升個人生產
力。「發燙書桌」（hot desking）的概念為許多空運部門所廣泛
的採用，這個概念意味著「居民」可以選擇環繞著工作過程所
安排的工作地點，這個地點將成為他們行動甚至是日常生活的
基礎。利用內部網路讓人們能在書桌旁、家裡、建築物內的任
一咖啡廳，或是在佔地兩百英畝的公園裡完成工作。除此之
外，內部網路除了允許我們在任何地點進行工作，內部網路也
讓我們能在任何時間工作。許多訊息的傳播都是電子化的，經
由電子郵件以及電子日記、表格、手冊與共享的資料庫所完
成。除了建立基礎電腦的學習中心，「水邊」也與能和員工進
行電子化交易的超級市場連結[37]。

　　這個例子所展現的是網際網路科技雖然有助於時間與空間
的掏空，但是網路科技並沒有創造出，用卡斯堤爾的術語來
說，傳達著寂靜與中性訊息的「赤裸建築物」[38]。我們毋寧說
網路科技讓宣稱代表「未涉及形成顯著利益點的特權地點空間」
的建築物變得可能[39]。在這裡我們必須提及不同地點的替代能

力：作為走道的中庭，以及作為會議室的街邊咖啡館。我認為這些新的物理場景並非如此靜默，反而傳達出三個非常重要的訊息，且這三者在現代組織的發展中都佔有核心位置。第一，它們向成員傳達組織的開放性；第二，它們向作為組織一部分的成員傳達行動與業務，能夠在任何時間與任何地點被完美的完成；第三，它們經由創造比預期中更為安全的場景，向成員展現組織的「人為確定性」（manufactured certainty）的概念：個人不會在中庭的走道中扮鬼臉，而個人也將永遠確信咖啡廳裡有其他知道他們名字的顧客。除此之外，這些「地點」因為與休閒相銜接，而總是顯得「充滿活力」。

然而，這樣的安排卻有雙面性效果，它們同時帶來許多非預期性以及許多不確定性的結果[40]。在家中或在移動中工作的人們，並未在組織內部擁有屬於自己的工作地點，也可能因此感到疏離。他們不再擁有一個「固定」的地點讓他們能發展共同經驗以及歸屬感。取而代之的是由於組織的無所不在，也可能讓人們感到壓迫感，整個世界似乎不再存有安全的地方可以讓他們逃離。這樣的發展也造成跨區域的壓力以及區域切割的問題。以使用同一張桌子的兩個人為例：其中一人忙著準備餐點，另一個人卻在寄發電子郵件。

在更為抽象的層次上，網際網路也增強允許我們開發更多偶合性地點的過程，將它們拼湊在一起作為重新建構的組織區域。這些地點的獨特性因而被加強甚至是被忽略，端視在它們被製造出來的過程中，設計與實際活動的情況為何。一旦與它們的區域經驗、歷史與特殊文化相分離，這些地點將可能會在滑鼠的一鍵之間，便必須面對新而逐漸不穩定的未來。更複雜的說來，我們要如何看待某個地點的特質，所依賴的不僅只是

單一網絡的主要服務項目，而是必須以網絡的群落來視之，這些網路或許有著極大的差異，或甚至對於此地點有相互衝突的詮釋。

晚期現代性中組合時空的設備

晚期現代性中令人眼花撩亂的情境，讓組合時空設備的應用，以及發生於組織內外的活動之間的關係變得模糊不清。飛機誤點、會議因為撞期所以只好延後或取消，由於事件的進行變得不可預期，公告事項也很快就顯得與事件毫無相關。上述這些狀況，不過是我們身處於現代世界中，每天用來統合活動所須之複雜過程的冰山一角罷了。毋須訝異的是，這些構成組織的活動，無論在世界各地或跨文化的場景內，以及迅速改變的環境脈絡中都不斷地上演。儘管組合時空的設備仍然繼續發展，像是即時（just-in-time）的製作流程[41]—這種生產流程利用持續的更新資料，確保當生產需要時原料的供應以及材料的送達，不需要儲備許多的原料—這些系統仍然有賴於組織元素的嚴密配置，允許創新，並等待時間及其他鬆散形式得到徹底的改善。然而，類似設備的結果往往是失敗的，帶來從定置的線性組織時空的設備轉移到更具彈性的設備，這會使得組織的目標是否能達成端視迅速改變的時空情境而定。

順著這個脈絡，我希望進一步推展這個命題，組織時空的設備，像是組織的網頁，不只是某個組織在網際網路上現身的證據，或者只是組織訊息的容器。這些設備可以被理解為在晚期現代性所出現新組織時空設備類型的主要例子。這些由電腦網路所創造出來的多重敘述和虛擬經驗與真實人們的定點活動與互動交織在一起。電腦網路為這些幅湊在一起的活動及互

動,同時提供了工具與後果的藍圖,否則這些都只能在不確定
的社會與文化眞空中上演。

對話,賦權與連帶以及現代組織中的網際網路使用

今日的組織面臨傳統組織價值、權力與意義等模式的大幅
改變。爲了尋找網際網路在哪些方面能協助我們管理風險,我
們必須與前幾章所討論過的幾個概念相連結。這些概念包括組
織進入晚期現代性後的特殊性質、網際網路作爲文化傳遞的形
式以及由網際網路所造就之人類聯繫新機制。我將藉由四個主
題連結這些概念:(1)網際網路科技的曖昧潛能;(2)包容
性組織(inclusive organization)的概念;(3)組織文化的自
主與責任模式;以及(4)藉由社會性結構組織脈絡的中心
化,組織的訊息與溝通方可產出與接收。

網際網路科技的曖昧潛能

在此之前,從來沒有任何組織會巴望通訊科技能夠儲存如
此多的訊息,能夠對於訊息傳播有如此大的幫助,以及會需要
如此廣泛的參與。組織或許希望利用網路科技協助組織的對
話,鼓勵人們積極工作而非傻呼呼的等待事情發生,以及作爲
創造新形態的連帶與整合的工具,但是網際網路無法只利用本
身自然而然的達成這些目標。當組織開始採用網際網路科技之
後,複雜的轉變便浮現於監督層面,地點的設計以及時間與空
間固著的活動,而這些變化則又和網際網路作爲文化傳遞的媒
介體,其所挾帶的曖昧潛能密不可分。動員網際網路所提供的

機會將因此永遠牽涉到未知的情境與非預期性的結果，而各種叫人眼花撩亂的利益偏好，不只是彼此相互矛盾，甚至呈現競逐（contested）關係。這個概念意味著網路科技或許會自發的帶來某種程度的益處，繞過進行管理決定的場所以及組織內部的衝突線，卻阻礙現代組織對本身的理解。

邁向包容性組織

紀登斯表示，組織為了在人為不確定性環境下求生存，並對抗組織反思性擴張的普遍趨勢，幾乎都沒有其它的選擇，組織只能「敞開」，並在他們的活動和關係中，促進積極信任的發展。組織的「敞開」意味著促進對話以及設定相關的標準，以降低組織內規則導向（rule-directed）的文化色彩，並代之以轉變規則（rule-altering）的文化。如同紀登斯寫道，促進積極信賴意味著，「信賴是被有動力的創造與維持」42。

這些是難以克服的挑戰且無法透過傳統機械式平等的機制加以解決的問題。假使在作任何決策時，組織內部所有成員的意見，都成為審慎考量和權衡的範疇，那麼組織的活動很容易就會因為這些分雜過程而戛然終止。但這並不意味著將機會分享出去的作法與促進對話和信任感的建立毫無相關，重點在於我們無法只透過這個方式完成目標。個人和團體無法藉由這個方式成為平等的。在這樣的觀點下，紀登斯打破了平等定義的模型，這些模型宣稱在「敞開」的組織中，平等被定義為包容，而不平等則是排他。包容指的是組織內所有成員應該擁有的權利和義務，排他則是指成員被剝奪的情況43。

如果那些位於權威頂峰的成員不再擁有所有的答案，那麼組織要建立的應該是支持對於專業知識「去壟斷化」的制度安

排。因此,組織必須重新認知在各種實用專家知識的持續轉變
44。所以,對於網頁與討論場所無法協助包容型式的社群出
現,以及智識關係無法作為包容性的制度安排,我們並不用感
到訝異。加速反思性意味著它們將被賦予高度懷疑45。於是網
際網路的使用,對於包容性組織的幫助,是在於它發掘並使用
各種的區域知識,並利用這些知識以追求可能的潛在利益46。

組織文化內的自主與責任

我將處理的第三個主題與風險管理相關的是組織文化內的
自主性與責任。作為組織的一部分,組織成員應該擁有什麼樣
的權力以及負擔什麼樣的義務?在簡單現代化的情境之下,組
織成員的自主性受到某種普遍信念的剝奪,這種信念認為如果
每個人都根據自己的意志形式行動,勢必帶來混亂。這種信念
導致某種特殊的道德壓力,這將有助於組織整體進行有關於責
任感的選擇性失憶症的複製,尤其針對那些觀念與權威階層規
則與目標不一致的成員。

然而,促進組織內部更高的自主程度,並非意味著參與組
織的成員就能夠隨心所欲的行動。現代組織的「敞開」必須被
理解為組織文化內部各種領域間,同時對於自主性與互賴進行
的協調47。因此,網路科技的使用應該鑲嵌於幫助讓自由與責
任取得平衡的制度安排,就像的德沃金(Dworkin)曾經說過
的,自主性會受到個人爭取平等重視的能力,個人利益和偏好
的角度並經由願意透過並未預設目標的對話,來消除利益間的
碰撞而得到激勵。48從這個角度來說,現代組織的行動其實構
成了一永無休止的漩渦,當中則是自我組織與混亂,形式與改
革,實踐與掙扎間的流動和對抗,而正是此一過程支撐了組織

的能動性。

社會性建構的組織脈絡核心

　　與風險管理有關的最後一個主題是社會性建構的組織脈絡核心。若要理解網際網路的本質，以及它對於組織文化的影響，就必須在組織所控制的制度安排中，替網路使用的特殊歷史與地理環境尋找定位點。因此，網際網路使用的模式通常必須與既存的傳播模式取得妥協。在不同的案例中，政治、經濟和網際網路的使用，都是經由不同的方式被湊在一起。這些新的傳播科技看來將帶來去中央化的生產以及象徵符號的傳遞，我們仍必須謹記這些過程，也標誌出結構化社會關係和訊息生產與接收脈絡的複雜性。

　　與其認為網際網路將讓我們忘記我們到底身在何時以及身處何處，我認為哈維正確的指出這些科技也讓我們對於世界的空間所容納之物，變得更為敏感與獲得更多的認識[49]。舉例而言，組織內部的知識分享，通常在那些成員有高度求知慾的組織內會較為成功。在成員擔心有可能遭到裁員時，人們較不傾向分享可能會顯示出他們的錯誤訊息。除此之外，當網頁、討論所以及電子郵件提供個人許多新的組織行動與分享訊息的途徑時，成員們也會嘗試著藉由其他方式參與遠方的事件。因此，組織敞開的程度以及自主和互賴的模式，均倚賴於網路使用時所座落之社會階層化的制度安排。當組織和個人試著利用網路使用權威時，無論是內部網路或外部網路，其他人均可以要求他們為自身的說法提出辯護。在這樣的過程中，他們就可以發展出策略，繞過所有的障礙物，使得這類黨派式的掙扎更難被扼殺。

網際網路使用發展的四項特點，作為風險管理的替代性取徑

　　如果使用網際網路的優點不會自動出現於組織之中，那麼當代組織如何將使用網路科技視為積極面對風險的方式之一，進而強調網際網路的創新所帶來的發展機會？我試著說明與網路使用相關的發展，將四種相互關連的特質帶入制度機器之中。這樣的安排必須和所有的傳播領域嚙和在一起，也因此與湯普森曾經描述過，而本文在前面也曾提過的三個交織的時空調和安排有關：其中包括訊息的生產脈絡，訊息傳遞的脈絡和個人、團體與組織作為訊息接收者的脈絡。這四個相關的特點是：（1）使用網際網路科技鼓勵反思性的參與；（2）使用網際網路科技鼓勵富生產性的參與；（3）使用網際網路科技增加組織的包容性；（4）使用網際網路科技降低損害[50]。

以網際網路的使用鼓勵反思性參與

　　組織的掌權者正逐漸緩慢的明白許多其他人：包括組織內部以及外部領域者，正試圖使用網際網路科技以製造權力，好讓這些他者能夠藉此將過去無人聞問的議題拉到前線，成為炙手可熱的議題。網際網路的使用提升參與和行動主義的擴展，給予其他組織、個人與團體更多前所未有的選擇。

　　如果組織以網際網路的使用作為積極介入風險的一部分，那麼它們必須利用網際網路協助傳播外部與內部智識關係的建立，以及促進對話的進行。只有採取這樣的做法，組織才有可能讓參與者所具備的天賦與能力得到完全的發揮。若只是一味的閃躲積極參與以及忽視監督呈現於網路的意見，組織將會發

現本身的利益受到損害，對於他們活動的信任感也將蕩然無存。

　　網際網路、內部網路或外部網路上的網站必須被理解爲反身式的計畫，這些網站與建構它們的組織有著複雜的關係。因爲這些網站的特質都與組織想要如何打造、傳達本身相關。這些網站所鼓勵的參與模式，包括由上至下、由下至上、邊緣式以及發生於組織外部傳播領域的各種互動類型。互動可以是一對一、一對多或者多對多，依循實際時間或者有些延遲。互動也涉及自動的訊息傳送系統，例如資料庫或者自動的電子郵件回覆設備。

　　帶有組織訊息的網站可能因爲無法利用此媒介互動潛能，而導致其社群性的衰弱。組織採用這類網頁發展出強烈連帶的能力，也因此遭到嚴重的阻礙。這些網頁不會以「聆聽性組織」的形象現身，因爲這個組織無法讓造訪者認爲自己的來訪使得一切有任何改變。最後，這樣的網站越加可能包含使用者不需要的訊息，或者以使用者很難連結的形式建構。具備這種特質的網站通常也很難搜尋。這不只是因爲它們無法與使用者產生互動，也因爲它們代表的社群的脆弱，像是缺乏與其他網站的連結以及沒有發展出互惠的推薦關係等等。因此，這些網站通常具備高度的內部聚焦性質，有時甚至沒有可供離開該網站的連結。

以網路使用發展富生產力的干預

　　當組織希望利用網際網路作爲積極面對風險的一部分，所必須整合的第二個特點是發展有生產性的干預能力。組織必須利用網際網路允許個人與團體在整體的社會目標脈絡之下主動

創造事件，而非靜靜等待事件的降臨。然而，與此同時必須注意的是，倘若個人或團體放任自己在這樣的組織文化中載浮載沈，那麼使用網際網路所可能帶來的優點，將無法得到具體實現。在這樣的觀點下，網路組織需要更多而非較少的管理。當組織尋找新方式保護組織的參與者以對抗風險的新樣態時，組織必須採取一具有生產性的方式來協助這些個人。最後，當那些位於權威層級頂峰的成員不再知道什麼是最佳的做法時，他們便必須採取更積極的角色，並加強對於人類資源與基礎建設的投資，讓它們能對區域性的需要更為敏感。

因此，使得網路科技為當代的組織以及所有參與其中的成員帶來值得玩味的挑戰。儘管個人與團體經常紀錄著以精算方式解決問題的結果所帶來的挫折，他們卻尚未經歷過控制過程中的主動性與共享的性質。在過去，組織內部的團體與個人已經變得過於接受慣常的做法，無法發現更廣泛的可能解決方式，而這些慣常的做法並未考量他們的需要與所處的環境。相較於讓內部網路與網站以理所當然的形式現身，那些將要使用網際網路的人們必須積極的參與以及思索網路的設計、設備、評估與改善。在網路組織中，傳統的角色已然改變。

在發展生產性干預機會的過程中，組織必須重新分配決策的可能性，以及重新定義位於各種傳播領域特定位置的人們，所可能採取的策略性劇碼。透過這樣的做法，組織也將開啟新的不確定性。我認為，絕大多數的不確定性，與組織如何選擇以參與的方式，組織本身內部與外部的過程有關。指引的規範允許個人與團體使用網路科技得以充分的分享知識、監督、接觸其他人不同的想法，以及根據訊息做出決定。

究竟應如何發展富生產性干預機會的例證，或許可以轉譯

為更為實作層次的關懷，而這可以由那些不是藉由封閉的專業圈發展出的組織網站和內部網路各設計看出端倪。舉例來說，儘管某種形式的控制是必須的，以便過濾錯誤的訊息或者將內部網路或網站帶回足以管理的部分，但是任何直接的控制卻會損害網際網路的功能。就這樣的觀點來說，接受這些挑戰的內部網絡和組織的網頁，其活動彷彿陷入返老還童與衰老的無止盡循環中。它們的網頁並非被設計用來給予使用者「所有他們需要知道的」特定主題的訊息，而是更關注於協助人們以「接下來會如何」的訊息做出決定。這是一個相對開放的過程而非刻意朝向未來的殖民。

以網路科技增加組織的包容性

　　組織希望利用網際網路作為積極面對風險的一部分，所必須整合的第三個特點，是利用網際網路讓組織、團體與個人建立更具包容的組織性社群。這些能力有助於根據智識關係建構新策略聯盟與連帶的類型。想要幫助現代組織在問題情境不斷改變的漩渦中尋找其定位，必須有行動的自主性以及組織成員的積極參與。在這些沉重的情境中，只有位於當代組織頂峰的成員能成功的利用類似網際網路的科技積極的與他人合作——這同時包含組織之內與之外的成員，掌權者才能維持其權力。除此之外，當現代組織的能動性持續瓦解權威的傳統形式時，組織便需要透過類似網際網路等科技，由下至上的建立起聯盟，以回應新型態的風險。

　　策略聯盟的參與者被賦予某種權力與責任以便造成積極認同的產生。因此，創造出更具包容性的組織社群不只引起科技性的問題，使得組織必須讓成員有平等的連結機會。它同時也

會造成整合成員的問題,成員將在組織的實作過程中,透過眞實與理解式的參與,認知到他們的權力和責任。

　　組織傳播中,可能的策略性角色扮演有重新定義的必要性,也因此某些網路分析家將過去屬於組織內部特殊的角色位置,定義爲重要的傳播角色[51]。然而,網際網路的使用意味著絕大多數的個人現在可能在他們的互動過程中,扮演超過一個以上的角色。首先,較具包容性的網路使用形式將鼓勵個人扮演使用者的角色,接觸以及瀏覽網路上的資料。其次,個人會被鼓勵如作者般的行爲,爲其他使用者帶來更多的訊息內容。第三,個人不只被要求生產訊息,他們也必須像出版者般的活動,讓訊息內容爲其他使用者所觸及。最後,科技有助於創造豐富與獨立的訊息,將導致使用者搜尋訊息時的無效率:個人因此被鼓動採取訊息掮客般的責任。因此,他們發展出一連串的技術與程序協助其他的使用者搜尋他們所需的訊息,這些技巧與程序通常牽涉到廣泛的過濾行動,像是網路訊息的收集、評估、告示、再出版與宣告。

　　任何使用網際網路、內部網路或是外部網路,以利其成功的將權利和義務加諸於其參與者身上的組織,都具有以下幾個特徵。第一,它必定會積極地讓成員對網路產生興趣,並使用網路。這個層面涉及基礎建設的創造,並且必定牽涉到訓練成員如何使用網際網路。因此,會讓使用者「迷路」的網頁並不能促進包容性質的開展。舉例來說,這個層面同時意味著,組織必須紀錄使用者如何找到該組織的網站。有時這個問題可能牽涉到在非網際網路的媒體上,告知使用者某網站的存在。第二,組織將確保收納於該組織的網站與相關連接軌道,都有將使用者的利益納入考量。這個層面可能牽涉到定時更新網頁以

及對於故障連結的檢查。第三，組織必須展現出該組織內部網
路的使用者或是網際網路上的網站參觀者，感受到自身的造訪
確實會造成轉變或饒富意義，即使有時這只被侷限於給予使用
者一個回覆的電子信箱地址。舉例來說，要讓使用者對某個內
部網路另眼相看，組織必須建立某種包容性的態度，允許使用
者本身能生產內容以及公布訊息。第四，有某些原因將導致組
織在某些部分必須限制參與使用者的自由，而這些因素將導致
激烈的辯論。這四個特質在促進組織的包容性時，都扮演著一
定的角色。

使用網路降低損害

　　現今對於建立組織的對話、自主性以及新連帶形式的旨
趣，再一次的顯現對於由網際網路所帶來影響人類聯繫的複雜
機制急需更為適當的理解。然而，同樣重要的是我們在這個過
程中，所可能遭遇到的問題與緊張。如果組織希望利用網際網
路作為積極面對風險的一部分，它們便必須結合這第四個特
點：確保損害的限制與控制。組織、團體和個人必須發展出方
式以描繪、監督各種與傳播領域交錯的時空邊緣，此外他們也
必須對於各種與之相關的壓力與緊張有更敏銳的觀察。他們不
只要尋找當危險事件發生時，如何使用網路加以處理的方式，
也必須在網路暴力和衝突爆發前，針對其來源先行處理。

　　網路暴力與衝突是非常複雜的議題。介於網際網路或內部
網路使用者之間的價值碰撞通常也只能採取有限的方式解決。
第一，個人可能會主動的離去或相互閃躲。第二，在制度層次
上，舉例來說，有組織的隔離可以藉由安全系統阻止直接互

動，避免具敵意的個人或團體打照面。然而，在一個劇烈全球化的社會中，以及網路科技的固有特質，這些可供選擇選項明顯變得越來越少。即便有部分的例子顯示出我們或許能製造出電子化的隔離，但是仍沒有辦法非常成功的隔絕組織、團體或個人。

這些限制讓我們回過頭來思索藉由對話和其他協商機制，緩和這些衝突的可行性。加登（Laura Garton）與威爾曼（Barry Wellman）。解釋電子郵件對於非口頭訊息的簡化，和訊息位階的壓制，將因為其有助於不一致行為和爭論的發展，而有礙團體成員共識的取得。即使是在實際的工作團隊中，彼此傳遞的電子郵件內容通常也是魯莽無禮的，裡頭可能充斥著一些不入流的「煽動」性言詞，例如咒罵和侮辱。但是我認為只要是處在參與者彼此具有高度匿名性的狀況中，無論是在網路世界或者共現的情況下，成員間是否必須針對差異進行協商的壓力大小，就和那些成員的時空經常交錯發展的狀況有很大的差異。經由對話和協商機制以降低衝突性的成功與否，端賴於個人和制度脈絡被鼓勵擁抱四海一家、開放的觀念，以及說服他們追求積極信任與認同的程度而定。

然而減低損害的機制卻必須避免扼殺或阻礙對話與思考的進行。在現代組織文化中，我們很難將風險與不確定性加以定義，更遑論是予以羅列、排序和評估。在這樣的情境下，網路衝突便擔負起將實際與心照不宣的知識，轉換為論辯式知識的核心角色，或許甚至能加強與改善支撐特定行動論述的主張。無疑地衝突也能讓個人、團體與組織能夠重新認知以及動員支持他們行動的力量。

一個組織是否成功的將其對於降低損害的關切，轉譯為實

際層面的網路使用是可以辨認的，舉例而言，我們可以觀察這個組織是否有能力在網頁上公開的強調敏感議題。若一個組織這方面較不成功，表示此組織所採取的是分離的位置。在這個例子中，討論可能在別處上演，有時可能會在別的網站或新聞群組中，而這個組織便會顯得愈加不負責任和難以理解。通常當衝突即將爆發前，我們都可以在組織網頁的討論區嗅到火藥味或些許端倪，等到發言者們開始惡言相向後，組織就再也無法置身事外了。譬如說，組織絕不能放任偏見的存在，當某參與者憑藉特殊群體的信念而做出道德評判時，就必然會受到責難。

　　上述四個特點說明網際網路的使用，如何能夠被直接的用來建立組織場景內行動與互動的新形式。如果我們不僅將網際網路視為分配訊息的另類工具時，網際網路的使用將被用來作為處理過去無法有效控制風險的積極手段的一部分。這些新的互動與行動的形式，無疑將衍生出新類型的風險與不確定性，但是它們卻也顯示出風險並非永遠都屬於負面現象。若網路的使用能夠帶有這四個特點，便有助於將風險的概念重新定義，並將之視為「生氣勃勃的原則」[52]。就組織來說，已經與傳統形式的監督、傳統的區域設計以及傳統組織時空的安排分離，這些特點將協助組織強化由網路科技帶給組織的創新機會。這四個特點也有助於我們將焦點擺放在從事這類努力時，所可能遭遇的問題類型。

　　總而言之，作為更積極的處理風險的一部分，網路科技的使用意味著面對面的接觸仍將是組織傳播相當重要的一部分。哈樂沃（Edward Hallowell）寫道：「缺乏人類的時刻—在組織的範圍內—將造成怒濤般的破壞」；他並且強調結合「高科

技與高靈動」的重要性[53]。他表示，這樣面對面互動的時刻，是創造互信與義務的基礎。

策略性的使用網際網路

截至目前為止，我將焦點主要都集中在將理論性的血肉，加在組織所使用的網際網路核心之結構性架構上。而現在我希望著重說明這些理論性反思可以被擺放在實証的工作中，讓我們能夠透過更廣泛的方向和目標，理解組織們使用的網際網路技術。為了使這個討論更為具體，我將仔細檢視組織所使用的網際網路，企業內部網絡和外部網絡的一些矛盾例子。

我在這裡討論的例子都和網際網路以及計畫的理想型直接相關，而這些都對於民族國家，經濟組織，社會運動和更多傳統組織模式，例如家庭，教堂和學校的發展佔有核心位置，而他們都試圖去管理風險和不確定性。我的目標是說明將網際網路當作文化傳遞的形式，是如何協助我們在頌揚和厭惡之間，以一種更為小心翼翼的方式駕馭之，網際網路讓我們能夠知道哪兒有危險埋伏，哪兒我們應該切斷無知狀態和非預期性後果間的連結。後面的分析並非希望做出規範性的評論，而是希望點出使用網際網路的特殊模式，可能為我們的制度化脈絡帶來的某些後果。

民族國家行動者的網際網路使用

現在，大多數國家的政府和行動者都使用網際網路科技，並且都以各種不同的理由來從事之。舉例來說，他們使用網路來從事國家內部和外部的溝通，或者他們使用網路來進行與人

民和其他組織的溝通。為了證明它們，我選擇檢視兩個網頁的使用：新加坡政府的網頁和英國王國政府內閣的網頁。這兩個網頁都希望讓他們的使用者理解其主要活動。每個網頁都流露出所設立文化環境的氣息，以及這些傳播媒介在政府的操作下以不同的方式呈現。

新加坡政府的網頁：訊息的自動化傳遞

　　新加坡政府的網頁支援訊息的傳遞，以及全方位跨政府部門的提供大眾和企業服務[54]。換句話說，新加坡政府的網頁是一個「能夠提供各種商品的店鋪」（one-stop shop）包羅了多種政府服務，讓人們可以快捷的接觸服務，有時甚至可以直接回應人們的要求，一天二十四小時，一個禮拜七天都開放。這個網頁能夠簡化和自動化許許多多規律的流程，因此特別在訊息傳遞的領域中，可以降低人為操作和文件管理的需要。新加坡政府網頁是一個清楚的例子，說明政府如何利用系統化的風格來組織其訊息，這樣一來，可以公開的資料就以電子化的形式持續提供，而這樣的形式也勢必展現出政府的競爭力和開放性。

　　然而，雖然可能會有人認為此網頁顯示的政府精算性和效率性已經登峰造極，但它卻並未以任何形式進行兩造的對話和討論，因此也就鮮少鼓勵反思性的參與。使用者可以填寫制式化的表格，並傳遞電子郵件給政府的職員，然而這個網頁卻未在任何地方提供他們討論政府政策和活動的可能。個人只能傳遞私人電子郵件，給那些和他們的想法和觀點密切相關的政府職員或部門，而這些可能根本得不到回應。而首相辦公室的網頁也只不過是對於此辦公室在政府角色作一正式的描述。而且

首相的網頁也集中在本人的生命史和生涯。除了提供使用者有關政府的重要訊息之外，我們很難想像這個網頁如何與資訊部所宣示目標連結：「網頁是用來協助告知，教育和娛樂民眾，追求國家性的目標，讓新加坡成為世界的中心城市，並建造一個經濟活絡，社會整合和充滿文化生氣的社會。」

英國內閣的網頁：讓你暢所欲言

就像新加坡政府的網頁，內閣網頁也提供使用者有關首相和英國政府部門的消息[55]。它也一樣提供許多和政府部門工作有關的其他組織和制度網站的連結。這些連結也標誌出英國政府公開期望維繫的策略性聯盟。電子報的服務透過定期自動寄發最新的政府訊息給表示有興趣的使用者，大大擴充資訊的傳遞。

不像新加坡政府的網頁，英國政府的內閣網頁不只提供訊息以及允許電子郵件的回應；它還積極的鼓勵以各種不同方式進行的對話。就在首相的歡迎詞內說道：「這個網站讓你暢所欲言。參與討論區，或者在我們五個公佈欄的其中之一問個問題，並等待回答吧……」這個網站同時也包括一份問卷，其中的問題像是：「你是否希望本網站作任何的改進？」第一個廣播欄包括和英國首相進行現場對話。他將回應以電子郵件所傳遞的問題，當廣播頻道進一步改進後，則以公告的方式張貼。討論區允許廣泛和更積極的參與政府政策和活動的公共討論。使用者可以藉由點選標題來瀏覽既有的討論，回應他人的觀點，或甚至自己開啟一個新的話題。為了參與討論，使用者必須登錄某些個人的資料。參與時，使用者被要求，「提供有用的、重要的和值得尊敬的文章，以提高對政府議題公開討論的

價值。若發表蓄意毀謗的文章，則登錄者和它的文章將由討論區中被刪除。」但究竟什麼內容構成這裡所稱的蓄意毀謗文章，則沒有被清楚地說明。

現在讓我們集中於這些討論的其中之一，關切的重點是犯罪和失序法案以及政府的修正法案同意同性戀的年齡，也將與異性戀者相同。當下議院的議員於一九九八年六月二十二日壓倒性的通過同意的年齡時，上議院的議員卻於七月二十二日拒斥了這項共識。這使得修正案被移除，且因此過去的法案繼續獲得批准。

關於這個議題最早的討論在七月二十二日被發表於英國政府的網頁上，馬上就有超過一百篇其它的回應出現。但是，由於此網頁僅只列出「健康，福利，國際事務，經濟和教育」作為討論項目的分類，故關於此修正案一系列的討論就只能勉為其難的在「健康」的項目下展開。也就因此導致衝突的發生，一位發言者就指出，「我想這個項目是關於健康。對我而言，這一連串由同性戀者發起的討論，根本就極端的不健康。他們幹嘛不好好的窩在屬於自己的網站裡頭，把這個政府網頁留給體面點的人。」（七月二十六日）。對以上這段發言，另一位使用者回應道：「我對於此網站不『屬於』我的這種觀點感到困惑。我要提出最顯而易見的原則：我在英國出生和成長，我在這裡工作並按時繳稅，對於這個國家的律法循規蹈矩，投票等等……我或許該把這個評論發表在『人民權利』的項目下，但這兒壓根也沒有這個分類。」（七月二十八日）。由於這些爭辯並沒有從討論區中被刪除，因此這種努力爭取人性想像的社會群體顯然獲得勝利。

然而大多數的發言者，透過關於同意同性戀年齡的話題以

關注本身的處境，催促下議院採取更為強硬的立場，以翻轉上議院的選票分配。有些發言者甚至自願現身說法以釐清他們十六、十七歲時的經驗。一位使用者就寫道：

> 我的許多朋友們在這段時期都開始約會，留下我一個人顯得更為孤單和疏離。當時我所能接觸到的訊息只僅限於當地的報紙有關於警察在靠近公園的公共場合遭到襲擊文章，而這個地方被稱為「眾所周知有許多同性戀者聚集之處」。我愚蠢的到這個地方，希望能夠找到某人談談。（七月二十四日）

其他人則指出下議院和上議院的衝突並不只是男同性戀者的問題：「而是一個關於不被選擇和不具代表的身體，擁有影響民主的能力，故必須獲得英國每個男人，女人和小孩對此議題的注意。」（七月二十四日）。

家庭署的目標在於「建造一個安全，正義和相互包容的社會，在此，個人、家庭和社群的權力和責任都得到適當的平衡和保護，且公眾的安全都得到延續，」奇怪的是政治家們本身並沒有參與這一系列的討論。此外，也沒有清楚的證據顯示家庭署有透過這個網頁來限制這些殺傷性十足討論的負面後果。政府因此允許本身引入一個新的法案來均等化同意的年齡，並藉由下議院投票傳達此意念，推動在議會中的影響力。

對於英國政府網頁提供的機會，一位使用者曾懷疑的評論道：「根本沒有任何位掌權者真的閱讀了這些評論！所以我給你的答案是，別鬧了！」（一九九八年六月十九日）。然而這種觀點，卻恰好與首相布萊爾於一九九八年十月在公開討論中所傳遞的想法想反。這個討論集中於「融合且拉近中國和西方的

聯繫」，而德國總理傑哈德許洛德（Gerard Schoder）也在這場討論進行的三個星期間，發表許多文章和回應。在討論會閉幕時，首相就提到：「我興致勃勃的閱讀你的觀點……我們現在將對討論做出一個總結，並公開刊登於此網頁上頭。」但這兩種觀點卻都蘊含著問題。第一種觀點顯示出使用者的失望，這類人預設應該被聽到的權力其實被拒斥。第二類觀點則展示出不切實際的樂觀主義。當中國和西方間的關係是一個全球性的議題，而網際網路是一個討論應該如何著手的絕佳地點，但這種討論形式卻只能夠被總結統合，因為畢竟只有少數人知道討論正在進行，且因為更多人甚至還沒有連結到網路世界。

　　以上的評述並不意味著這些網站最好只將自身限制在消息的自動化傳遞而已。當然也不是希望我們應該重返到早期公告的情況，再去考慮廣播台播報者適合度，羅德瑞斯就說：「我偶爾會看到男性播報者……他們的背景，要不是專業性就是社會性的，而他們播報的品質，往往是值得懷疑的……只有那些想要向他的追隨者發表宣言者……才應該被安排在節目中。[56]」兩個網頁的比較結果顯示的，主要是政府使用網際網路向個人，團體和其他團體請益的方式，政府對於熱門議題的反應方式，和政府與個人等協商的方式也應該被重構，以具體化上頭討論過的四個特徵。網際網路的出現與更加具備反思性的市民出現相互交織。紀登斯寫道，民主化，「是勝利的民主，而當中的不平衡應該被強調。[57]」在網絡聯繫國家的時代裡，朝向一個更為世界性國家和更為包容的市民性格的方向移動，也表示將採取更為積極的步伐改善人們與這類網頁的親近性。截至千禧年為止，英國政府內有百分之十八的人民，而新加坡有百分之十五的人民使用網際網路，看來仍舊還有一段距離必須

努力[58]。

經濟組織：使用網際網路

和政府及國家行動者一樣，有許多的經濟組織都正探索並發展網際網路科技的機會。在這個部分我將討論四個例子，前兩者是由電子貿易的領域中選出。電子商場的性質極端複雜而且其中的網路使用也觸及了網際網路的各個面向。譬如電子商務可以被等同於商店對商店間的市場來理解。他也可以與商業訊息服務的市場相提並論，比方說他從事的服務可以是獲得顧客的訊息，再將這些消息以行銷目的販售給其他人。有時候，電子商務甚至指的是我們在網頁或搜尋引擎上頭所看到的廣告。在這裡我選擇討論的電子商務例子主要是以網頁爲基礎的零售業。首先觀察一個義大利線上購物城：「義大利之光」（the Best of Italy）。其次則觀察許多可以在網際網路上找到的電子書城之一：「布列克威爾線上書城」。

在前兩者之後，經濟組織使用網際網路科技的第三個例子，我則將討論企業內部與外部網絡。於此，我將說明英國沛特雷姆石油公司用多種方法運用內部的網際網路。

在經濟組織的最後一部分，我將研究殼牌石油公司如何使用它的網頁來顯現團結負責感，並參與和某些批判運動及特殊利益團體的對話。

義大利之光網站：培植信任

有愈來愈多經濟組織將其網頁當作虛擬的商店門面，而其他經濟組織則群聚在一起，形成一個虛擬購物城。義大利之光網站就被設定爲一個網路商場，在這裡空間被許多供應商所租

用[59]。此網頁背後的基礎構想，是希望能夠消除中盤商包括代理商，進口商和零售業者，希望能夠降低貨品的競爭價位，並以此吸引顧客。

這個網站同時創造了一個供應商的網路，以及屬於消費者的網路。「血拼者」可以藉由網頁瀏覽正在特賣的產品，大部分都是義大利製的高級產品，消費者可以透過電子化的方式，隨著他們的購物選擇來裝滿購物籃。他們也可以在線上使用信用卡付款，那麼商品就可以經由快遞配送到府，無論他們在世界的哪個角落。就供應商的角度而言，利潤來自義大利之光網頁提供的服務，同時還來自與其他供應者的合作關係，因為這讓他們可以比孤伶伶的販售時期吸引較高的可見度。

義大利之光網站引起了幾個與電子商務有關的有趣議題。首先，這類網站的成功必須大大倚賴於它們和消費者發展出強烈連帶的能力。由於義大利之光網頁和支持它的顧客群並不相互熟悉，就導致了一些重要的問題，而且此網頁也試圖藉由某些手段解決，例如，提供「退費保證」，各種付款的安全系統，在義大利的地址和電話號碼等。即便是一個相對更為人所熟知的零售商，如英國的超級市場連鎖店魏特羅斯，也偏好透過一個內部網狀組織為雇員提供服務，而非在開放的網際網路介面。這是因為他要讓他們能在安全和信賴的環境、最有效地方性方式下配送貨物[60]。許多網路的零售服務其成敗與否都端視消費者使用網際網路的經驗，因為消費者可能將他們在某網頁的經驗與其他更多網站連結在一起。

由義大利之光網站衍生出的第二個議題，是它如何蒐集有關消費者的訊息，並且讓顧客會再度瀏覽而且購買商品。網站能夠由造訪者（visitors）所得到的消息愈多，那麼網站就能更

有效率的瞄準消費者的需求並加以服務。但是，網站蒐集訊息的動作卻必須和是否損及消費者隱私間取得平衡。直至千禧年末了，許多商業網站仍只能蒐集關於造訪者十分稀少的資訊。當有些網站利用「記錄」（譯按：瀏覽器內個人瀏覽之記錄檔）或電子標籤置於造訪者的電腦，來監視造訪者所造訪和接觸的網站，許多商業網站卻甚至無法提供一個電子郵件信箱，這使得消費者希望主動提供訊息時，變得十分困難[61]。這樣的窘境急需改善。義大利之光網站留意到消費者對於隱私的擔憂，它們邀請消費者在購買商品時，必須作的動作便是登錄為網站的消費者。當消費者再度來訪時，便可以加入各種折扣活動。然而，消費者被要求提供的資料仍舊非常有限，而且並未被告知這些問題為什麼重要。這個網站的額外特色是有一系列為旅遊者精選出的連結，提供有關義大利的資訊。但這個資訊中界者的特色卻無法完整的連結到許多網際網路使用者用其他方式可以接觸到的其他網頁。更有甚者，當這個網頁希望吸引許多高流行意識的主顧時，網頁本身的安排與設計卻顯得沈悶無趣。內容是以條列的形式展現，也並不試著重新以符號的方式表述購物城的經驗，或者利用「血拼者」大多窩在相對確定的自家中瀏覽這個事實。這類的網站不只必須展示本身的值得信任和整合，同時也必須積極的讓供應商和消費者相信他們都可以由此獲取利益。在這個網路連結上，競爭者輕而易舉的就被小老鼠卡嗒卡嗒的趕跑了（譯按：作者使用『mouse click』一詞，指消費者使用滑鼠購物時按鍵的聲音，就象徵著贏過競爭者）。

布列克威爾線上書城：強化已經建立的聲望

　　使布列克威爾線上書城成為有趣例證的有兩個原因。首先，他證明了一個已經有基礎的零售商，如何利用他長久以來的聲望，並將之轉化為網路的策略優勢。一八七九年，班傑明亨利布列克威爾在英國牛津開設一家書店。截至一九一三年，海外客戶群就佔了布列克威爾百分之十二的銷售量。今日，布列克威爾線上書城使得他能夠接觸的顧客量大幅的擴張，也能夠統整更多關於他們的資訊，更有效率的將銷售瞄準這些顧客，也因此提供他們更多的服務項目。這個網路書城同時也證明類似網際網路這種「新中介」，為什麼沒有取代過去印刷和販售圖書的傳統方法，反而卻加以延伸並強化之。

　　當布列克威爾可以立基於它的安全聲譽上，利用網際網路將它賣書的內容和技巧取得前所未有的能見性，但這些卻都不代表他可以在其活動中，忽略必須積極創造信任這一點。布列克威爾充其量不過是網路上眾多書商之一。它只能透過新科技來為自身和顧客創造價值，並預防這些手段被競爭者們取得上風，以成功的奪回權力。布列克威爾嘗試多種方法。首先，線上書店將布列克威爾公司的網頁劃出一部份，在這裡他也提供圖書館的使用者，圖書館員和出版商服務，同時也提供有關全球各地此書店的資訊[62]。其次，線上書店允許消費者自行搜尋或瀏覽圖書，並取得有關書籍供應狀況和價位的訊息。第三，線上雜誌通知消費者新書快報或甚至提供某些新書的摘要與片段。第四，提供各色各樣的服務，由絕版書的服務到禮物包裝書籍，並以禮物的形式寄出。第五，服務方式的改變讓線上書店可以建立消費者的資料檔案，這讓布列克威爾不只可以瞭解它的顧客群，同時也可以顧客曾經點選的主題分類為前提，通知他們新書資訊。

網際網路上急速成長的虛擬店鋪和虛擬購物城，同時讓競爭者和消費者能夠取得價錢比較的訊息。此外，這些服務也讓消費者。

> 看到更多更多的上游資訊，藉由商品貨物的清單，訂單的流程概況，存貨量，以及其他過去隱藏或業主私密的消息。關於市場商品，當消費者知道愈來愈多的選擇和替代項目後，他們的期待也就隨之上升：交易的多重面向——訂購速度和即時性，品質，訂作化，結構性，與既有環境的合適度，當然還包括價格——比起過去來得難以協商。[64]

討論至此，研究布列克威爾和義大利之光試圖販賣產品的不同點也顯得相當有趣。透過網路購買一本書和購買一台濃縮咖啡機之間有著顯著的差異。畢竟濃縮咖啡機是一種文化現象，而這是具體的商品，無法像書籍一般，藉由抽象形式加以組成。在網路上頭看中一台咖啡機後，我們仍然會希望知道操作的感覺，以及這台咖啡機煮出咖啡的口味如何。而且，在未來，書籍、錄影帶和CD都逐漸將透過數位科技傳遞，但類似濃縮咖啡機的商品卻仍然必須以實質的狀態被運送。無時無刻均能運送這類商品的能力，將成為重要的競爭優勢。

這兩個電子商務個案的顯著缺點，是他們都缺乏設立討論區。或許這些組織都沒有資源能夠親自積極的參與這類討論區，但設立這些討論區卻可以讓消費者彼此間相互交流，光是這一點就可能吸引顧客造訪這些網頁。譬如說，義大利之光可以讓顧客聚集討論義大利的流行資訊，或交換引起大家興趣的其他經驗。布列克威爾可以讓消費者討論書籍，或者邀請作者一起參與討論。這些討論中的有趣訊息，或許可以被用來改善

服務表現。

英國沛特雷姆石油公司內部網路/外部網路

　　當我們討論英國沛特雷姆石油公司使用網路科技時[64]，其實是將焦點由電子商務轉往企業應用內部網路與外部網路的討論。直到本世紀末，僅次於阿美可和洛杉磯的雅特藍提可瑞奇非爾公司，沛特雷姆已經成為世界主要兩個石油公司之一[65]。就像許多大公司的主席，約翰布朗尼長官非常關切組織知識根基的本質，並決定將此時由公司轉變為一個「敏捷的學習組織」[66]：英國石油阿莫可和雅特藍提可瑞奇非爾公司紛紛要求新業務流程，並使用溝通和資訊技術。讓我們檢視數個使用內部網路和外部網路例子的出現，這些技術讓組織內的個人可以一起工作，分享知識甚至跨越公司界線的藩籬解決問題。

　　當公司的雇員遍佈全球後，就導致他們很容易流失所擁有的技術和專門知識。當英國石油公司無法將最頂尖專家在某特殊主題的發現加以完善配置時，他們通常還必須額外雇用顧問，並且支付一筆費用。現在已經創立完備的全球親近性以及技術資料庫，這使得英國石油組織能夠掌握所有旗下員工的這些細部訊息。藉由公司內部網絡的連結，系統讓使用者可以從事研究，並將重要的公司資料加以保存。雖然有著顯而易見的利潤，但新資料庫同樣也衍生出新的問題。舉例來說，專家或許並不總是有空，或者願意為了解決組織其他部分的特殊問題，而從組織的某部分被派遣出去。然而，這個系統還是被期待每年能夠為公司節省數百萬的諮詢費[67]。

　　在員工之間共享知識的英國石油計畫其實早已存在。一九九五年發起的虛擬團隊工作計畫是希望能夠鼓勵不同的企業單

位利用內部網路（包括一個電視會議設備）交換資訊。這個系統有助於設計家，製作者，建築工之間跨組織界線的共同研究，而且可以大大減少員工們花費在旅遊的時間。使用者們也認為這類系統可以減少花費在搜尋訊息和決策的時間。英國石油知識管理團隊的領導者，肯特葛林尼認為視訊會議設備比起過去使用電話聯繫時期，能夠培養出更多的認同和信任感。這個公司還為員工開辦訓練計畫，讓他們學習此系統的好處，同時也說明如何它的缺陷。譬如說，視訊呼叫出現時，通常會導致個人立刻中斷手邊的工作。有時人們甚至會被那些來自他人徵詢意見的呼叫給淹沒[68]。

另一個更進一步的英國石油計畫，是環狀租賃外部網絡網站。這個公司過去使用中央化的船隻租賃計畫部門，來協調全球性的化學藥物運輸。過去，這個計畫團隊的成員精心策劃一個複雜的配置組，包括遊走全世界，協調各個英國石油企業的部門，並和運輸掮客溝通。運輸中介者會將有關船隻動態的資料傳真到團隊中，之後團隊便將這些資料加入報告中，而這些則將逐一傳遞到相關的企業部門。

時至今日，這些工作都藉由外部網絡來完成。這樣一來，英國石油組織就可以追蹤全球船隻和貨車的位置和動態[69]。正如計畫主管柯林佛司特解釋的，

早在任何船隻被租用之前，運輸活動的生命歷程就已經展開。單一的企業知悉在未來的某個時間點，必須運送某物，接著提早在環狀租賃系統的計畫中下單。這可以讓運輸中介者可以知道企業希望他們作什麼，也讓他們可以提前計畫，並確認船隻的調度。當日期到時，中介者就必須

任命一艘船，而企業必須確認它是否被置放在表單上。由此，運輸中介者就接手更新信息的工作，並真實的紀錄這些最新過程，以此修正每日移動的紀錄。70

　　英國沛特雷姆石油公司使用許多其它的內部網路與外部網路設置來改善企業的營運。例如，他們設立一個網頁，好讓雪弗蘭、運通、德煞可和英國石油共享計畫資料。並有一個內部網路設置，英國石油的海運銷售部門能夠利用此監視全球的市場燃料與潤滑油的配送概況。此外，另有方便行政人員公告新聞和資訊的內部網絡，同時也有助於自動化的傳送電子郵件新聞。失敗事件的資料庫則允許內部人員接觸完整的失敗資料，以便進行更複雜的分析和對於失敗經驗的完整歸納。有一個網站統整並宣傳對於主要石油和瓦斯等領域的研究發現，因此也免除舉辦討論會的必要性。最近，有一個網站紀錄器，讓內部網路管理團隊可以監視這類網站的數量及他們的使用狀況，進行責任歸屬分配，列出那些「經過認可」內部網路網頁的架構，並將他們的內容列表呈現71。

殼牌石油公司網站：減少損害

　　殼牌石油公司是我們最後一個討論經濟組織使用網際網路的例子72。最近幾年來，許多評論者討論殼牌石油公司，他們認為這個公司網站反映了某些組織面對行動主義擴張以及涉足批判運動和特殊利益團體的方式。以奈及利亞為例，殼牌石油公司被捲入石油產量豐富的歐根尼島的虐待人權事件。一九九五年，當政府處死肯剎羅威瓦和其它的參與環境清潔和歐根尼權利運動的行動主義者時，殼牌石油公司被控告濫用其影響力。另一段同年發生的插曲，是殼牌石油公司計畫將布蘭特史

帕爾儲油平台的丟棄廢物沈入海底。環境和人權團體都極力抵抗殼牌石油公司的舉動，而許多消費者則拒絕再使用他們的加油站。

上述便是反抗活動的背景，而網際網路則提供這些批判運動和特殊利益團體有力的舞台，讓他們可以藉此發聲和爲他們的關切進行論辯。一九九五年時，這些團體早已發覺這些機會，並且比殼牌公司更加快速的利用之[73]。然而，自此以後，殼牌公司的態度卻產生了一百八十度的大轉變，他們開始增加責任感和善意。一九九八年，殼牌公司發表了一篇報告《利益和原則—難道一定非得作個選擇？》[74]，藉此傳達並詳述新的說明計畫，一組維持水準的發展指南，並表示願意參與和那些批判公司活動的團體進行對話。

現在殼牌石油的網頁，其核心策略主要就是希望展現組織的責任感和善意。殼牌公司利用網際網路技術，同時嘗試著防止或管理任何來自公司行動的非預期性後果和傷害。這個網頁邀請使用者，

> 「告訴殼牌」……讓我們知道您對我們的想法，您希望我們作什麼改進，或者您在日常生活中會面對關於我們的哪些挫折。或許我們無法絕對同意您的觀點，但我們保證將嚴肅的面對……我們希望在作重要業務決策時，能夠將你在意的部分納入優先考量。

這個公司將它的「發言者的角落」，也就是網站中的參考區域，形容爲「被傾聽的文章」。有個網頁專門作爲「傾聽其他人的地點，我們所想的都可以圍繞著企業發展出有趣的討論。我們並不一定同意所有的觀點，但或許你有別出心裁的想

法。」這家公司嘗試解釋它是如何試著「藉由積極的公民性來平衡企業」：「假如我們可以平衡人們和地球的需要和合法性要求，我們將全力以赴。然而，殼牌石油公司不能對於經濟法則視而不見。利潤是重要的。貧困是對於環境最殘酷的蹂躪，破產則摧毀做出企業決策平衡的能力……」近來，殼牌石油公司在網站上架設了數個網頁，來說明他們在奈及利亞的經驗，並條列出他們是如何對於營運所在的社群做出貢獻。

　　但是，殼牌石油公司到底對於民衆「告知」的部分作了什麼？「在現實世界的決策，」殼牌公司的網頁說道，「總是必須依靠不完整的資料來作判斷……殼牌企業旗下有許多科技專家，他們熟悉支持決策的資料—當然也是不完整的。」然而，問題不只在於更努力的傾聽的：重點在於可能最後發現和我們談論的權威者，根本過去就能夠隨意操縱這些爭論的生殺大權。這些討論變得炙手可熱，並動搖人們過去合法性要求的定義，以及究竟什麼是保衛地球環境的重要手段。殼牌石油公司因此不只需要限制或管理損害性，也需要尋找新的方式來完成這個任務。

傳統組織模式對網際網路的使用和社會運動

　　在最後這個部分，我希望討論兩個由非常不同類型組織架設的網站。首先是以華盛頓爲主的團體架設的家庭研究協會網站[75]。大部分國家中，家庭的未來都是值得懷疑的。千禧年末，只有百分之二十三的美國家庭被視爲「傳統家庭」[76]。許多論者認爲現代媒體的充斥扮演著重要的角色，他們造成這類傳統組織模式的衰退[77]。雖然這類說法確有其洞見，但我們也不可忽略傳統組織模式同樣也可能利用新的溝通網絡，作爲其

轉型的推力[78]。我將在此討論的第二個網站也和性別與情感生活的改變有關。以倫敦為主的石牆網站，是一國際性的公民權力團體，致力於女同性戀者，男同性戀者和雙性戀者，在法律地位上的平等和社會正義。

家庭研究協會網站：推廣傳統家庭

家庭研究協會網站（FRC）將自己定位為一個非營利性的教育性組織，主要目標是重新確立並推廣國際性，特別是在華府中，傳統家庭單位和作為其基礎的猶太教與基督教共享的價值系統。此協會宣示要成為一個「前所未有，只致力於維護美國傳統家庭利益的組織」。它透過印刷品，廣播，現在甚至利用網際網路來推廣並捍衛傳統家庭。

家庭研究協會網站團隊的成員以他們身為所有家庭生活面向專家的姿態出現：傳播媒體，軍事，政府關係，家庭文化等。在這樣的脈絡下，這個網頁被用來散佈他們在多種議題上的觀點。舉例來說，「軍事敏捷計畫」反對那些「致力於解除雙性戀者不能服役的禁令，或致力讓婦女從軍，和其它將威脅損害我們軍事能力的『社會實驗』，因為這將使他們無法保衛我們國家的安全。」在它的文化專區，這個網站宣示要追蹤「美國強而有力同性戀者遊說的策略和花言巧語，以及他們持續進行對婚姻、家庭與兒童的重新定義。」這種反同性戀者的強硬態度在「家庭：朋友和敵人」部分持續發燒，在這裡家庭研究協會網站咒罵並批判它所謂的「十二個首要贊同同性戀的支持者」。包括AT&T，美國航空，美國運通，迪士尼，IBM，柯達和李維史陀（譯按：人類學家）都被家庭研究協會網站點名為支持同性戀者的行為主義。這些企業的總裁，管理者和首

長的個人住址都被公布，鼓勵網頁的使用者讓這些人知道他們在想什麼。然而，同樣的這些名單，也被同性戀者用來表達他們對於這些企業多元計畫和非歧視性政策的支持。

　　在家庭研究協會網站內最常被問及的問題部分，他們試著去列出像：「該作些什麼來重拾神聖的人類生活？」；「該作些什麼來減輕家庭過重的稅務負擔？」；「中國『最受歡迎國家』時的貿易狀態是否應該恢復？」且「和愛滋的戰爭是否應該重新展開？」

　　當類似家庭研究協會的組織利用網際網路來推展他們對於傳統家庭價值觀的特殊詮釋時，他們無法繼續伴裝沒有察覺當個人選擇支持他們時，也不過是個人所面對得各種多元可能的其中之一罷了[79]。傳統家庭的飄搖提供個人發覺其它的家庭形式。然而家庭研究協會網站，卻很少注意到這點，或甚至當他們的排外形式出現非預期性後果時，也很少加以處理。舉例來說，他們並不試著解釋他們拒絕同性戀納入家庭生活的理由。相反的，他們只藉由宣揚「美國家庭」來譴責所有的同性戀行為，他們將這些都視為「致命和不道德的」，以暗示性宣告繞過解釋的必要性。這種搶佔道德位置的作法，一旦面對類似網際網路這種互動性高的媒介時，就顯得不堪一擊，因為在那裡，這種立場獨斷性的本質很容易在討論過程中暴露出來。網際網路使得家庭研究協會網站的道德位置岌岌可危。

石牆網站：致力於包容

　　石牆網站於一九八九年成立，現在已經擁有超過兩萬個會員[80]。他們沿著政府，媒體，雇主，一定範圍的社會組織和草根團體發展。它的目標是打擊歧視和偏見，而非針對地方性的

政治黨派或任何單一團體。石牆宣稱「女同性戀者，男同志，和雙性戀者充斥於社會之中，而我們支持女同志和男同志付出的努力，他們希望本身的文化和傳統受到重視。」除此之外，「女同性戀者和男同性戀者目前在生活中隨處可見，而石牆則扮演著一個推動這種轉變的重要角色。」

石牆網站嘗試利用網際網路延伸和強化這種可見度。因此他告知使用者關於它的許多活動，包括所推動同等化同意年齡，終結工作場所的歧視，解除對於男同性戀者或女同志服役的禁令，保護他們使其免於遭受攻擊，並終止公共生活中所有排斥女同性戀者與男同性戀者的狀況。石牆說道，「假使我們被軍事排除在外，或者當我們被工作解雇。」「我們無法成為社會的一份子。」在這個網站的另一個部分，一連串討論有關「同性戀性交和法律」，「女同性戀和男同性戀雙親」，「相同性別的伴侶和補助計畫」，「大眾對於女同志和男同志權利的觀點」，「相同性別伴侶和法律」和「工作場合的歧視」等廣泛議題的事實清單。

石牆並沒有利用它的網站試圖駁斥任何特殊的個人或團體。不像是家庭研究協會，它並沒有判定任何人不合格。相反的，石牆利用它的網頁進行積極的運動，他們爭取平等的權力，爭取他們所謂的「家庭選擇權」，因為這被他們視為「最為根本的人類權利」。石牆的目標是「開啟重塑社會的過程，讓社會認同同志關係。不管同志養育幼兒或移民，領取補助或繼承財務，我們都宣示他們的完整公民權。」也正是因為如此，石牆對於網際網路的使用和卡斯堤爾那種令人沮喪的論點並不相同，卡斯堤爾認為這種社會運動的危機在於他們的意識將將持續窄化，並顯得支離破碎，最終轉為「部落」和「文化

團體」。石牆也並沒有因爲情緒化，獨斷性或偏見將外部者拒於門外，更沒有因此扭曲了理性討論的可能。

檢視這些組織使用網際網路的例子，我們或許可以總結網路無論對於組織本身，或者參與其間的所有人，都是一種混合的賜福。譬如說，我們可以支持史都華霍的論點，他認爲我們尚未擁有一個替代的工具，利用它「可以藉由這種方式取得好處，因爲人們藉此由傳統生活和思考形式的連帶中被解放出來，且仍然以一種自由和開放的方式對他人負責任。[81]」或許這些例子可能強化我們對於當前組織的某些恐懼，我還是希望證明，研究網際網路作爲文化傳遞的主要形式，將提供我們理解將發生什麼的寶貴觀點，甚至可能透過此嘗試著加以駕馭。

有兩點觀察特別值得一提。首先，所有使用網際網路科技者都「佔有和社會世界相互聯繫的位置，在此他們形成並重塑他們的行爲。[82]」無疑地網際網路科技擴展組織的領域，讓他們能夠深刻的滲入我們的日常生活，但卻同時提供我們重新擁有超越過去許多的可能性。

其次，使用網際網路科技的組織，逐漸不再受限於本身的地點、位置，同時在內部與外部都可開展，但他們的活動也同時變得比過去更加公開的受到監督和爭議。爲求大衆對他們活動產生信任，他們必須讓外界相信它們本身正致力於此。至少他們必須小心翼翼的駕馭在使用網際網路後剛獲得的自主性，和由網際網路操控和環境背景中油然而生的責任感之間的道路上。爲尋找兩者之間的平衡，他們被迫推動前述的四個特徵，但處在一個愈來愈不確定的世界中，這已經是他們可以作的最好選擇。

第六章

網際網路、自我與日常生活經驗

　　本文在前一章檢視了與網際網路有關的問題，以及網際網路的使用已經改變了組織文化。本文在本章將著重討論網際網路何以能豐富並改變自我與日常生活的經驗。自我與今日經驗中的某些突出特點，是現代時期（modern period）之初以降的一套基本轉型所致。隨著現代社會的進展，並伴隨著存於此間的制度性脈絡，自我必須加以反思性地建構。一如貝克所寫的，個人必須「製造，演出，與拼湊其自我描述。」[1]正如湯.普森所解釋的，歷經了現代性的整個自我型塑過程已經「漸漸受到透過中介後的符號素材（mediated symbolic materials）的薰陶，大大地拓展了個人所能獲得的選擇範圍，而且自我型塑與傳習而得的地方特性（shared locale）之間的結合紐帶正在鬆綁－但並未被摧毀。」[2]今日，在反思現代性的條件下，個人所面臨的，是必須使用如網際網路一類的通訊科技，並試圖重塑其對自我的籌畫（the project of the self），俾能在逐漸不確定的世界與熙攘世事裡駕馭自我而前行。

　　在此處，本文的焦點是個人，但對自我的籌畫及其所處的制度變遷，必須被理解成一個互賴的過程。因此，自我，是不會為單單在個人背後操控的力量所改變的。相反地，個人主動

並明智地參與對自我的籌畫。儘管如此，正如我在分析虛擬社群時所強調的，這種知識獲得（knowlegeablity）是有限度的，所以其行為的未預期後果總是有可能導致進一步的不確定性。若組織是透過參與組織的個人其有所知覺的實際作為而存在，那麼，若要了解和重新建構處於時－空裡廣泛的制度脈絡的生產與再生產的方式，其前提條件便在於恰當地了解對自我的籌畫。

在廣泛的制度層次上，本文的出發點是明確的。在晚期現代性裡，個人參與著各式各樣終局開放（open-ended）的社會組織。最終權威的敗亡，意味著人們像湯普森所解釋的，「逐漸退回自己的資源，以建構其自身前後一致的認同。」[3] 然而，當不斷擴張的通訊網絡史無前例地給予個人種種管道，得以在任何時間任何地點接觸各式各樣的資訊和通訊的時候，可供個人汲取以建構其自我感的秉賦與資源仍各有不同。因此，豐富並改變自我型塑過程的能力也高下有別。這些條件毫無疑問地為個人的人際來往與福祉、為其溝通方式、為其日常生活的經驗、以及為其建構自己的能力，帶來影響深遠的後果。然而，當我們試圖了解此一過程時，我們必須避免凍結關於人的自主性的解釋，而不應看到止於破碎生活中的個人；也該避免基於對人類能力的天眞看法而對未來大加讚頌。

本文希望在本章開頭，能檢視在晚期現代性裡，我們如何把自我視為一項符號性籌畫（symbolic project）。在這麼做的同時，本文將接著說明人們為了保有自我認同的連貫敘事所面臨的獨特僵局與困難。這些僵局與困難正是紀登斯所謂的「自我困境」（dilemmas of the self）。[4]

雖然剛剛才出現了某些嶄新而積極的，對自我型塑機制的

解釋；但其他解釋，特別是出自後現代文獻的解釋，看起來像是忽視了個人能主動解決「自我困境」看法。因此，在本章第二部分，本文想要批判地考察鮑曼所謂的「交纏而相互滲透的後現代生活策略」（intertwining and interpenetrating postmodern life strategies）。[5] 本文將把這些策略與我們會在網際網路遇到的各類型「性格」搭上關係。但透過內部網路或網際網路的通訊而採用這些生活策略，會大量減少個人本來能有的選擇：我們不必然同意鮑曼所宣稱的「後現代爭論的骨頭碎屑湊不出一副能夠包著非支離破碎的、連續一致而普遍共享的交鋒外皮的骨架。」[6]

　　透過本章前兩部分的批判背景，本文將於第三部分檢視兩份經驗研究，以考察經驗研究對這些事情的意見。每一份經驗研究都試著用自己的方法集中討論網際網路的發展如何能改變自我、經驗、與日常生活的溝通。接著，在結論那一節，透過將網際網路視同文化傳播的模態的結論，本文將解釋我們何以能產生進一步的潛力，以了解網際網路對於做為符號性籌畫的自我的影響。除了在更廣泛的制度性脈絡下管理風險方法的特徵以外，本文將耙梳某些相似特質，以便引導個人更積極地在日常溝通裡運用網際網路。

做為符號性籌畫的自我困境

　　隨著接觸透過媒介後的經驗的機會的增長，現代自我的籌畫，在許多方面已經變成一項符號性籌畫。一如湯普森所解釋的：

這是一項個人藉著他或她所獲得的符號材料而構築的籌畫，個人則藉此材料對他或她是誰的問題編織連貫一致的答案，亦即自我認同的敘事……向我們自己或是向他人重新解釋我們是誰，就是重新述說這個關於我們為何變成現在這種樣子以及我們此後何去何從的敘事—這個敘事在重新述說的過程裡不斷修正。[7]

藉由檢視個人橫亙不同時空的傳記，我們得以建構紀登斯所稱的「自我的軌跡」（trajectory of the self）。像這樣，關於自我的敘事構成了「從過往到可預見的將來的發展軌道。個人挪用其過去，依照對（經過組織的）未來的預測篩選其過去。自我的軌道自有連貫性，這種連貫性來自於對生命過程各個階段的感知體悟。」[8]社會關係和社會脈絡因此反思性地整合進了對自我的籌畫的鍛造過程裡。

在簡單現代性的條件下，有許多機制運作著，以消除焦慮並散佈人類何以能在世上生存的憂慮。鮑曼寫道，當認同進入現代心靈和打從一開始就強調個人任務實踐的時候：

將自我型塑的個人責任當成待辦議題，就會衍生出一大群訓練員、教練、教師、顧問、以及指南，他們都宣稱擁有更高深的知識，知道他們所推薦的認同是由什麼東西構成的，也知道這樣的認同要怎麼獲得和保有，同時也顯得像是已經獲得和保有這種認同的樣子。[9]

內向指涉（internally referential）的專家系統的發展提供了一個基礎，能讓個人對抗不確定性，並為自我的發展挑選出相對連貫的軌道。進一步說，就像紀登斯所論證的：「在日復一

日的例行公事的層次上，現代性所追求的存有論上的安全感（ontological security）有賴於將社會生活制度化地排除出引起人類兩難困境（dilemmas）的存在的議題之外。」[10] 事實上，這涉及經驗上的隔離（experiential segregation）過程以及對某些擾人現象的封存（concealment），為的是要減輕與生活計畫的管理部分有關的焦慮。[11] 日復一日的生活就此從經驗中隱褪，試圖對不具期待的經驗（unlikely experience）存而不論並扭轉人們生活中的事件，以忍受諸如瘋癲、犯罪、生病與死亡、性與天性一類的事情。[12]

　　然而，在今日反思現代性的條件下，紀登斯論證道，根本性的質疑已經滲入日常生活的大部分面向，並為做為符號性籌畫的自我帶來重大後果。放棄最終的權威便意味著，在某個特定時刻，再也沒有明確的答案能告訴個人如何繼續進行自我籌畫了。內向指涉系統不斷受到質疑，弱化，有時甚而崩潰。透過媒體上向我們溝通的宣教，像是：「英國牛肉是最好的：因為牛肉是英國的，所以可以安全食用」不再具有新意。此外，一如湯普森所解釋的：「透過媒介後的材料，其瀰漫的程度可以使個人以象徵或想像的模式探索其他生活型式；也可以使個人瞥見其他選擇，藉以使他們批判性地反思自身，反思他們生活的真實情境。」[13]

　　在晚期現代性世界裡頭居住，如果個人想要保留連貫一致的自我敘事，就必須解決紀登斯在《現代性與自我認同》（Modernity and Self-Identity）一書中所明言的四項「自我困境」。[14]現在讓我們逐項地一一檢視：

聯合相對於支離破碎（Unification versus fragmentation）

紀登斯寫道，現代性「支離破碎；現代性也是聯合。」
（p.189）一方面，個人必須在諸多選擇之間商定某些選擇。另
一方面，透過媒介後的經驗增進了個人被整合進來自遠方的框
架的程度。這些來自遠方的框架能帶給個人某些經驗，比起身
邊的經驗，這些經驗更易於做為創造出連貫自我敘事的素材。
紀登斯並不否認地區性的信任關係一直都能促進對於自我的籌
畫，這些活動發生在遠方並透過媒介的事實並不盡然讓這些活
動顯得神秘晦澀。和這些來自遠方的框架交織在一起的自我籌
畫也不必然注定要解體為許多不連續的「一群自我」
（selves）。

無力感相對於佔有（Powerlessness versus appropriation）

常常可以聽到一種說法：個人對發生於個人日常生活領域
之外的，遠方的大型活動感到無力。然而，紀登斯在描述其第
二組自我困境時論道，我們「難以斷定這麼一種籠統的結論，
認為伴隨現代制度的來臨，大多數人都會（或是感到）比先前
的時代更沒有力量。……所有型式的剝奪（expropriation）都
伴隨著再次佔有。」（p.192）更進一步地說，參與小團體並不
必然保證個人會更加有力，在大部分的情況下，傳統對於個別
行動的限度有著不可挑戰的權力。

權威相對於不確定性（Athority versus uncertainty）

紀登斯所指出的第三組自我困境是指，在反思現代性的條
件下，沒有一組決定性的權威，卻有一大群對權威的訴求
（claimants）。（p.194）然而，當懷疑的經驗已經成為日常生活
中大部分面向的背景經驗的時候，時時刻刻擔心風險的人卻被
視為不正常。（p.183）大部分的人發展了對付不確定性的策

略。這些被紀登斯稱為「折衷大集」（compromise package）的東西混合了習慣行為與信託（commitment）。好比這些習慣行為與信託會促成某種生活方式的選擇，並對專家系統的特定選擇賦與信賴。人們因此得以成功地將其焦慮存而不論，並繼續過其日常生活。好比有人對搭飛機感到恐懼，可能就會習慣性地將搭飛機當成他們所做之事的一環，而克服其焦慮的代價僅僅是只搭特定航空公司的班機，或是在飛行途中絕不離開座位。

個人化相對於商品化的經驗 （Personalized versus commodified experience）

紀登斯的第四組自我困境是個人化相對於商品化的經驗。他寫道：「現代性開啓了對自我的籌畫，但其前提卻是商品資本主義帶來的強烈的標準化效應（standardized effects）。」（p.196）更廣泛地說，現代性為自我的籌畫開啓了所有權威的科層制度帶來的標準化效應。然而，標準化的影響力並不直接衝擊對自我的籌畫。個人可以以主動和有創意的方式吸取標準化的影響力，個人對標準化影響力的利用程度當然是張力與衝突的來源，而且有賴於其對利用反應的含攝能力而定。

在我們現代紛擾世界裡，從這些個人所面臨的困境看來，我們可以以紀登斯的話做結：「在生活風格層面上，要達成對變遷的控制，需要的是參與外部社會世界，而非從中退縮。」（p.184）然而，在網際網路正在加劇自我的困境的情形下，發展主動擊退無意義與壓抑的威脅的技巧與策略，更是一種必要的參與。

生活策略和網際網路

　　網際網路，與內部網路或外部網路正大幅地擴張了個人得以接觸到的資訊。它整合了全球性的周遭事件，並為透過媒介或是半透過媒介的互動創造了新的契機。透過這些選擇與擔負描繪航向的個人，必須創造能使自己建構和維護連貫的自我敘事的妥協大集。但是，當我們打點與激勵自我，並發展技巧與策略以利用新的溝通模式來「充分利用」自我籌畫的時候，身為個人的我們有何選擇可言？我已經解釋了，在反思現代性的條件下，新的自我型塑機制開始浮現，這些機制與日常生活裡不斷進行的解決「自我困境」的過程直接相關。然而最近的文化與社會理論文獻帶有高度懷疑色彩，將自我描繪成連貫實體的消解。在本節，本文希望批判性地檢視鮑曼在其《破碎生活》一書中所精心提出的四類「後現代身份」（Postmodern identity）。他引介了閒晃者（stroller）、流浪漢（vagabond）、觀光客（tourist）、玩家（player）等四種性格。這四種「後現代性格」的發展正對比於現代型的性格：朝聖者（pilgrim），據他說，這種現代型性格已經被我們今日所面臨的不確定性所取代了。

　　但，當我們利用鮑曼的「後現代性格」做為混合具有凝聚性的生活形態的單獨組成要素的時候，其可信度有多少？若我們將這些性格當成藍本，當我們試著描繪自我困境而動員網際網路的時候，我們的成功機會有多大？讓本文先檢視朝聖者，接著再細細檢視其他性格，並將之與網際網路的運用搭上關係。

現代生活策略的終結

在《破碎生活》一書中，鮑曼將朝聖者描述為「最符合現代生活策略的象徵。」（p.91）這不是說朝聖者是現代的發明，而是說現代性重塑了朝聖者，並賦予其重要性。順著他所認定的世界上朝聖者的本質，鮑曼論證製造與拼湊現代人生命史的過程就是發掘一段「邁向籌畫的生命」（living towards project）。（p.87）「對朝聖者，對現代人而言，這點實際意味著他可以／應該／必須在生命早期就自信滿滿地選定終點，確信未來終生都是一條直線，既不曲折，也不會扭曲或是變形、中斷、或是折返。」（p.87）因此，朝聖者為了某個目標而走，而且為了按部就班地走，在時空中會擋路的障礙都該清掉，還必須用時空測量和事前定好的目標的距離若干。然而，一如鮑曼所辯稱的，今日我們所在的世界對朝聖者是冷淡的。朝聖者的途徑與其最終目的都已經變的不明確了。缺乏共同的旅程，朝聖者的邁進於是瑣碎而不具意義。鮑曼解釋道，在我們的當代世界：「真正的問題不在於如何建立身份，而在於如何保留身份。」（p.88）

鮑曼對現代朝聖者的描述也可能符合許多為網際網路所提供的可能性而使人感到眩惑的情況。對他們來說，網際網路也是個無法腳踏實地，障礙重重，沒有目標的世界，在這個世界裡走路不拘一徑，行者常受誘惑而岔出已選之道，永遠落後，或甚而忘記其目的地。就像這樣，這是個令人困惑的世界，網站看似來自烏有鄉，旋即消逝無息，鮮少存活至現代朝聖者能找出到達該站之路為止。從朝聖者的角度看來，難以設想何以網際網路能增益與支撐連貫的自我敘事。對朝聖者而言，網際網路是個不真實的世界，裡頭住著一些虛假而不值得信賴的

人，他們可以採用和體驗任何他們喜歡的身份。

閱讀鮑曼後續的說明，即新的生活策略如何自不斷強化的全球化與社會反思性的情境的體驗中浮現，以及閱讀他對後傳統組織形式的描述，只會讓朝聖者惡夢連連。鮑曼寫道，今日，朝聖者的生活策略已經被閒晃者、流浪漢、觀光客、和玩家的生活策略所取代了。所有這些生活策略「共同提供了一種隱喻，為定著的恐懼所驅動的後現代策略的隱喻。」鮑曼宣稱，他們對世界的體驗，大多只會浮現一些否定性的金科玉律（negative rules of thumb）。（p.91）如果我們在網路上的活動和我們運用網路溝通的方式都遵從著鮑曼所說的否定性之金科玉律，那麼就會得到令人沮喪的結果，如下：

1. 「別花太多時間逛全球資訊網或企業資訊網（enterprise-wide web）。花在網上的時間越少，越容易完成你本來打算作的事情。」

2. 「別對你在線上聊天室（聊天室）中認識的人感到興趣──你越是對他們無動於衷，就越能做其他事。」

3. 「別太投入某個網頁或是聊天室頻道──你不知道他們還能存在多久，也不知道將來他們是否還是值得你這樣地投入。」

4. 「別花太多時間建構網頁──一旦別人看到這個網頁，這個網頁就會身價狂跌，還會變成圖書館。」

5. 「別延宕滿足。如果你可以下載文件或是影印網頁，現在就動手；你不能確定資料到了明天還會在那裡，也不能肯定你現在想要的東西就是你將來想要的東西。」

鮑曼在的《破碎生活》一書裡四種「後現代性格」類型或作風裡的每一種，都自行解釋了這些金科玉律：

閒晃者與網際網路

　　閒晃者的經驗就是為了閒晃而行走：「發現自己身處陌生人之中，同時對陌生人而言，自己也是陌生人……將那些陌生人當成『表象』，所以『看到些什麼』就足以說明『他們是什麼』，特別是只和他們萍水相知相逢。」（p.92）對那些採取這種策略的人來說，網際網路既是理想的巢穴，又是將他們的溝通方式提升到至善的方法。他們能毫不戀棧地從某個網頁逛到另一個網頁，從某個聊天室頻道逛到另一個聊天室頻道，從某個新聞群組逛到另一個新聞群組，選擇接受或拒絕來自ICQ的聊天邀約─這麼做，能使他們沈浸在當下（presence）的極端自由，但能保持距離。

流浪漢與網際網路

　　流浪漢的經驗是陌生人的經驗。一如鮑曼所寫的：「他永遠沒辦法變成『本地人』，『定居者』，『落葉歸根』的人─這並不是因為沒試過：在本地人的眼裡，無論他試著做些什麼逢迎的舉動，他剛到本地的記憶猶新─也就是他以往在異鄉的經歷仍令人映象深刻。」（pp.94-5）網際網路上的流浪漢常常有一連串的匿名或是廢棄不用的電子郵件地址。他們會在網站上註冊成為會員，但卻老早就已經忘記密碼了。他們會著手建構網頁，然後又放棄。他們在網上漫遊，搶著申請免費網路帳號，只不過會因為沒用過這些帳號，而讓帳號被砍掉或是回收。

觀光客與網際網路

　　鮑曼辯稱，觀光客的經驗是「有意識的或是系統化的經驗搜尋者……搜尋不同與新奇的經驗─熟悉感所帶來的興味一下

子就消褪而不具吸引力了。觀光客希望沈浸在怪異詭譎的元素裡……唯一的條件是,這種元素不能比帶來歡樂的設備長命,能讓他們想甩就甩。」對那些採取這種生活策略的人來說,網際網路提供了他們所需要的空間。網際網路容許他們參與怪異詭譎的經驗,而按按他們的滑鼠就可以叫停。他們從自己熟悉的世界中脫身,和有著不同生活觀的人對話。他們會看看恐怖的,叫人吃驚的,和違反他們期待的網頁。然而,在這樣做的同時,他們也許會對那裡算是他們的「家」,那裡又「只是逛逛」,而感到疑惑。他們的夢魘來自於擺盪在對思鄉病的恐懼以及返鄉情結之間。

玩家與網際網路

鮑曼的最後一個「後現代性格」,也就是玩家,其經歷是一連串的戲局。鮑曼寫道,玩家的世界:「是風險、直覺、聆聽警告的世界……戲局有其明確的,不容置辯的結局……誰要是不喜歡結果,就得『縮手認賠』,從頭來過……戲局就像戰爭,但一場戲局之戰並不留下任何心靈創傷與心懷妒恨。」(pp.98-9)從這種策略的觀點來看,網際網路就像一場可以玩的大型電腦遊戲;一種無需選擇就可以進入的,透過媒介的經驗,以及一種可以隨時終止,讓參與者除了遊戲時間的損失以外,毫髮無傷的戲局。玩家的目的是要不計代價地贏,但同時又能盡量保護自己免於危險。在參與聊天室中其他人的對話並獲得他們的信賴以後,玩家時常讓「戲局」說停就停。唯一的理由是「所有好事都有叫停的一天」。讓其他非玩家大失所望的是,玩家甚少願意停止懷疑而且常常一玩再玩。

鮑曼的「後現代性格」類型或作風的每一種看起來都有其

自身實行的生活策略，常常伴隨著「一場溫和的精神分裂」。
（p.99）鮑曼主張，更重要的是，全部四種策略促使人類袖手
旁觀，不願投入，必然導致群體崩解。鮑曼論定，像這樣：

> 某個社會對於可以想像得到的，當然包括做得到的生活策
> 略，定下界線。但我們所在的這種社會讓這些策略身處化
> 外，得以批判地或是野心勃勃地質疑其原則，並藉此開啟
> 一條道路，通往當前因為不可行而被放棄的新策略。
> （p.104）

　　如果當代生活策略的概念就已經說盡了網路溝通的可能
性，這就杜絕了在社會世界裡佔有利用地位的自我籌畫。因為
對鮑曼的每種「後現代性格」而言，社會生活只能導致貧乏的
社會行動，閒晃者、流浪漢、觀光客、和玩家等所有性格參與
世界的方式，主要是以防衛性地拒斥積極而開放的人際來往為
主。這樣下去，這裡每一種性格都有朝狹義的，多疑的個人領
域的方向前進的趨勢。

　　關於網際網路及其對生活策略的影響，網際網路的運用也
許讓個人行動的某些面向變得貧乏，而鮑曼的觀點讓我們好好
地注意到了這一點。不過要承認網際網路並未促進對新機會的
運用也是一件難事。透過網際網路溝通是一種異化，但同時也
開發了新機會，再次佔有個人以往所不能得到的東西。所以本
文同時同意鮑曼的說法，認為自我在反思現代性的條件下已經
轉型，本文也希望在下一節，我們能以不同觀點來思索這一
點。鮑曼的後現代策略當然並未說盡我們所能擁有的全部選
擇。

自我形塑過程的轉型

本文已經從許多社會與文化理論家的角度觀察了晚期現代性中對自我的籌畫，本文也希望能批判性地看待網際網路，溝通，和當代經驗研究中所追求的自我與經驗等相結合的議題。這些議題在知識上有何貢獻，能使人們在網際網路上善加部署，以主動避開無意義和壓抑的威脅？有任何證據證明人們成功地動員網路，而使溝通變成更積極之生活策略的一部分嗎？

本文將檢視兩份對立的，關於網際網路溝通的研究。第一份是由克勞特（Robert Kraut）所編的調查〈網際網路弔詭：一個減少人際來往以及心理健全的社會技術？〉。[15]第二份是由錢德勒（Daniel Chandler）於其刊載於網上的報告〈個人首頁網路上的身份建構〉裡所陳述的研究計畫。錢德勒檢視了透過網頁溝通的個人與公共身份型塑過程。

在許多方面，這兩份研究都是開山之作，也都引發了爭議。然而，本文將試著顯示，對於個人如何部署網路以增進並改變他們自我行塑的過程，它們並未提供令人滿意的解釋。克勞特所編的調查並未直接提及鮑曼的後現代生活策略，但這份調查的確反映了這些策略的某些中心面向。而錢德勒的研究提供了更恰當的出發點，以檢視網際網路如何增進並改變自我行塑的過程，但這份研究也有其弱點，本文將解釋之。

網際網路弔詭：孤獨與沮喪對友誼與快樂

這兩份經驗研究的第一份所針對的爭論是：網際網路是否增進了人際來往以及心理健全（psychological well-being），還

是對此有所損害？這份研究呈現出兩年的研究結果，也就是自一九九五年起，包含來自來自七十三個家庭共一百六十九名成員的家用網計畫（HomeNet project）。倘若我們想要了解網際網路對自我與經驗的衝擊的影響，這一類的研究是很重要的。克勞特及其同事等研究者，抱怨關於網際網路對社會關係以及人際來往的經驗證據太少，太過臆測，以及太過瑣碎。正是這條資訊鴻溝啓發了他們的研究。

家用網計畫

被研究的家庭來自賓州匹茲堡八個不同的周邊地區。每個家庭都拿到一部電腦、軟體、電話線、也能免費上網。至少有兩個家庭的成員接受使用電腦，電子郵件，以及全球資訊網的訓練。相對的，這些家庭允許研究者監控其網際網路的使用，並同意參與許多面談。研究開始就測量其人口特質，人際來往，以及心理健全度；這些項目在使用網路後的十二至二十四個月內再次接受測量，以便進行比較。在這段期間，網際網路的使用由登入程式自動監控。

研究發現

依據這份研究顯示，「網際網路的使用越頻繁，家人溝通隨之減少。」越是頻繁地使用網際網路溝通，當地與遠方的社交圈亦隨之縮小。越常使用網際網路的個人其孤獨的程度也大爲增加。研究者更寫道：「網際網路的使用越頻繁，伴隨著逐漸增加的沮喪……以及從眞實生活中抽離。」

雖然其研究發現是基於統計的推論，但研究者堅信「在這個案例裡，相關（correlation）其實意味著因果關係。」但在同時，他們對於自己的研究成果可以被概推到什麼程度，顯得

十分謹慎。例如，被研究的家庭的經驗會隨著時間而改變。又好比他們也發現「當某些青少年沈浸在更為重要的學校功課的時候，對他們而言，網際網路就失去吸引力了。」進一步說，網際網路也不斷改變：例如ICQ在他們研究之初並未出現。ICQ是一種程式，能讓人監測到其他特定使用者的出現，有助於使用者找到網路上的朋友和陌生客。

「某些可信與具有理論旨趣的機制」

　　雖然克勞特及其同事並未提及他們的發現發生的過程，但他們的確提到了「可信與具有理論旨趣的機制」。他們藉此著手，將網際網路與電視電話一類的早期通訊科技做比較。他們論稱，很合理的，電視會導致社交參與的減少與心理健全度的降低。當電視「讓人待在家裡盯著看的時候，降低了人際來往……也就是說，人們花在看電視的時間，就是他們並未主動進行社交的時間。」他們論稱，當全球資訊網被用來獲取資訊的時候，網際網路與電視差不多。電視與網際網路因此而排擠了其他形式的社會活動。另一方面，他們宣稱，當網際網路用來充當個人通訊的時候，其影響就像電話帶來的影響一般。在他們的觀點裡，電話「比電視更具社交性。」

　　然而，據研究者所言，還有許多方面端視溝通科技「如何形塑人們維持親疏網絡關係的平衡」而定。大體而言，他們論稱：

　　密切的個人聯繫為親身接近的程度所決定。網際網路有可能減少親身接近在創造與維持密切的社交聯繫時的重要性……網際網路為無須仰賴雙方距離的社會互動提供了機會。人們常常利用網際網路與已有關係的人保持聯繫。但

他們也會在線上發展新的關係。而新關係大多是脆弱的。

因此，網際網路不單單導致了其他形式的社會活動的排擠，還排擠了密切的人際來往。這些研究者寫道：網路友誼「很可能比由親身接近所撐起的友誼來的狹隘。」

第一份研究在結尾處建議：「除非科技演進到更有益的地步，否則人們應該節制他們對網際網路的使用，以及監控他們運用網際網路的方式。」

家用網計畫的缺點

雖然克勞特所編的研究讓我們注意到了網際網路對自我與經驗的衝擊，但還是有許多問題需要他們考慮。本文將大致回顧其研究的六個重要面向來進一步說明這個論點：他們對使用網際網路後果的詮釋、他們的研究隱然具有因果關係的看法、他們對網際網路所做的概念演繹、關於社會活動與密切關係之排擠的論據、他們在軟體使用與訓練方面的責任、以及他們的建議：個人對網際網路的使用應有所節制。

在克勞特所編的研究裡，對網際網路的使用對人際來往與健全的後果所做的詮釋，將之描述爲趨向兩極化，不是有利就是有弊。雖然這是不可或缺的出發點，但就作爲一種方法而言，還嫌太初步。爲了樣了解使用網際網路的後果，我們需要超越非此即彼的描述，並體認到這項科技恰如一把雙面刃。網際網路能同時對人際來往與健全有所損傷或增進。

研究者十分小心的指出「人們用各種方法，爲了各種目的使用家用電腦與網際網路」，而網際網路在他們的看法裡，也只不過與人際來往與心理健全度的減少「有關」。然而在他們的文章裡卻不只一處流露出科技決定論的色彩。其一是，他們

明確堅信「在這個案例裡，相關其實意味著因果關係。」其二是他們認為我們應該坐等科技「演進到更有益的地步」的想法，暗示了網際網路的發展是超乎我們所能控制的某種外在力量。其三是，他們的建議：「人們應該節制他們對網際網路的使用」講明了其信念：現今形式的科技天生就是有害的。然而，聽完他們字字沈重的警告，他們沒有指明因果關係來源的作法卻讓人感到突兀。

克勞特及其同事知道做為媒介的網際網路是由許多不同的用途所構成的。然而，在他們做出人際來往與心理健全度因此減少的結論時，卻不加區別的將「網際網路」說成是單一媒體或單一用途。進一步說，社交互動的本質是有可能受到科技形式和所傳達的訊息內容兩者所影響的。結果，「網際網路與實驗參與者及其家人的溝通減少有關」這種說法變的含混不清，幾乎不具意義。研究者所說的是科技亦或是訊息？

克勞特所編的研究也助長了一種觀念，認為當人們使用網際網路的時候，他們或多或少與「真正的」生活脫節。當然，這種路數納入了關於網際網路的俗成見解，一如研究參與者回報當他們有正事要做的時候，就會減少對網際網路的使用。然而，這並不代表研究者應該助長這種觀念。

克勞特所編的研究沒能指出使因果關係得以成立的機制；而這份研究所從事的，正是當初他們所想要避免的臆測性爭辯。他們所謂的「可信與具有理論旨趣的機制」，正是建立在對於其他如電視或是電話一類的媒體的，錯誤而未經批判的認識之上。例如，他們宣稱電視降低了社交參與，並對社交關係造成負面影響。但「具有媒介經驗的接收者僅僅是被動消費經驗的人」，這種觀念早就被棄之於地了。[16]

盧爾（James Lull）的作品對電視的社交用途有著更敏銳的評估。[17]在電視這方面，盧爾區分其結構性的和關係性的用途。電視的結構性用途可能是環境式的（environmental），他所指的意思是，電視之所以開著，只是為了提供像談話等其他活動發生時的背景雜音與同伴。社交活動也可以根據電視的使用來組織、協調、與規劃，就這個層次而言，電視的結構性用途也可以是社交性的。至於電視的關係性用途，是指電視可以作為溝通的輔助器材。例如，電視可以提供討論經驗時的圖像，讓參與者有共同的聊天主題，供其談論。也可以透過電視的運用而創造出表達社交親疏的環境。如與家人一同看電視，可以提供表達彼此興趣與感情，和消彌緊張的機會。當人們沈浸在看電視的活動而冷落其他人的時候，電視也可以用來顯示疏遠。另一個盧爾所描述電視的關係性用途與社會學習有關。電視可以用來協助人們解決問題或是合理化某些決定。最後，電視常常讓家庭為了要看哪一台而協商，這個過程常常以衝突作結，從而增強或是挑戰權威的模式。克勞特所編的研究忽視了這些向度，同樣也忽視了德索拉波（Ithiel de Sola Pool）對電話所做的有趣研究。[18]

因此，網際網路會排擠社交活動和密切關係的狀況不能輕易成立。許多有關網際網路的破壞性本質的研究者說法，真正缺乏對科技或是社會脈絡的基本瞭解；然而，資訊和符號內容正是在它們之中，並透過它們所製造和接收的。

研究者描述給家用網計畫給研究參與者使用的軟體包括了「MacMail II，網景探險家 II 或網景探險家 III（Netscape Navigator 2 or 3），以及 ClarisWorks Office。」然而，在許多方面，他們所提供的軟體套件，以及他們為研究參與者提供的機

會是令人疑惑的。花在網際網路的時間裡還包括了利用網際網路伺服器所進行的交談。然而，我們並不知道原來的套件中含有這份軟體。我們是否可以就此論定研究參與者可以下載額外的軟體？難道這不會影響到對人際來往與心理健全度的測量嗎？對不同的研究參與者而言，網際網路可能有不同的意義。另一方面，若是不准下載額外的軟體，難道這不會破壞了使用者隨心所欲使用網際網路的初衷嗎？

克勞特所編的整份研究，還進一步把全球資訊網描述為一個單單用來擷取電子資訊以及從事網上聊天的地方。在其研究中沒有任何地方提到，在全球資訊網上，個人可以透過自己的首頁來創造與溝通訊息。當研究者進行研究的時期，自建首頁的機會是存在的，而許多人也樂此不疲。我們是否要論定，研究參與者所接受的某類訓練並未包括建立首頁？擁有建立網頁的機會是非常重要的，因為個人可以利用這種方法透過網際網路來溝通，並豐富與改變日常生活的自我與經驗的本質。

研究者建議人們不要花太多時間上網。但若是某人交了一個住在遠方的朋友，但卻沒有旅行的機會，無法親自相見，這是否也是網際網路「造成」的問題？假定利用網際網路與他人溝通的人發現了讓他們以新觀點檢視自己生活方式的資訊。也試想，因為在新知識的觀點底下，讓他們覺得無法接受自己現在的生活，而使得這份經驗影響到他們的健全度。我們是否要向他們說：「抱歉，但從現在起，你必須節制你對網際網路的使用。」這樣的回答只會助長矮化自我（minimal self）的觀念，認為個人什麼也不能做，只能坐待事情發生。

正面的經驗

全然與這份研究的負面結果相反，對研究參與者的訪談也揭露了正面的經驗。例如，這些經驗包括了：家長聯絡到遠方的孩子、朋友重新聯絡彼此、在事故發生後人人互相撫慰、以及朋友畢業以後仍能保持友誼。這類的事情在量的方面或許沒那麼多，但在質的方面卻具有改變人生的重要性。研究者似乎有著明確的預感，認爲網際網路會導致與「眞正的」生活脫節。但他們的研究卻幫助我們發現，「眞正的」人可能會積極的運用網際網路以尋得避開其日常生活的無意義與壓抑的策略和技巧。

網上認同的建構

錢德勒所做的研究採用了現象學的進路，因此，其研究對全球資訊網網上的認同建構的解釋主要是民族誌的（ethnographic）解釋。[19]對於人們利用網際網路建構自我的籌畫以及將自我籌畫與他人共享的理路，他的研究充滿了細緻而豐富的描述。錢德勒所研究的人被視爲聰敏的人，在全球資訊網上有其目的並知道自己在做些什麼，他們擁有全球資訊網所給予的溝通機會。然而，他的著作也有其它的缺點，我們將批判的檢視之。

全球資訊網與自我表現

當人們建立首頁時，他們不只是建立首頁而已。一如錢德勒所寫的：「個人首頁可被視爲反映了其製作者的認同。」他把首頁比做我們在家中的牆上可以見到的符號素材的拼貼。然而，全球資訊網上，「自我表現的方式更是多到無以計數。」雖然他的研究大部分集中在人們利用首頁建構自身認同以及表

達其經驗的方式，但他也警覺到溝通媒介並非人人可得。尤有甚者，個人在網上其自身形象的呈現，也會帶來未預期的後果，也就是他人的詮釋並未顧及建構者的意圖與呈現。因此，錢德勒寫道：首頁「或許會牽扯到有意或無意的揭露（偶爾會導致誤解）。」

內容、形式、和脈絡

首頁的內容或許會反應其作者私人或專業的志趣以及其生平經歷。依據個人技術、經驗、與資源，首頁透過文字、圖像、與聲音來溝通意義。錢德勒寫道：「個別『網頁』從僅僅一整個螢幕的長度到捲軸拉不完的長度都有，個人的首頁從單單一頁到連在一起好幾頁的情況都有。」多數首頁把此人的電子信箱地址留給訪客，偶而還會有「留言版」供訪客評論之用。某些首頁還有「登入計數器」供其作者了解其他訪客的造訪頻率。

首頁的形式也讓人得以用不同方式呈現自己。因此，有某些網頁能反映出其作者屬於「藝術型」或「科學型」等等。人們能利用互聯的網頁區分其人格的不同面向，並更有效率的安排他們與其他人的溝通。

不過，單單內容和形式並不足以揭露其建構者。其他連結網頁，像是朋友的首頁或網際網路上其他讓這個人感到有興趣的地方，都是他使用溝通科技拼貼其認同的方式之一。這些連結構成了此首頁的脈絡，並賦以意義。這一脈絡化（contextualization）的過程在其他方面也有成效。例如，依據特定網頁是否可以從某人工作地點的網頁進入連結，或是從其親戚或是朋友的首頁進入連結，對特定首頁的詮釋亦會隨之改

變。

建構認同

　　某些評論者看輕首頁的價值，將之視爲「個人後援會」。錢德勒對此的回答是：「縱使在這一類的網頁裡，有某些網頁對其作者之外的人一無是處，但這些網頁對其作者的價值卻非常重大。」依照錢德勒的說法，全球資訊網不僅能讓個人試著形塑其認同，而且還是一種理想的，用來達成「維持認同的動態目標」的溝通媒體。然而，錢德勒也評論道：除非作者採用的是日記體，「否則在首頁上重寫認同的作法清除了之前（建構認同）的公式」。

　　關於個人爲何以及如何用現有方式創造首頁的問題，錢德勒的研究反映出他們主動與論述性的介入（discursive involvement）的一面。例如錢德勒所調查的人之一——崔斯坦（Tristan）對其首頁做了這樣的評論：「它幫助我界定我自己。當我開始看待／寫下某件事的時候，我常常不能肯定我的感受爲何，不過一旦著手之後，至少我就有點頭緒了。」錢德勒的研究裡的一位男同志大衛（David），提及他的首頁讓他「完整的界定了我看待同志的方式以及我在同志裡的位置，以及我生命中的許多東西—其他人並不會揣摩這些東西，而只會透過一個擁擠的房間來注意我。」羅伯（Rob）的解釋大致相同：他的首頁讓他可以「輕易的出櫃。我可以說：『去看我的網站。』我知道他們會看到男同志那一部分。更重要的是，他們可以用我覺得正面的方式發現這一點，並在有所反應之前先想清楚。」某些人說他們爲不同的「觀衆」創造出不同的首頁，使他們得以更有效地隱藏或是揭露自己的某些面向。

首頁研究的缺點

錢德勒對網上認同的建構所做的研究點出了許多有趣的，關於溝通過程的面向。他所研究的個人的活動並不能輕易納入鮑曼的後現代生活策略。尤有甚者，錢德勒的研究裡的參與者對「網路弔詭」的研究結尾所給的建議左耳進右耳出：就他們日常生活裡不同類型的經驗而言，聽到要「節制他們對網際網路的使用」，無疑是不可忍受的。

我對錢德勒的研究的批評是，它對於建構網頁所處的背景—結構裡的社會關係（structured social relationships）並未給予足夠重視。這樣就讓錢德勒的研究受制於紀登斯所說的「『詮釋社會學』的基本困難—無法應付如制度化組織，及權力與鬥爭等社會生活的內在特徵所帶來的問題。」[20]這並不是說，錢德勒完全忽視了人人擁有用來建構其身為個體的自我感受的才份與資源的程度有所不同。毋寧說，他的作品裡很少提到晚期現代性的制度特徵。這些特徵「並不像是做為人類活動的產物所『磋商』出來的，反倒像是一塊讓人類活動能被察覺到的布景。」[21]錢德勒提到了建構網頁的未預期後果，但他沒能將之連結到個人為了建構一致的自我敘事，必然會碰到的「自我困境」和挑戰的應付方式。

網際網路與自我形塑的豐富化

在晚期現代性裡，人們面臨其個人與情感生活的深切改變。在這一套脈絡下，網際網路的運用正在改變個人經驗的質素。在本章的最後一節，本文將著重討論運用網際網路的四個特質，這些特質有助於人們用更積極的生活策略安排網際網

路。不過，如果我們將網際網路當成文化傳遞的模式的話，我們可以只去了解網際網路如何豐富與轉變自我形塑過程。對個人而言，運用網際網路並不像在其現代通訊科技的庫藏裡多加一件裝備那麼簡單。網際網路撼動了他們的生活方式。

如果某些人不希望因為用了網際網路而讓自己覺得跌入一個雜事排山倒海而來的世界裡，那麼他們就必須試著將四種相關特性整合進網際網路通路的場域裡。這些特性與個人權當生產資訊者時所處的某些脈絡有關，這些特性也和資訊傳遞的脈絡，以及個人充當資訊接收者時所處的脈絡有關。本文並不希望用這些特性去權衡鮑曼的「金科玉律」，因為，雖然我試著讓這些特性能為個人使用網際網路的時候提供特定的方向，但但它們並不必然能導致特定的結局。這四種相關特徵是：（1）運用網際網路科技在與中介過的經驗打交道（negotiate）（2）運用網際網路科技重新掌握知識與技能（3）運用網際網路科技形成信譽（commitment）與相互性（mutuality）（4）運用網際網路科技在掌握風險與不確定性以及超越衝突。這四項特性都與上述紀登斯所說的「自我困局」直接相關。它們也必須放在第五章所描述的現代組織變遷的脈絡內去理解。人們不能光憑一己之力，就期待自己能成功的接受像網際網路等現代通訊科技帶來的挑戰。

在本章結論裡，本文將分別把這四個特性與運用網際網路的例子連結起來，並舉例說明以何種方式將網際網路當成文化傳播模式而運用，以利我們重新掌控生活環境。本文也將用這個例子提醒我們，運用網際網路以主動避免無意義與壓抑的威脅，與新的危機和不確定性的產生，這兩者是分不開的。

現在，就逐項的檢視這四種特性。

運用網際網路科技與經驗打交道

內部網路與網際網路大幅增進了與中介過的經驗打交道（mediated experience）的機會，也就是說，讓資訊和其他符號內容向他人開放，也能主動獲取媒介過的內容並將這些內容嵌入自我籌畫，成為自我籌畫的一部分。媒介過的經驗交涉，必然要透過打交道時所處的社會脈絡來了解。因此，媒介過的經驗正如同湯普森所寫的，總是「重新脈絡化後的經驗」（recontextualized experience）。22 對網際網路科技的研究有助於展現這一點：網際網路科技的運用與跟個人特定時空脈絡有關的當務之急與經驗，彼此相互交織。個人並不僅僅是聯上內部網路與網際網路而已：他們總是選擇性的運用之。某些資訊和某些互動類型與他們的籌畫有關，但其餘則否。使用內部網路與網際網路的個人必須主動交涉媒介過的經驗，並以與自身相關的結構套用之；在其他媒體上，這一點可能比較不常見。進而言之，個人的興趣隨著時間而組織或重新組織。

就某個極端而言，內部網路與網際網路擴展了標準化的影響（standardize influences）。例如，沒有受到科技設計上的標準化的影響的話，內部網路與網際網路根本不會出現。這樣的網絡也擴展並強化了制度性安排（institutional arrangement）的標準化的影響。例證有：在最常問到的問題的清單上，有著已經得到解答的標準問題、網頁上的對話盒（dialogue boxes）使得互動標準化了、甚而特定類型的事件已在網頁上編碼了。然而，在另一個極端上，網際網路大幅拓展了個人控制、過濾、私人化、與型塑了媒介過的經驗本身所具有的內容。

一方面，網際網路大幅增進了個人與媒介過的經驗打交道

的能力，另一方面，網際網路也進一步讓個人體認到他們的能力所及。有時，人們會抱怨，覺得自己快要被可以查到的資料的數量淹沒了。過一陣子，他們又覺得無法找到他們所需要的人或資訊。有時，人們發出的電子郵件沒人回。過一陣子，他們又碰到了一大堆無用的資訊，跟他們的當務之急與經驗無關的東西。他們也可能製作了首頁，但這首頁又消失於數位化的茫茫大海裡。因此，網際網路能讓個人體認到與媒介過的經驗打交道的極限，但若是認為內部網路與網際網路總能成功的辦到這一點，無疑是可笑的。

　　主動與中介過的經驗打交道，也可以變成一種正面經驗。例如，某個進行多人線上即時交談的人，可能會和世界另一端的人交流，兩者關係可能比此人與其鄰居的關係還要親密。偶爾也有人會從網頁上獲得資訊並全然參與面對面的溝通；甚或找到有著共同興趣的密友。

　　如果內部網路與網際網路故意設計成晦澀難解，有意製造孤單寂寞，那就是另一番光景了。但實情並非如此，有許多溝通安排可以協助個人與媒介過的經驗打交道。例如，網際網路瀏覽器能讓人把他們最喜歡逛的網頁存下來，而讓自己獨特起來。某些網頁能為使用者訂做他們想要接觸的資訊。某些人主動攬下一切，擔負起資訊仲介之責，將資訊蒐集起來並將之重新置於對他人生活有助益的脈絡裡；他們藉此幫助了其他人主動的與媒介過的經驗打交道。

　　有辦法上內部網路或網際網路的人不能，也不會坐待科技演變到更為便利的地步的。在大多數的情況裡，他們會使用網際網路科技主動打交道和參與，以創造出他們所喜歡的媒介過的經驗的類型。若他們還沒意識到賦予他們自由而為的因素，

若是他們缺乏必要的技能或是他們意見不一，那又另當別論
了。

運用網際網路科技重新掌握知識與技能

如果內部網路或網際網路要用來豐富與改變自我型塑的過
程，那就必須發展一些策略去利用內部網路或網際網路，以便
重新掌握現代社會委之於外界單位或特定專家系統的知識與技
能。這是人們在運用網際網路時必須整合進網際網路通路的場
域裡的第二種相關特性。個人利用網際網路科技重新掌握知識
與技能的能力必須置於這一類的嘗試所處的社會結構的脈絡裡
去理解。重新掌握知識與技能常常會涉及擺脫、忘卻與改變在
晚期現代性的狀況下已經不適用的知識與技能。

網際網路的科技大幅增進了個人插手本來「鞭長莫及」之
事的能力。大多數的專家系統現在都了解到，在其表現品質一
直為人質疑的時候，知識共享是重新獲得信任的重要方法。內
部網路或網際網路可以用來比較或評估敵對雙方的說詞。然
而，個人重新獲得主控權的最重要方法之一，是利用內部網路
或網際網路跳過某些原本統籌和限制個人接觸資訊或進行溝通
的管道的中間人或監控者。

例如，在某方面人們可能會抱怨大眾媒體刻畫與呈現他們
的方式，但網際網路卻提供了一個舞台，讓他們可以架構其經
驗並掌控其象徵性的籌畫。為了做到這一點，許多必須獲得的
知識與技能與對網際網路的運用息息相關。學習如何建立網頁
以及吸引別人的目光，變成了首要之務。才份和能力的不同決
定了高下。例如，某個人重新掌握其他網站所提供的資訊的方
式可能只是將本站與其他網頁相連結而已。然而，一個嫻熟框

架（frame）的人，卻能用更為複雜的方式，把從不同來源所提供的媒介過的經驗放在新的脈絡下，重新掌握之。框架能讓人將首頁的視窗切割為不同的視窗，這些視窗因而能在連續幾個視窗間保有自己的存在，但同時又能「重新劃定」（reframe）外界資訊。這就能讓這些視窗有個更強力的舞台來發表批判性的意見。

運用網際網路科技形塑信譽與相互性

毫無疑問，內部網路與網際網路大幅提升了個人對例行生活的不確定性，以及超出他們所能控制的範圍之外的威脅與危險的警覺。然而，若是認為他們就此持著負面或懷疑的態度，乃至於單單陷入偏執或癱瘓，這種觀點既是一廂情願，又是病態的。為了要豐富與轉化自我型塑的過程，個人必須主動的利用內部網路和網際網路建立信譽與例行生活的新模式。這是他們必須納入網際網路的運用的第三個項特性。在某一方面，新的妥協承諾（compromise packages）或許真的是脆弱而不穩定的，但至少這並非眼光短淺。進而言之，主動參與外在社會漸漸意味大聲說出著個人信譽與例行生活的本質，故而得以評估這些信譽與本質對於興趣與眼界都十分不同的人的意義。

網際網路與內部網路提供了不少形成新的結盟，進入社會場合並監督他人意見的的機會。同樣的，人們跟所有潛在的對話空間以及跟所有潛在的（與他人的）聯繫，其關係並非不帶偏見。但他們照著自身的籌畫與任務裡的旨趣和優先次序，選擇性的引導自己。在某些情況裡，個人的信譽與例行生活與特定模式間的關聯長久未受質疑。我們可以在逛全球資訊網的時候，在個人的網站連結表上發現這樣的信譽與例行生活。我們

也可以在某些檔案裡找到他們定時聯絡的電子郵件網址，以及進行多人線上即時交談等溝通方式的網友。甚至當個人移居其他城市或國家的時候，他的電子郵件網址以及首頁位置都未嘗改變，以便提供穩定感。同樣的，依據個人在社會結構性脈絡下的生活籌畫與任務，其社會和物質條件上的改變；網際網路與內部網路為他們提供了不少改變結盟的機會。

運用網際網路科技在掌握風險與不確定性以及超越衝突

有鑑於漸漸有所不同的脈絡為網際網路科技連結起來，可接觸的或是潛在的經驗有著多樣的面貌。網際網路將會漸漸帶領著個人接觸到發生在距他本身所處的脈絡十分遙遠的脈絡裡所發生的事件或經驗，讓個人身陷於互相衝突，有可能是彼此互相敵對的心態與文化裡。當然，某一種可能的反應是從這些情況裡抽身。但網際網路科技也提供了許多新方法，在更積極的招牌下處理互相衝突的心態。個人需要整合到網路運用的第四點就是：利用這些機會。

網際網路科技有四種新方法可以處理互相衝突的心態。首先：個人可以用網際網路監控衝突的發展與本質並評估其安全性。這麼做，可以讓個人管理其恐懼，並清醒的回應之。第二：網際網路科技能讓個人應付對話中的文化差異。第三：溝通越頻繁，（至少就能潛在的）促成進一步相互了解，並就此促成兼容並蓄的心態。第四：網際網路能讓然接觸到其規律的日常生活所排除掉的經驗。他們也許會覺得這些經驗令人震驚或是不舒服，但他們並非不能用過濾掉這些經驗等方法來管理這些經驗的運用。一如其他情況，網際網路上俎圍的可能性和

個人在這種環境下的處理之道,是受到他們必須,或是與之和平共處的社會結構性脈絡所制約的。

網際網路和「凱特」的日常生活

讓我把這裡的某些想法應用在每日使用網際網路的「凱特」(「Kate」) 身上,凱特是個住在芝加哥的學生兼青少年。當凱特的父母分居,而她的父親遷居到她大多數家人所住的溫哥華的時候,她的生活起了戲劇性的變化。大學只教她如何使用電子郵件和全球資訊網,但她的同學傑夫 (Jeff) 將她引領進聊天室的大門,並教她建立自己的網頁。直到她開始定時上網之後,她才覺得「隱身」起來了。

在聊天室上聊天讓她進入了全新的世界。她很訝異她可以開始自由的和完全不認識的人聊她的生活小節與她的感受。有時她會與傑夫合作找點樂子。有一次他們在網咖看到一個正在使用聊天室的男生,他們記下他所使用的暱稱。凱特把風,傑夫使用女性的暱稱登入,並連珠砲般的發出一連串訊息逗的那個男生心癢癢的。那個男生突然站起來焦急的四處張望。凱特趨前警告傑夫。傑夫回答道:「我知道。我讓他知道我在這裡。」

之後某天晚上,凱特與恰巧也住在溫哥華的珍妮 (Jane) 開始聊起天來。他們聊得十分順利,並且在經過幾次長談以後,她們決定在寒假碰面。她們決定約在一家被某個網頁描述為「男同志、拉子、與雙性戀」的咖啡館見面。凱特知道那家店在哪條街上,但她絕不自己一個人去那家店。憑著珍妮網頁上的照片,她馬上認出了珍妮。她們對對方知之甚詳。要說沒有進展是不可能的,但她們好像必須重頭認識一遍。回到芝加

哥以後，凱特覺得珍妮變成了一個活生生的人，而她也很期待下一次的會面。

這一類的插曲說明了我們的現代社會，以及個人利用網際網路處理其生活裡破裂的面向，也處理了較為積極的面向。我們的現代生活也許充滿了焦慮，而我們也清楚的感受到我們置身於環境的手掌心裡，而那環境自己無法控制的；然而網際網路提供個人許多新的方法，來施行與全球世代相匹配的新控制力。

社群、組織、個人、和網際網路：一些綜合考量

在這一章與前兩章裡本文檢視了內部網路與網際網路在形成社群時所扮演的角色，網際網路如何影響了組織文化，以及網際網路如何豐富並轉變了自我與日常生活中的經驗的本質。本文特別探求更為積極的用網際網路科技面對反思現代性的條件的方法。雖然我已經列舉了許多與網際網路，以及與網際網路在組織與個人的日常生活所扮演的角色等，有關道德與實務的問題，現在，這些討論都該放在更廣泛的脈絡下來談。網際網路與內部網路創造了什麼樣的，新的公共性？現存的不平等是否不能得到緩解，反倒會進一步惡化？網際網路在全球的層次上對多樣性（diversity）與多元主義（pluralism）的培養有何影響？對於由網際網路創造出來的媒介公共性，我們是否有機會給予規範？這些是本文在本書最後三章所希望探索的問題。

第七章

公共性與網際網路

　　對我們而言，在網際網路發展之前，世界上其他大多的人顯得隱匿而遙不可及。然而，網際網路的使用者卻必須讓本身適應另一種新型態的公共性（publicness）。當我們開始思考這種轉變的背景時，我們便會發現，公共性的概念已經透過許多不同角度的社會與文化理論家進行詮釋。除此之外，目前有關網路發展的環境，也已經大大受到錄音機、電視機和其他傳播形式出現的影響。

　　在本章，我將把焦點放在公共性，湯普森將之視為能見的空間（space of the visible）：「也就是藉由行動與事件所建構的空間，而這些行動與事件則是經由符號交換能夠在一公共領域中進行，並具備能見性的過程來完成[1]。」此一空間的特質，正是一個領域，在其間的成員、組織和團體能夠說明他們的觀點與立場，但同時也接受他者對此的道德批判。正是在這樣的脈絡之下，顧德納表示，這些成員或許會被要求展示他們的所作所為，以及他們為何這麼作[2]。那麼網際網路科技的使用，到底是透過哪些方式改變這種公共性。

　　我們已經討論過哈伯瑪斯所說的「公共領域」的興起與隨後的崩解，以及湯普森對於其作品的評論。儘管由網際網路創

造出新類型的「對話空間」（dialogic spaces）很容易讓我們感到振奮，許多評論家卻寧可對今日人們能藉由網際網路復興批判性公共領域的想法，抱持著懷疑的態度。他們認為網際網路的使用雖然能夠帶來社會互動的新契機，但它所創新的關係模式，卻同樣是一具備「零碎」和「重新窄化」（reparochializ-ation）3特質的過程。

　　儘管到目前為止我所討論過有關網際網路使用的例子，或許還尚未證實這樣的恐懼，它們也確實引發問題。舉例來說，組織希望個人能利用它們的網站與組織進行「交談」，彷彿真的有某位仁兄隱藏在組織網頁上光鮮外貌的背後。但是它們應該如何應付經由網頁所接收到的各式回應？它們要如何得到那些認為網站上的「交談」不過是場騙局之使用者的信任？除此之外，各種可以在網際網路或內部網路上發現到的討論室，尤其是那些發生於即時的討論，通常就呈現出各種不一致意見的雜音，與其說這樣的過程有助於無限制的辯論，倒不如說造成阻礙。

　　本章的目標將鎖定在經由網際網路所創造的公共性類型，並且嘗試整理出「對話空間」的復興可能帶來的機會，與遭遇到的限制，及其對於道德實踐性思維所造成的後果。我將從檢驗網際網路與內部網路中介能見性的方式開始。這些傳播的網路不只挑戰公共生活的傳統概念：他們同時也挑戰我們對於大眾媒介所創造之公共性的普遍思考方式。藉由匯集這些爭論，我在本章末了的結論中，便批判性的思索透過網際網路的使用，一個不同模型的「能見性空間」的可能性，並以實例加以佐證。為了達成這個目的，我將再一次廣泛地運用湯普森的概念與想法，並且進一步將它們延伸到網際網路的分析中。

能見性與網際網路

湯普森在《媒體與現代性》一書中表示,今日我們思考公共性的方式,是受到古希臘城邦集會傳統概念的鼓舞,「這是一種聚集於相同時空場景之中的個體,以討論公眾關心議題的模型」[4]。此時的公共性,是由對話式的互動所構成,並且與特殊的時空地點密不可分。傳播媒體的發展——特別是類似廣播與電視等電子化傳播媒體——有利於新公共性的開展,並與傳統模式截然不同。我們現在生活與工作於一個十分不同的制度脈絡中,在這個脈絡之中,個人大多是利用中介公共性作為工具,以取得資訊,與他人的不同觀點相遇,並形成合理的判準。這樣的公共性包括個人和組織使用傳播媒介來製造訊息,並使本身的觀點對他人而言具備能見性與可接觸性。因此,如同湯普森所稱呼的,「這是一個具備開放性與能見性的公共性」(p.236)。

在前面的章節中,我們已經說明過他如何拋棄傳統公共性的模型,例如在晚期現代性的社會與實踐情境中,「共現」已成為不恰當的概念。湯普森表示,經由中界的公共性,絕大部分都具備非對話的性質。這是因為類似廣播與電視等媒介,此為他的討論中所著重的,創造出訊息生產者與接收者之間的根本性斷裂。除此之外,我們今日身處之制度脈絡的規模和複雜性,也使得推行傳統的公共性模式顯得不切實際。

湯普森強調必須以非對話的中介公共性,所必須避免的兩種回應作為考量的基礎。第一種回應包含企圖維持理想的傳統公共性的共現模式等。他駁斥這樣的回應,因為這將導致我們

持續聚焦於當代中介式公共性的破碎本質,並將中介式公共性的進一步發展,均只視為踏在危顫陡坡上的另外一步罷了。

第二種回應則企圖將非對話中介公共性,視為傳統模式的某種延伸。他之所以駁斥這種態度,是因為這必定將在廣播、電視與報紙等媒體上所進行的溝通,視為「廣泛的對話文件」(conversation writ large)。湯普森表示,真實的情況是大多數這類對話的參與者只是訊息的接收者,任何在此類「談話」關係中作為訊息生產者的感覺不過是個幻覺。

對於非對話性的中介公共性的回應,湯普森最欣賞的是將所有傳統公共性的模式全都擱置一旁的論點。從這個角度出發,湯普森表示,「我們能將注意力放在由媒體創造出的公共性之上,並且試著分析它的特點……我們能嘗試重新思索看待公共生活的方式」,在這個轉向的基礎之上,湯普森緊接著重新建構大眾傳播時代中,所創造的新型態公共性,將之視為「未地區化的、非對話的以及開放結局的能見空間,在這樣的空間中,中介的象徵形式能夠由完全未現身的他者所傳遞與接收」(p.245)。

接著,讓我們詳盡的思考湯普森所謂新公共性類型的特點,並且檢視網際網路的開展,將如何對其造成影響。由網際網路與內部網路所創造的公共性具備什麼樣的特質?

「未地區化的空間」

湯普森認為中介式公共性是未地區化的空間,因為它並未被侷限於特殊的時空地點。因此,我們也能將網際網路與內部網路視為一可能性的場域,在這樣的場域之中,中介的訊息能夠被身處異地的個人所接觸,而毋需進入共享的場域。儘管內

部網路的使用者或許會共享特定的組織工作場所，但他們在時空中的共現，卻非創造一象徵形式傳遞之共享空間的必要因素。除此之外，當大多數的大眾媒體仍只具備全球化的潛質時，全球資訊網卻已經讓訊息在世界各地流傳。

「非對話的空間」

湯普森認為由廣播、電視與報紙等媒體所創造出的中介公共性，幾乎是個非對話的空間，參與者在其中展現出中介的準互動形式。在另一方面，由網際網路與內部網路創造的中介公共性，卻是另一個象徵形式流通的「對話性空間」。

「開放結局的空間」

中介公共性，湯普森表示，是一種具備創造性以及相對較無法控制的空間，在此間，過去匱乏的訊息開始成為可能，且象徵形式的內容也無法預先完全的被預知。網際網路的發展則強化了中介公共性開放結局的特點，這樣的公共性，我將在之後說明，在許多方面甚至變得更難以掌控。

「完全未現身的生產者與接收者」

在他對於一般大眾傳播的研究中，湯普森一貫的主張絕大多數參與非對話中介公共性的人們，僅僅只是訊息的接收者。然而，網際網路的發展卻意味著個人現在所參與的中介公共性，就原則上來說，沒有任何人會被剝奪提供反饋的選擇權。

所有上面描述的中介公共性特點，皆與湯普森所謂「能見性爭鬥」（struggles for visibility）的轉變有關。在中介公共性誕生之前，想要表達本身觀點與關切的人們，必須讓他們的聲音能在共現的脈絡中被聽見。時至今日，湯普森寫道，「認知

的爭鬥逐漸被建構為中介公共性之非地區化空間內的能見性爭
鬥」[5]。然而，由廣播、電視與報紙等媒體所創造之中介公共
性的例子中，能見性的爭鬥大多只是取得經由大眾媒體生產者
所認同的觀點與關切。大多數的個人無法直接對於中介公共性
產生影響。

　　我認為由網際網路與內部網路創造的中介公共性的本質，
在許多層面上與湯普森所描述者有著極大的不同。網際網路與
內部網路的發展已經造就新的中介公共性類型，儘管這種新的
中介公共性並未取代「非對話」的形式，但是卻能藉由並未處
於共同場域的參與者之間的來回爭論所建構出的空間，減輕非
對話的特點。這種新傳播科技也因此挑戰並轉變了我們理解個
人如何取得資訊、遭逢他人的不同想法，並形成合理判準的方
式。接著，讓我們更詳細的思索「能見空間」（space of the
visible）所面對的挑戰與轉變。

邁向中介公共性的更新

　　從道德實踐的觀點來看，網際網路與內部網路提供有趣的
機會，使人們得以發展進一步符號交換的參與型態和意見型
塑。它們誘使我們再度返回古典希臘城邦集會之傳統模式的精
神。參與者或許並未共享某個時空場域，然而網際網路與內部
網路確實創造出一「對話的空間」，好讓參與者能夠聚集在一
起並且討論共同關心的議題。但是，儘管網際網路與內部網路
無疑地開啟了新契機，兩個基本的問題卻依然存在。第一，我
們今日身處制度脈絡的規模與複雜性，繼續讓對話式的中介公
共性成為遙遠的理想。第二，對話的過程仍具備著「中介」的

性質，也就是說，大量的訊息生產與傳遞仍是在與回應無關的情況下被完成。這種隔離與能見性的弔詭，意味著網際網路與內部網路的使用者仍必須以特殊平等的觀點來對待遠方的彼者。

在這個部分中，將討論我們應該如何回應由網際網路與內部網路所創造的新類型公共性。我必須說明的是，網際網路與內部網路所創造的有利於公共領域的機制，其實繼續與湯普森所指出非對話性中介公共性所採用的機制，有許多相同之處。那些認爲網路科技將創造對話性中介公共性的人們，將會對此方向的任何實際發展感到失望。因此，我將說明，依循著湯普森的概念，網際網路所形塑能見空間，最好被理解爲協商式的中介公共性（deliberative mediated publicness）而非一對話的公共性。這類空間共享象徵交換的對話形式，但卻未必處處保障這樣的溝通形式。

首先讓我們檢驗爲何抱持協商式中介公共性的概念，對於理解網路科技可能如何豐富今日的公共領域是如此的關鍵。接著在本章的末了，我將繼續批判性的討論由使用網路科技所造就的機制，將如何有助於將個人的判斷和道德位置，融入於集體的決策過程。我希望在下一章討論這類傳播環境的複雜性，並且詳細說明網際網路與全球化之間的關連。

協商式中介公共性的概念

協商式中介公共性概念的構想，將焦點放在個人聚集於某個非場域化的空間，以及獲得訊息、面對不同的觀點與形塑合理判準的過程。我立基於湯普森的協商式民主的說法提出這個概念，在協商式的民主中，「決策的合法性來自於此決策作爲

普遍協商結果的事實」[6]。個人使用網際網路或內部網路，以進行議題的協商與權衡時，並未預設了溝通的對話性形式，反而如同我在第三章中詳盡論述的，是一全面的互動情境。

並非所有在對話性傳播中的嘗試皆能獲得成功。英國石油公司的網站，舉例來說，有助於告知公司的股東與消費者關於公司在一九九八年與阿莫可（Amoco）的合併過程，但是這幾乎不能被視為「對話性的溝通」。在英國政府的網站上，有部分設計能讓英國首相參與各種討論域，然而，此網站卻不能讓所有生活受到影響的人們，均能積極進行對話討論的空間。然而，這兩個例子均形成協商的部分安排與過程，以設計用來幫助人們了解到底發生了什麼事。

採用協商式中介公共性的概念，來看待由網際網路與內部網路的使用所造就之公共性的好處，是因為這類概念在面對源自於抗拒對話模式的各種批判時，不會顯得過於脆弱。僅僅只是某個組織或個人並未回覆所有的電子郵件，或者並未直接進入任何可能的對談場合的事實，並不就代表失敗。真正的挑戰在於尋找使用網路科技以提升協商式過程範圍的方法。這可以藉由鼓勵反思性參與，並增加中介經驗的溝通機會來達成。所有協商式設計的普遍目標，應該是讓所有不同意見與道德位置的參與者能認知到決定所可能產生的後果，以及這些決定將以哪些方式影響他們的生活。

協商式過程、網際網路與反思現代化

那麼，在反思性現代化的時代中，網際網路與內部網路的使用，如何影響協商式中介公共性概念的道德實踐性意義？而哪些情境有利於傳播網路成功的創造協商安排？我希望在這裡

討論四個有助此的相關情境。首先，我們必須留意到爭議性的問題必須保持開放性。其次，邏輯整合的「事實性」（facticity）以及行動或計畫的實證內容必須能夠受到檢驗。因此，網際網路必須被用來解釋與給予理由，以適切說明某些行為的特定動作、意見與流程是適當的，以便讓參與者判斷這些行為、意見與流程的恰當與否。第三，在使用網際網路時，必須確保參與者有平等的權利，將本身的關切與觀點加以表述或傳達讓他者瞭解。第四，必須發展出協助道德位置的認知，以便將之與偏見、個人好惡或品味以及決斷性立場等相分離的方式與技巧。

讓爭議性的問題保持開放性

過去幾年以來，傳播者與傳播權威已經建立許多與中介公共性有關的重要經驗，我們也能從這些經驗中學習到很多。描述到有關傳播事業有對於社會全體的責任，舉例來說，桑席莫（Kurt Sontheimer）指出類似電視的大眾傳播模式，其實可謂為提供人民公開討論的基礎先決條件，它可以讓人們保持對社會的覺察，以及本身在社會中佔據的位置[7]。如同文化傳遞的媒介，電視的運作能夠提供經驗的架構，在其間人們得以組織與詮釋訊息。

桑席莫認知到建立於電視文化組織內部的假設，對於理解電視扮演表現社會議題平台的能力是相當重要的。他表示電視的真正問題是傳播者所面對的兩難。一方面它們不能失去對於分歧利益與意見，抱持可能整合的期待，另一方面，它們又希望表現出各類型的參與者、利益與意見，以展現多元主義的社會基礎。面對這樣的兩難，桑席莫表示，我們應該保持對於原則的尊重，也就是說，電視應該被用來作為更完整告知社會關

於本身訊息的工具，以及社會所追尋與應當追尋的目標。就他的觀點而言，媒體應該持續性的更新它們朝向保持爭議問題開放性的貢獻，才能使得觀點得以具體化，且藉由新資訊得以豐富或修正。電視觀眾不只扮演閱聽人的成員之一，同時也能參與政治性的社群，在這樣的社群之中，競爭觀點的形成與決策過程，都依賴於資訊的可接觸性，以及對於他人不同意見的監督。

湯普森也主張「協商的成功立基於相互競爭觀點的碰撞；沒有任何協商過程的破壞性，能超過不容許任何不同意見的管絃合唱團」[8]。藉由保障在網際網路與內部網路使用時的開放性，我們便能夠建立起一架構，在其間協商式中介公共性能夠得到實際的發展。

可批判的理性

儘管協商的過程應該是具備開放性結局的，但是如果參與者無法批判支撐他人行動與計畫的理性基礎，那麼協商式中介公共性便不能蓬勃發展。存在著可批判的理性，是有助於創造成功協商安排的第二種有利情境。大多數關於這個議題的文獻都援引哈伯瑪斯最近有關溝通理性的研究成果。現在先讓我們檢視哈伯瑪斯的部分觀點。

哈伯瑪斯溝通理性的概念取代了他早期對於公共領域出現與轉變的關注。然而，他仍持續關心合法性與溝通的問題，以及讓個人能參與理性批判與辯論的公共領域概念。他發現到理性批判之辯論情境的達成與自我控制學習的過程綁縛在一塊。在後來幾年他的主要關懷則放在尋找某種程序，其將「預設根植於基本的社會制度，而政治決策將會符合所有參與者在非強

迫的情況下達成的協商，如果他們能夠參與，則如同自由與平等的夥伴，且是在論辯性完好建立的脈絡下」[9]。哈伯瑪斯作品討論的有趣貢獻是他提出溝通能力（communicative competence）與理想的言說情境（ideal speech situation）兩個相關的概念[10]。

我並無意針對哈伯瑪斯溝通能力的概念作出任何透徹的分析，但希望透過簡短的討論能幫助我們思考有關其所謂達成「理想言說情境」情況所可能產生的問題[11]。哈伯瑪斯認為成功的日常溝通實踐根植於理性基礎的支撐。他嘗試揭露與分析達成理性的動機性共識的程序。即便他並未保證這類程序能夠導致共識的必定達成，且是能代表所有人的共識。但他確實主張藉由理性化動機性共識的基礎，能夠導致有利用溝通能力的過程。他發展出一套理論，也就是當某人正與他人為某事進行溝通時，這個人便完成了一系列的宣稱聲明：（1）溝通的內容是可理解的；（2）溝通命題的內容是真實的；（3）溝通的內容對個人必須具備正當性；（4）溝通的個人是真誠的。這四個宣稱之間有可能會互相競爭，但是在日常生活的互動中，這些宣稱的有效性幾乎是被視為理所當然的。

有時參與者的預期會被破壞，而宣稱也會受到質疑。如果有一個或多個宣稱遭受到挑戰，那麼必須等待宣稱獲得補救之後，成功的溝通才夠繼續進行。因此，溝通者可可能會被要求詳細說明某個宣稱為何是真實或者為何符合規範的正當性。惟有自由地進入論述以及完全對等的參與者，才能適當地重建宣稱的有效性，且這樣的論述將是免於外力與束縛的左右。哈伯瑪斯在「理想言說情境」的概念中，將這個情境予以形式化。理想言說情境的浮現必須具備三個主要的特點：相互的理解必

須以不受限制的方式達成；相互的理解必須經由更好的主張來完成；而且所有參與對話的行動者必須如同完整以及平等的夥伴。

哈伯瑪斯表示「理想言說情境」不過是代表某種理想的狀態，而現實生活的溝通情境通常也並非「理想的言說情境」。即便如此，他仍認為，理想的言說情境並非只是獨斷性的建構，而是深植於所有溝通行為的預設本質。因此這個概念必須被理解為試圖提供全方位批判工具的嘗試，藉由與理想言說情境的比較，我們便能顯示出溝通過程的缺陷。

哈伯瑪斯對於溝通理性以及論述道德的分析，並非未曾遭受挑戰。這些分析與他早期對於「批判性的公共領域」的關懷存在著相同的問題。舉例來說，班哈畢柏（Seyla Benhabib）認為積極的道德責任，不能只是單純的由哈伯瑪斯理想言說情境中衍生出來，「而是在其具體化時，必須加入脈絡的道德性判斷」12。哈伯瑪斯的論點所遭遇的第二個挑戰來自麥卡錫（Thomas McCarthy），他提問思考個人是否能夠超越本身所持的利益取向，以及基本的價值觀點而達成理性的共識，究竟是否實際。他表示當個人參與公開的辯論時，他們通常是挾帶著不同的期待，但是理性辯論共識與一致的決議卻只能有一個。他寫道：「協商與期待類型的多樣性，反映在政治衝突解決形式的分歧。一個具備具體多樣制度與文化的公共領域，比具體化一個去超越化之理性意志的領域形式，是更為實際可行的理想」13。對於哈伯瑪斯的第三個挑戰來自湯普森，他延續他早期的批判立場並且寫道：

　原則上指出以下的情形或許是合情合理的：一個行動會被

修正，或者一個規範會被證明為適切的，惟有每個人都受到其影響，並有機會在不受宰制的情境下，聚集在一起討論之，人們才會樂意的接受行動的修正與此規範的正當性。在實際的世界中，許多行動和規範都影響到數以千計甚至數以萬計的人們，但他們卻都散佈於廣大的空間範圍（甚至是時間範圍）時，上述的情境又代表何種意義[14]？

　　在這些對於哈伯瑪斯論點所提出的挑戰下，溝通能力以及理想言說情境的概念又如何作為我們理論的基點，在由網際網路創造的公共性類型中，朝向其所謂批判原則的確立與推動前進？在許多層面上，網際網路與內部網路只是更加惡化由班哈畢柏、麥卡錫與湯普森等所指出的問題。我們如何在「由許多文化、許多價值、許多計畫構成的溝通環境中，跨越心靈以及告知不同參與者的策略」[15]，誘發溝通能力的建立以及理想言說情境的創造？此期待實現的可能似乎是相當微藐的。

　　哈伯瑪斯最近的研究有助於我們分析的部分，我認為是協商式中介公共性的概念，在某些場景中，參與者必須服從邏輯整合的「事實性」，並且將他們行動與計劃內容的實証性留待驗證。保持爭論性問題的開放，並不僅只是容許互競觀點之間的碰撞。它同時還包括允許對於行動之特定基本原則的質疑[16]。我認為沒有任何協商的過程，比參與者持續以傳統的方式捍衛其行動背後的理性原則更具破壞性。他們所採取的傳統防衛形式預設，通常是不連貫的，對於「正確」或「恰當」所抱持之理所當然的態度，並且以不可批判與內在指涉的正當性架構作為其安全支架。

　　我們已經討論過前兩個創造成功的協商安排的必要情境—

保持爭議性問題的開放以及可批判理性的維持—第三個情境則是整體目標、原則與權力的保存。

整體目標、原則與權力

如果參與者間持續發生鬥爭與吵鬧，那麼想藉由網際網路或內部網路進行的協商過程，便難以有效的實現。為求檢驗第三個有助於創造成功協商安排的情境，我們必須將協商式中介公共性的概念，與反思性現代化的情境加以連結。部分現代的反思性最鮮明的特點是最終權威的缺乏、專家角色的去中心化以及對於公式化眞理的質疑[17]。網際網路與內部網路的使用如何對於這些情境下的協商過程產生正面的影響？而何種「基礎」可以用來提供網路所開創之公共性類型，其內部決策的證明基礎？

我希望在這裡思考由德渥金所發展出的部分概念。我並不準備詳細的說明他的論點，也不準備窮盡其所遭遇的批判，我的目標是簡單地援引德渥金充滿激發性以及極富思考性的概念進行討論。德渥金指出兩個政治正當化的基礎：政策爭論以及原則爭論。「政策爭論」，他說明道，「藉由表現此決策將增進或保障社群整體的某些集體目標，來正當化某一政治決定」[18]。特定網頁應該從內部網路上移除的爭論，而對於這類資訊的移除，將能夠保障組織的整合，便是所謂的政策爭論。「原則爭論」，他解釋道，「藉由展現決策對於部份個人或團體的權利的尊重與保護，來正當化某一政治決定」[19]。特定網頁應該從內部網路上移除的爭論，而對於這類資訊的移除，是謂尊重女性雇員的權利，使其享有平等的尊重與重視，便是所謂的原則爭論。「政策爭論」與「原則爭論」也因此與特定的平息

理論（theories of pacification），以及我們選擇處理公共領域內，不同利益與價值衝突的方式密切相關。

　　儘管「政策爭論」在簡單現代化的情境之下有尚可稱許的運作成果，但卻無法在反思性現代化的情境中——個高度反思性與文化多樣性的世界內，繼續如此。我們能夠藉由發生於傳播的重大轉型來說明這樣的情況：逐漸遠離廣播「與公共利益同在」的狀況[20]。在許多國家當中都存在著公共服務的傳播系統，「能見空間」最初是由廣播所創造，之後則加入電視，且被組織進入所謂的「公共利益」中。組織的方式歷經長久的發展，主要針對平息有關廣播應該如何的被管控，以符合其接收群眾的最佳利益；以及如何才能相對無挑戰的運作數十年等爭論。儘管存在著對於什麼是「普遍利益」的爭論，當時尚存在者某種道德中心的基礎，一種對於「普遍利益」的共享方向。然而，從一九六〇年代開始，在這種目的導向的政策中出現一條深邃的裂縫。傳播權威與傳播機構似乎無法適當的認知並呈現出前所未有的道德立場的豐富轉變，以及因應跨越時空的論辯模式。組織化的傳播因其「與公共利益同在」，故抱持著一定程度的自大傲慢，這導致那些認為自身不公平的被「能見空間」所排除的人們，心生怨懟。有兩個議題被證明是接踵而來爭論的催化劑：首先，如何將新的傳播資源，分配結合各種競爭之傳播立場的問題；其次，如何強化傳播管理的責任。

　　德渥金討論兩個被發展以回應傳統「政策爭論」失敗的策略。這些策略創造出更多的空間，以便在分辨決策的正當性時更為審慎。因此，這些策略可以視為適應「社會如何發展其自身的方式，便是其社會價值之重要部分」[21]概念的嘗試。然而，這兩個策略在本質上對於政治正當性的目的取向爭論存在

著不同的看法。除此之外,他們與傳統上嚴格的「政策爭論」相分離的策略,也造就新的問題。

德渥金提及的第一個策略涉及嘗試著計算決策的未來後果,以利於對轉變和文化多元性採取一更為包容性的態度。使用這種策略的政策制定者會主張即使某個特定的選擇會傷害整體社群,只要思考選擇的本身,就會發現嘗試阻礙這個決定所造成的結果,長期下來將帶來更為不利的影響[22]。舉例來說,某個網路服務業者的伺服器上出現同性戀的網頁,或許會觸怒部分網際網路的使用者,而業者也會考慮是否要因為部分使用者威脅業者,將終止他們的帳號使用而移除這個網頁。然而,業者或許會表示儘管這些網頁不符合用戶的普遍利益,甚至會讓部分用戶感到不悅,但是禁絕類似網頁在長期將造成更惡劣的結果。問題在於能否確定假使一特殊的決策能夠被容忍並取得正當性,是否真的能為我們帶來長久的良善。然而,如同德渥金表示的,這是一個決策正當化的極端方式,因為其將決定的基礎放在一個危顫陡坡之上。對於未來利益與有害結果的估量,其實不過是造成不同利益與價值的獨斷性認知。

我們可以再一次回到公共服務傳播的例子,以說明上面的論點。從一九六〇年代開始,在大多數國家當中,由於對「公共利益」有著更為自由的詮釋,使得「能見空間」取得高度的開放。舉例而言,在荷蘭,公共領域的轉型便相當引人注目。從一九二〇年代早期開始,荷蘭的傳播系統只包括五個領有執照的公共傳播組織。然而,隨著一九六九年通過的傳播法案,便有三十幾個組織被分配到傳播時段。其結果受到強烈的批判,因為接納與排除新組織,通常經由獨斷性的權威所決定。除此之外,當法律讓傳播權威更容易被理解且使其決策本質更

為透明化後，整個情況變得更為嚴重[23]。

　　德渥金所發展用以回應傳統「政策爭論」失敗的策略，涉及對於不同論點的權衡。如果大多數成員被說服認可某決定所帶來的好處，那麼此決策對於所有關切者而言，便具備正當性。這個策略預設當個人或機構必須做出決定時，

> 社群成員將會偏好某一決定所帶來的結果，而非其他決定所造成的後果……如果我們能夠發現每個人的偏好，以及偏好的強度，那麼或許就能夠顯現某政策能夠在權衡偏好強度後，比起其他政策取得更多偏好的支持。從這種福利的概念來看，如果某項政策能夠比另外一個政策更加滿足偏好的集合，就是能讓社群變得更好的政策，即使這項政策讓部份成員感到不甚滿意[24]。

　　我們同樣能用傳播的例子說明這個策略的運用。自一九八○年代開始，許多擁有公共服務傳播系統的國家開始在政策上發生轉變，因為傳播業者越來越經由市場，讓他們的行動與消費者的偏好結合在一起。用這種方式所建構的「能見空間」導致某些令人困窘的結果。德渥金表示，舉例來說，「……個人對於特定政策結果的偏好，在進一步的分析下，可以發現要嘛反映了其本身喜愛某些事物和契機的個人偏好，要嘛便反映了將事物和契機分配給他人的外部偏好，或者同時包含兩者」。除此之外，市場導向的傳播將個人視為消費者，因此個人可能會因為對追求利益的企業興趣缺缺，而拒絕表現出任何的偏好。

　　這種「政策爭論」各種樣貌所提供的基礎，也因此將決定所造成的影響，融合為整體的目標，以總數（total）或平均

（average）的方式呈現。其將對於這些總數與平均的改善視之為可欲的（desirable），且繞過他們可能對於任何單一個人的影響。然而，由「原則爭論」提供的決策基礎卻是相當不同的。在此間，決策並非經由普遍目標汲取的原則，而是經由涉及個人權利和獲利團體間的爭論而來。

　　舉例來說，「原則爭論」主張，訊息與其他象徵性的內容都必須因為它們對於特定個人的影響，而被公開或隱藏，即使就整體而言，公共領域的參與者會因其後果變得更糟。這樣的爭論並非是目的取向的，因為這些爭論僅僅陳述「主張某一方向的原因，而不需要作出一個特定的決定」[25]。基於某些原因，當「集體目標並未擁有足夠的正當性以拒斥個人對於本身所應擁有的，與想付諸行動的期待，或者也無足夠的正當性將某些損失或傷害加諸於其身上」時[26]，個人有參與爭辯的權利。用這種方式所構成的中介公共性，舉例來說，將會促進個人與團體在期待本身能夠取得充分的理解時，也不得不體認到他人也擁有平等的權利，並予以尊重。

　　根據德渥金的構想，我們或許或會主張在反思性現代化的情境之下，若想利用網路科技成功的創造出協商過程，只有在參與討論的成員能除去他們擺放在首位的普遍重要性以及拋棄他們自我詮釋的位階時，才有可能完成。不只是目標，還包括個人、由個人組成的團體與組織等，都居於關鍵位置。參與者接著必須解釋為什麼被允許以特殊的方式使用網際網路，將是有利於人類繁榮之基本與高度可欲的情境。或者至少必須解釋為什麼需要這樣的一個情境，讓有興趣使用網際網路的人們，透過各種不同的方式告知那些沒有興趣的人們。參與者或許還必須說明為什麼某些決定是「普遍利益」的考量，而只需要參

照預先設定的整體目標作爲這些決策的正當性來源。恰好相反的，他們或許必須解釋爲什麼，在某些案例中，「普遍利益」的存在並未具備足夠的正當性，來拒斥參與者個人對於所應擁有的物品與該有動作所抱持的期待。或者普遍利益的存在，也未具備足夠的正當性，將損失與傷害強加於部份成員之上。由此，參與者便不得不在期望使用網際網路以利本身自行獲知和由他人處得到各式訊息的同時，也體認到他人也擁有相同的想法與權利。

　　然而實際上，當個人、個人所組成的團體與組織等，在使用網際網路或內部網路時，並非總是在心中擁有清晰的「目標」。大多數的決策皆是在日常生活的規律流動中產生，且並未涉及正式決策過程的資源。然而，德渥金的概念提供可資思考的方向，讓我們將焦點放在公共論辯時，我們在決策內植入正當性的方式。當我們習以爲常的期待遭受挫折，或當我們面對爭議性觀點，以及必須爲涉及道德實踐的議題作出決定時，德渥金的概念便顯得格外受用。因爲透過網際網路與內部網路所創造的溝通環境，連結了各種文化與多元的經驗，故我們的期待面對挑戰的機會也顯得前所未有的巨大。如果我們允許協商過程立基於互競觀點的碰撞，那麼接下來我們便需要思索如何積極地處理這樣的情境。

　　我們已經討論過哈伯瑪斯前三個有助於創造出成功協商安排的情境：保持爭議性問題開放性的必要、維持可批判理性的必要以及保存整體目標、原則與權利的必要，現在我們則得以進入第四個情境：道德位置的認知。

道德位置的認知

　　到底是什麼樣的論點強化了道德位置間的差異，而我們應該予以尊重，即使某一特殊的「社群」整體會因其後果而變得更糟？而什麼樣的道德位置是我們不應尊重的，因為它們損害了某些道德原理的原則？德渥金提供我們幾個有價值的觀點，說明當我們嚴肅地看待他人權利時，決策過程將有何種改變27。

　　我們可以透過追蹤某爭論過程，來探索渥金的概念。假設英國政府網站的負責人，我曾在第五章討論過這個網站，被加入「健康」討論區的某些參與者要求，移除所有由同性戀成員提出關於法定年齡爭論的內容。負責人如何做出最佳的回應，表示同性戀成員的談話「提供有用的、重要的以及值得重視的文章，能夠提升整個公開論辯的價值」，並使得這些提出怨言的參與者，能夠認知到期望讓本身和他人透徹理解時，也必須給予他人同等的重視與尊重。藉由德渥金概念的援引，我們得出下列的結論：

1. 那些要求移除由「同性戀」者所提供內容的成員，必須針對他們的要求提出某些理由。他們或許會宣稱，舉例來說，同性戀成員所提供的內容會助長他們宗教信仰所禁止的行為，或者會認為同性戀的生活風格將導致家庭作為社會基本單位的崩解。然而，這並不是說他們所提出的理由都能奏效。渥金表示，有四個重要的標準是不奏效理由類型的模式：

　　(a) 那些要求移除由「同性戀」個人所提供內容的成員，不能將要求的基礎，根植於某些接收群體成員，本質上就應獲得較少尊重的信仰之上。例如，他們不能宣稱「同性戀寫的所有文字都是不健康的」，因為這將代表偏見

的存在。

（b）那些要求移除由「同性戀」個人所提供內容的成員，不能將其要求根植於個人的情緒化反應之中。舉例來說，他們不能提出「同性戀參與討論會讓我感到噁心」的抱怨，因為情緒性的產物無法取得道德性的認可。

（c）那些要求移除由「同性戀」個人所提供內容的成員，不能將其要求根植於極不合理的論述與事實之上，這類觀點認為同性戀者的文章使得他們本身會加諸於論點的標準予以縮減，且由其他的道德規範中取得證明。例如，若他們宣稱「同性戀的參與將會讓其他的網際網路使用者墮落」將是不會被接受的。

（d）那些要求移除由「同性戀」個人所提供內容的成員，不能將其要求根植於偏向道德權威的論述之上，像是「普遍利益」，且也不能以此自動的讓由「同性戀」提供的議題，在討論室中顯得不道德。

2. 那些要求移除由「同性戀」個人所發表內容的成員必須是態度真誠並且前後一貫的。他們必須展現其論調與他們在其他場合的信仰間的一致性。舉例而言，如果宗教信仰是他們反對由「同性戀」個人所提供內容的來源時，這樣的立場應該與他們看待由離過婚或有過婚外情的成員所參與的部分觀點相同。當然，部份成員或許會認為後者的情形是如此的普遍，故沒有打算禁止這些成員的參與。但是如果沒有出現比「如果有夠多的人曾從事不道德的行為時，這項不道德的行為就被認為是合乎道德的」更好的理由，那麼那些反對由「同性戀」個人參與的成員便無法成功的捍衛其宗教信仰禁止這些行為的道德位置，而「同性戀」成員的觀點也應該被

加以尊重。

3. 那些要求移除由「同性戀」的個人所發表內容的成員,不能將其道德說服立基於某些不証自明的基礎上,認為由「同性戀」個人參與的討論即為不道德的,而且接著宣稱不需要再有進一步的理由來支持這樣的立場。這種論點過於獨斷,並且可能進一步導致他們認為網際網路同樣也是不道德的,甚至提出網際網路同樣應該被禁止的宣稱。

這樣的協商性,德渥金強調,「將會強化我們在不同位置間所必須尊重的差異,儘管我們認為某些位置是錯的,或者因其冒犯某些道德原則的根本法則而毋須被尊重」[28]。雖然網際網路與內部網路連接許多文化以及不同的經驗,增加利益碰撞的可能性,但是網際網路與內部網路同樣也增加偏見與獨斷性姿態等等類似觀點的能見度與透明性。由於網際網路科技所具備的互動潛能,這類觀點很容易遭到挑戰,並且顯現出它們的本質。

藉由檢驗交織的協商過程,網際網路使用的特點以及反思現代化的情境將我們拉回主題,使我們理解發展出某種程度的責任感對於集體的命運是多麼的關鍵。我們必須,如同湯普森寫道的,「創造出不只侷限於區域性社群的責任感,而由更廣泛的成員所共享」。然而,我們的協商架構是一文化現象,並且永遠表現出權力的不對稱。協商過程的結果無法簡單被視為由同儕所完成的協力工作。網際網路的使用永遠涉及權力的不對稱,而決策的正當性也得由那些使用者成功的「達成」。網際網路在協商過程的轉換能力,是依賴著參與個人與組織所具備的特點,他們在時空中的位置、他們的活動所面臨的制度安

排以及他們在處置時所擁有的工具。我們是否能成功的使用網路科技強化道德實踐的反思性，到目前為止還沒有--個明確的答案。然而，網際網路的使用讓我們更清楚的體會到在遠距活動的能力；以及這類行動所將帶來的結果，我們便會道德性地藉由這些理解，盡我們最大的能力以發展出最佳的責任感。

第八章

全球化與網際網路

　　全球化是現代社會的既有特質。在簡單現代化的情境之下，全球化的過程是受到限制的。然而，在過去的四、五十年當中，這些全球化過程的重要性急遽地加速上升[1]。全球化是現在人類社會重要的動力來源；全球化重構了時間與空間，有助於社會反思性的強化，並且帶來紀登斯所謂「掏空最為傳統的行動脈絡」[2]的現象。由於全球化的普及性，因此對於全球化將引起的諸多疑問與難題便毋須感到訝異。首先，全球化到底是什麼？有時全球化幾乎被理解為一個經濟學用語，有時又指涉到文化層面，牽涉到我們生產、儲存與傳遞訊息以及其他象徵內容的方式。其次，全球化與我們的生活有何關聯？紀登斯表示全球化通常被視為一種外在力量，且是我們所無法掌握的，但實際上並非如此[3]。經濟組織、國家的代理人、其他組織類型與個人的行為，都有助於全球化與其結果的擴張。第三，全球化是一項由富有的工業化國家以及跨國組織著眼於其國家，所制定的計畫嗎？儘管明顯的有許多力量使得網際網路成為由富國的個人與組織所支配的全球性傳播網路，全球化的傾向卻影響著所有人，無論是貧窮或富有。

　　在本章當中，我將把焦點放在網際網路，以及它如何造成

全球化過程卻同時為此過程改變。我們可以藉由回想之前的幾個重點作為開始。在本書的論證中，我不斷地希望讀者能注意到網際網路的使用，正在形塑地區性活動以及跨越距離互動之間的複雜關係的轉變。確實的，許多網際網路的特質直接指出網際網路與全球化過程間的關係。舉例來說，雖然「全球資訊網」這個詞彙，並不僅僅意味著就正如其字面的意義，將促成全球性的連結。我們毋寧說，全球資訊網使得遠處的事件能前所未有的直接影響我們。相對於此，我們使用全球資訊網的方式，則具備全球性的意涵。全球資訊網也讓我們的行動達到空前的去中心化。在何謂本地和何謂遠方之間關係轉變的背後，則為紀登斯在其作品中精闢闡釋的三個動態概念，我在之前也將這三個層面與網際網路相連結：時空的遙遠化、去鑲嵌（disembedding）與再鑲嵌（re-embedding）的機制以及晚期現代性的反思性。

我在本章的主要目標，是檢視我們如何利用網際網路對於全球化影響達成更高程度的管制。我將從分析全球化的特點和整個世界今日的全球化傳播過程開始。接著，我將檢視幾個關於全球化傳播流動之文化後果的重要概念與理論詮釋。我將說明，儘管我們必須認識到網際網路作為全球傳播區域之結構化品質的重要性，我們同時必須認識到全球傳播流動與情境脈絡相互交織的方式，在這些情境脈絡中，所有行為都以知識性以及創造性的方式完成。為求抗拒這樣的討論背景，我也將同時檢驗與討論某些現在被認為與網際網路和文化帝國主義論辯有關的重要議題。這項論辯的輪廓被湯普森完整的描繪出來，但卻尚未與網際網路連接在一起。在本章的最後，我將說明全球化的結果通常是不公平的、破壞性的以及分裂的，全球化並非

一個預想能夠利用網際網路與全球不平等相搏鬥的美好烏托邦。

全球化作爲遠距活動

全球化並非新興現象。全球化的源起可以追溯到遙遠的過去，然而，直到十七、十八與十九世紀時，全球化才呈現出許多與今日有關的特點。湯普森寫道，全球化興起的條件，有「(a) 發生於某一區域的行動具備全球化或近乎全球化的性質……；(b) 行動的組織、計畫與範圍是以全球的規模作爲考量；以及 (c) 行動必須牽涉到某種程度的相互性與互賴性，因此，故在世界不同部分的地區性活動也會相互構成影響」[4]。因此，全球化（globalization）一詞與全球性（globality）有別，鮑曼說明道，後者「僅僅代表著所有地方的所有人類都享用著麥當勞的漢堡，以及收看最新播出的電視影集」[5]。全球化的範圍則更爲廣大：如同紀登斯說明的，全球化藉由遠距行動造成時空重構[6]。

乍看之下，如同紀登斯指出的，全球化似乎被視爲是一種外在於此的過程，涉及影響我們日常生活之社會互動的發展，卻與其相距遙遠。然而，他寫道，全球化永遠表現出「雙向的過程；然而，現在，全球化越來越沒有明確的『方向』，而全球化的分歧性也或多或少的被呈現出來」。時至今日，紀登斯表示，全球化是一種「座落於此（in here）的事務，它會影響，或更確切地說是辯證式的，與我們日常生活中最爲私密的層面相關。」[7]。將全球化視爲遠距行動，能讓你我理解我們是如何被積極地捲入全球化的過程之中。

　　全球化之所以會變得如此複雜是因爲其間的辨證關係，我們可以在全球化的區域與遠方的連接中，所具備的相互性與互賴性內找到證據。鮑曼表示「經濟與資訊的全球化以及政治威權的零碎化—更精確的說來，是一種『重新窄化』（reparo-chialization）的類型，他們並未在出現之時展現出矛盾，或是相互對立而造就彼此的衝突與不一致的趨勢；這些過程更像是系統整合各種層面中，所不斷進行的重新安排」[8]。紀登斯企圖以全球化的「拉離」（pulling away）、「向下滲透」（pushing down）以及「側面壓縮」（squeeze sideway）等用語，來捕捉區域與遠方連結所具備的相互性與互賴性[9]。全球化的「拉離」，舉例來說，意味著原本由國家的代理人或大型經濟組織掌控的權力，已經被全球化的發展所削弱。全球化的「向下滲透」則代表全球化爲區域認同與互動，創造出的新責任與新選擇。最後，全球化的「側面壓縮」則意味著全球化帶來時間與空間的重組，清楚的跨越老舊的疆界，並且創造出新的橫向同盟。通常，既存的制度脈絡似乎位於拉離、向下滲透以及側面壓縮過程的中段；這些制度脈絡，如同貝爾（Daniel Bell）表示的，面對大問題似乎過於微小而無力處理，面對生活中的小問題時，卻又顯得大而無當[10]。

　　傳播與資訊科技的發展有利於遠距行動，並深切地與全球化的增強綁在一起。即時的全球電子傳播已經完全改變原先既有的相互性與互賴性關係：我們現在居住在一個「全球社會」，我們不能夠再閃避他人與其他的生活方式。新的傳播網路，用湯普森的用語來說，除了會增加全球細查（global scrutiny）與全球能見性（global visibility）的可能性，同時還會提高相互質疑（mutual interrogation）的程度[11]。我們不再只

是與其他智識文化「比鄰而居」，而是以各種不同並隨時都在改變的方式互相交錯著。

如同全球化的傳播網路所帶來的時空重構，它們也有助於象徵產物的全球性流通，以及象徵權力的集中性所發生的轉變。由於結構特徵以及傳遞模式的複雜性，我們對於這些特質的認識恐怕永遠都只能侷限於部分。然而，這樣的情況卻沒有稍加阻礙學者對於權力的重新集中，以及新「權力菁英」的浮現所投注的關心和研究。舉例來說，鮑曼，表示當區域變得只是全球性訊息流動的傳遞站時，區域性便陷入危險之中[12]。卡斯堤爾警告我們有關「介於兩種空間邏輯間的結構性精神分裂」：一端是由象徵產物的全球流動所創造的流動空間，另一端則是由日常生活的區域性情境所構成空間地點。如同鮑曼，卡斯堤爾表示「我們將被引領入時間點互不碰頭的平行世界之中」[13]。

但是，如果我們嚴謹地看待「結構性的精神分裂」與「平行世界」的可能性，這兩個概念將讓我們很難去想像，在鮑曼的例子中，我們如何能夠「在一既有的區域中，試圖在重要的遊歷中記錄中途的停留」[14]。或者，在卡斯堤爾的例子中，我們如何能夠建立起「介於兩種不同空間形式之間的文化與物理橋樑」[15]。然而，我想表達的是，卡斯堤爾與鮑曼兩者對於全球傳播的結構模式，所帶來結果的所抱持的論點是過度悲觀的。他們的概念根植於文化全球化的論點，強調商業權力以及政治精英的重要性，但卻略過了在這些全球化系統內的次級地位者。根據卡斯堤爾與鮑曼的論點，那些位於次級位置者，看來無法將他們所擁有的資源，轉變為任何控制的能力。

文化全球化與傳播

　　如同湯普森所指出的，文化全球化的文獻，已經對於大眾傳播研究帶來重大的影響。讓我們檢驗在湯普森的分析中，兩種居於主導地位的論點：首先是霍克海默（Max Horkheimer）與阿多諾（Theodor Adorno）的文化工業（cultural industry）概念，其次則是席勒（Herbert Schiller）對於文化帝國主義（cultural imperialism）的說明。

文化工業與文化形式的商品化

　　霍克海默與阿多諾是一九二三年建立於法蘭克福之社會研究學院的兩位開山始祖。如同之後也成為這個機構一員的哈伯瑪斯，他們試著為現代社會之大眾傳播所扮演的角色提出說明。他們對於「大眾文化」與「文化工業」崛起所進行的批判性探討，則成為早期透過系統化方式研究現代文化媒體化的濫觴。

　　在他們的「文化工業」概念中，霍克海默與阿多諾強調大眾文化絕非自然出現。根據霍克海默的論點，大眾文化是由大規模的文化形式商品化所促發與操控的結果[16]。文化工業生產與傳遞各種文化的形式充作大眾消費之用，並且對於易於形塑與鍛造人們消費行為佔有重要地位。文化工業的整體意圖，阿多諾寫道，是「複製人們心中的現狀」[17]。文化工業也因此「妨礙了自主與獨立個人，有意識地位本身所從事的批判與決定」[18]。

　　在《啟蒙的辯證》一書中，霍克海默與阿多諾斷定資本主

義如同「強硬系統（iron system）」，在其中，「每個部分皆統一為一個整體」[19]。他們認為文化工業能讓個人「在他的敵人面前——也就是資本主義的絕對權力——顯得更為卑微」（p.120）。文化工業的目標是帶來利益與完成社會控制；文化工業依循著「系統內必要的本質絕不讓讓消費者落單，也不讓他有任何一刻懷疑抗拒是可行的。」（p.141）。文化工業的任務是「捍衛社會」，並且提供讓個人「無法逃脫」（pp.144-5）的因素。「文化工業的位置變得越強大，文化工業將更能全面性的滿足人們的需求，生產他們的需求，透過這樣的方式達成控制消費者與規訓消費者的目的，甚至剝奪其娛樂」（p.144）。

對霍克海默與阿多諾而言，湯普森寫道，「文化工業的發展是現代社會理性化與實體化強化過程中，根深蒂固的部分，此過程讓個人越來越沒有獨立思考的能力，且越來越依賴於他們不太能，甚至是無法控制的社會過程」[20]。

文化帝國主義與人類心靈的操弄

在過去的三、四十年中，對於國際傳播的討論，已經將霍克海默與阿多諾的理論更進一步的延伸到「文化帝國主義」研究，其中尤以席勒的作品最為著名[21]。席勒表示，「文化帝國主義」，

在世界系統中發展，當中僅有一個單一市場，而生產的特質和語措是受到市場的核心所決定，並且呈現向外放射的特性……世界系統的文化傳播部門的發展必須與一般系統相互配合，並有助於其目標與計畫的推展。大規模的從核

心到邊陲的單向訊息流動，象徵著權力的真實展現……快
速、無所不包的傳播科技—衛星與電腦—被尋覓、挖掘與
發展。這些科技的功效展現出其對於系統核心之結構，以
及宰制要素需求的密切回應[22]。

　　席勒表示，系統的宰制性核心，基本上是由美國為主要成
員，然而同時還包括英國與其他西歐國家，而所謂邊陲的區
域，幾乎涵蓋了所有發展中的國家[23]。

　　然而，席勒不只讓霍克海默以及阿多諾對於文化模式推廣
與分佈之理性化所抱持的觀點永垂不朽，他也讓他們將個人能
力等同於象徵產物之消費者的討論發揚光大。「在市場中的個
人」，席勒主張，「超越各種想像，搖身一變成為成為信息的
接收者」[24]。美國的媒體經營者，他寫道，

　　創造，運作、精緻化及指揮各種想像與訊息的傳遞，使其
　　能夠決定我們的信念與態度，最終，更包括我們的行為。
　　當他們刻意生產與社會真實存在狀況不符合的信息時，媒
　　體經營者也就成為心靈的經營者。創造錯誤的實在感，並
　　製造個人無法理解或隨心所欲拒斥生活真實狀況—無論是
　　個人性或社會性的意識，便是操弄式訊息[25]。

　　席勒清楚的將社會二分，人被區分為「贏家」與「輸家」
兩個廣泛的類型。贏家享有生產性資產的私人所有權，並且是
「社群中，具備宰制能力的形塑者與設計者」。輸家，「贏家以
外的人們，絕大多數的人們，僅僅扮演著服從者的角色，是弱
勢者，是被操弄者；他們的被操弄特別顯示在他們雖然並未全
心全意的參與已然建立的規律中，至少也**繼續積極地參與著**」

26。對於衛星電視與電腦出現所作的評論，席勒警告道，「未
來將可能，或者根本就會比已然全面控管的現代，面對更多的
操弄」27。

　　然而，在一九九二年的評論文獻中，席勒被迫修正部分早
期的觀點，認為文化帝國主義的概念必須被重新檢視。他表示
「有權力的美國公司已經利用其龐大的資源，與它們越洋的分
公司合作，以在國際層次上，完成他們對於國內所享有的操作
性安排」。公司主導的訊息管道不再是「美國的」，而是「巨
大、整合以及文化的結合體……美國文化帝國主義並沒有死
去，但是這個術語不再被適合用來描述全球性的文化情境。今
日，將跨國的公司組織文化視為核心的力量是更為有用的」
28。

商業權力與政治精英的優位化以及現代個人的命運

　　由霍克海默和阿多諾提出，並藉由席勒加以延伸的諸多與
文化工業與文化帝國主義概念相關的論調，並非毫無遭逢挑
戰。對於湯普森來說，有兩個問題特別造成這些分析架構的未
臻完美。首先，他們過於誇飾象徵形式推展與分配的理性化。
其次，他們指陳一個對於現代個人命運抱持著悲觀的觀點。讓
我們更詳細的討論這些問題。

象徵形式分配的理性化

　　儘管霍克海默、阿多諾以及席勒的分析焦點，都集中於大
眾傳播，我們仍很難想像，舉例而言，公眾服務傳播或商業性
質傳播的建立，如何能恰如其份的符合所謂「強硬系統」，其
間各部分均展現整體的一致性。從一九六〇年代開始，流通的

傳播資源便產生巨幅的擴張，劇烈地開啓了象徵形式推展與分
配的理性化過程。以英國的公共服務傳播爲主題，威德爾
（Eberhard Wedell）寫道：

> 在傳播發展的前四十五年間，限制性方式為其主要特質，
> 目前已經不再適當⋯⋯所謂必須遠離限制性態度的需求，
> 同時包括對於傳播時段控制，以及開放頻道數量兩者的鬆
> 綁。現在已經是時候必須隨著主體自由的增長，減少並簡
> 化限制[29]。

針對商業性傳播，道格拉斯凱勒（Douglas Kellner）認爲
它並非永遠的優惠商業與政治精英的價值與利益。節目經常對
於經濟主宰和依賴的形式，提出強烈的批判[30]。不管是霍克海
默與阿多諾的文化工業理論，抑或是席勒的文化帝國主義論
點，都沒有能力適當地解釋在大眾傳播內，複雜權力關係領域
的轉變[31]。

對於人類命運的觀點

這兩種論點均沒有認識到個人藉以接收與利用中介象徵形
式所構成的複雜社會進程，以及個人以自主性與批判性方式行
動的能力。霍克海默與阿多諾的理論強烈地影響哈伯瑪斯晚期
的論點，也就是對於公共領域再封建化相關議題的關切，哈伯
瑪斯此一論點同樣將中介文化形式接收者視爲被動的個體。而
儘管席勒表示他所提出的象徵產物傳遞中「贏家」與「輸家」
的觀點，絕對不能「被視爲意指兩個僵固而無法跨越的團
體」，但是我們仍然很難從其論證中發現個人是如何跨越此一
界線。

　　隸屬不同文化團體成員接收並利用中介式符號形式的複雜
社會過程，在列比斯（Tamar Liebes）與卡茲（Elihu Katz）近
期的研究中有較令人滿意的分析[32]。在《意義的輸出》一書
中，他們檢驗以色列—包括阿拉伯公民、前蘇聯的移民、摩洛
哥的猶太人以及集體農場的居民—與日本的觀眾以及美國西岸
的居民如何與美國電視肥皂劇《達拉斯》（Dallas）某一集的劇
情產生關聯。他們的結論表示這些觀眾透過非常不同的過程，
並援引各種資源來理解此節目的意義。列比斯與卡茲對於發覺
觀眾如何幫助他們與節目產生連結的方式特別感興趣，此過程
更被他們稱之為相互幫助。他們指出四個相互幫助的方式：正
當性、方向性、詮釋性以及評價性。首先，正當性說明觀眾間
如何彼此支持，以便正當化收看某電視節目的決定。其次，方
向性則說明觀眾間如何協助彼此理解劇情的進行。第三，詮釋
性意味著觀眾如何根據本身的生活經驗與知識引導其他觀眾解
讀劇情。第四，評價性描述觀眾間如何進行合作，以共同形塑
有關於劇中角色以及其行動的看法。不管是「文化工業」的理
論或是「文化帝國主義」的論述，都並未試圖理解這些複雜的
現象。

　　儘管霍克海默與阿多諾、席勒、鮑曼與卡斯堤爾的論點，
都有助於我們理解伴隨著全球化傳播而來的危險，但是，他們
似乎忽略了通常象徵權力的新核心只有在地區、區域、組織與
社群以及團體與個人能夠積極合作的情況下，才能使用其權
力。因此，對於傳播全球化所帶來文化結果的理解必須根據以
兩組考量為基礎。第一，這些傳播流動，立基於此的特質：若
無位於真實地區的真實人類與真實組織，全球象徵產物的流動
當然也就不存在。第二，本地與遠方透過相互性與互賴性而連

結：「無論行動者能對他人加以控制的範圍有多大，弱勢者幾乎總是能夠擁有某些將資源扭轉回來，以對抗強權者的能力」[33]。

只要大眾傳播主要仍從大規模的象徵形式生產者，朝向「位於地域性社群的成員」的單向訊息流動，介於生產者與接收者之間的相互性與互賴性也變得相對簡單。然而網際網路卻帶來雙向式的訊息流動。除此之外，儘管這些經過網際網路所傳遞的訊息將帶動大型的傳播組織，但卻未必帶來內容的製造。因此，網際網路被用來重新形塑控制形式的制度化範圍，以及個人對於本身生活與其他人生活的操控範圍。這樣的轉變不只牽涉到地區與遠方聯繫所具備之相互性與互賴性的增強。他們同時也導致此情況論辯滲透程度的劇烈化，而藉此這類控制便得以回復與維繫。

由網際網路帶來的轉變，必須同時對於全球傳播的結構性角色，以及生產—接收過程的脈絡性與詮釋性角色兩者，作一說明與認識。這樣的說明將有助我們在傳播全球化與現代世界中，能夠以更為合理的方式，嘗試著理解網際網路所帶來的衝擊。類似網際網路的網路概念，必定帶來的某程度的雙元性（dualisms）—「可自我規劃的勞動」與「一般勞動」，「流動的空間」與「地點的空間」，「連結」與「未連結」，「外在於此」的世界與「立基於此」的世界，「有權」與「無權」等等—但卻並未提供我們類似的架構。此外，任何暗示這類雙元性將導致新社會降臨的說法，都與網際網路作為一種文化傳遞形式之本質相違背。雙元性的出現是因為我們正處於傳統大眾傳播時代的尾聲，而所謂傳統傳播時期內，訊息生產者與接收者之間的根本斷裂是被制度化的。即使在某些情況中，網際網路

會造成個人用以對抗制度化控制形式自主性的喪失，這些自主性的喪失卻會由另外一些情境中，個人逐漸增加的控制範圍所彌補。個人面對無所不包的全球化趨勢所出現的症狀，是因為他們失去了過去對於影響本身生活問題的基本理解，所必然出現的無力感。這亦使得他們抱持著透過網路使用作為創造差異的希望煙消雲散。

我們必須起而迎向挑戰，且不僅只讓我們停留在說明處於全球網際網路使用的結構化脈絡中，「弱勢」如何被「強權」所壓制。我們必須分析特定網路使用的參與類型，如何積極地有利於延續「弱勢」享有極少機會的情況。我們其實應該分析結構特質以及傳遞模式的複雜性，但是在分析過程中，我們也必須記住確保個人「處於他們位置」的網際網路情境，絕大多數都不會牽涉到有權力的商業與政治精英告誡人們應該怎麼作。這些網路使用情境所牽涉的，不過只是日復一日枯燥乏味的例行公事罷了。

網際網路：全球性擴張與地區性的侵佔

關於文化帝國主義的論辯現在已經延伸到對於網際網路所造成後果的研究。在這裡我將批判性的討論幾個在一九九六年五月所舉辦的研討會中所提出的幾個議題，此次研討會的結果都收錄於《哈佛論壇—網際網路與社會》[34] 一書中。在網路之文化帝國主義的分組討論 （pp.464-82），便針對我之前曾指出的某些理論性論點，繼續進行意見的交換、爭辯、思索與預測。讓我們更詳細的檢視部份與會人士所發表的主張。

阿塔利：「網際網路其實只是文化帝國主義非常邊緣的元素」

阿塔利（Jacques Attali）是一位法國的經濟學家，將網際網路貶抑為不過是文化帝國主義一個非常邊緣的元素（p.468）。他表示，文化帝國主義，發生於媒體的核心領域當中，以及政治與民主之中，但絕非於網際網路之中。然而，他這項略微重要的觀點，必須被理解為對電信迷你終端機（Minitel，譯按：這是由法國里約為其連線終端機的命名，它原本是設計為電子查號終端機，但現在被用於存取各種不同服務資訊上）歷史背景的反抗。電信迷你終端機是由法國電信公司於1984年所發明的資訊系統，允許使用者利用電話系統連結到其他的服務，像是銀行往來、購物、戲院與線上聊天。資訊服務的發展也帶有商業目的。法國政府與私人服務供應商都因此系統的成功，而獲得高度認同，並且將網際網路視為競爭對手。因此，這個法國先建立的傳播系統便佔據有利的地位，並且造成法國網際網路發展的延宕。然而，指稱網際網路在全球性，或幾近全球性的區域創造中只能作為一個邊緣的現象，似乎過度地低估此種媒介所具備的轉型潛質。我們也很難發現，當網際網路越來越經常被其它的媒體和政治與民主所採用時，我們該如何將媒體與政治和民主等領域中，網際網路的使用區分開來。

另一個由阿塔利所提出，較為令人信服的觀點是「朝向趨同性的世界發展，而非有利於美國社群……」（p.469）。換句話說，如果網際網路沒有反映出文化的差異，那麼將不可能有助於傳送現代社會所需的利益類型。

嘉德爾：「由於其非中介的特質，網路與生俱來便是反威權的，而作為解放的科技」

嘉德爾（Nathan Gardels）是美國許多出版品的編輯，他駁斥傳統與地區性文化，將因為網際網路所傳遞之西方價值入侵而遭到破壞的論點，然而，他的立基點卻與阿塔利不同。嘉德爾認為網際網路 和其它的大眾媒體不同，因為「它非中介的特質，作為解放的科技」，故具有「反威權」的本質（p.468）。此觀點的問題在於其對於網際網路本質過於粗糙的概念，且過於樂觀。

我試著經由本書展現網際網路，相當類似其他的文化傳遞形式，是一種整合雙元潛能的複雜科技。網際網路或許的確開啓了訊息與其他象徵產物的全球擴散以及地區性獨佔的新契機。但是在此情境之中，網際網路也有可能導致自主性的喪失。這就是為什麼我認為關注實質情境以及網際網路所帶來的後果，以及被加諸於網路使用之上或隨之而來的社會限制是相當重要的。作為文化傳遞形式的網際網路，成為一傳遞的科技媒介、傳遞的制度性機器以及某種涉及時空遙遠化的傳遞。若按照嘉德爾的方式，認為由網際網路所完成的傳播，表現出某種程度的「非中介性」，等於放棄檢視全球傳播的結構性特質，以及在網際網路的使用中，生產—接收過程中脈絡性與詮釋性的特質。

羅許柯夫：網路傳播就如同「尊重每種文化成員個體性的全球性有機體」

羅許柯夫（Douglas Rushkoff）是一位媒體專家，表示文

化帝國主義以及網際網路的問題,是由那些對抗訊息科技者所創造出來的,因為網際網路允許建立一種「產生於人際間極其自然、自由與流動的關係」(p.472)。我已經在第四章進行過類似的討論,提及萊因哥德將虛擬社群的分析,比擬為微生物複製的分析,並且說明這樣的觀點存在著嚴重的缺陷。 倘若我們希望網際網路在為求建立集體命運之某種責任感的教化過程中,扮演重要的角色,那麼就必須努力使之成真。如果依照羅許柯夫的說法「我們不需要作任何事」,(p.472)那麼上述理想的實現,將變得更加難以想像。

史拉特:「真正的問題不是文化帝國主義,而是兩種文化的問題」

史拉特(Anne-Marie Slaughter)是哈佛法學院的律師,認為我們不應擔憂文化帝國的問題,而應更著眼於「介於那些佔有優勢並且上網者以及世界其他人們之間的分野」(p.420)的觀點。我們已經討論過這樣的雙元取向難以維繫的本質。與網際網路「未連結」或「弱連結」是一個重要的問題,且必須被放在辯證關係的脈絡中加以理解,尤其在區域與遠方聯繫的相互性與互賴性中格外明顯。更有甚者,網際網路涉及多元文化的傳遞,且這些多元性不能被拆解為如此簡化的二元類型。由於偏好採用雙元取徑,史拉特也低估隨之而來的問題,因為在許多層面上,我們現在正居住於一個沒有「他人」的世界中。文化的變異將不僅只介於與網際網路連接和未與網際網路連接的人們之間。

會津：由於網際網路的存在，「小衆文化似乎得到呈現的地方」

會津（Izumi Aizu）是一位日本跨文化傳播的專家，主張網際網路爲「小衆文化……是大衆媒體或大衆經濟未曾注意到的」（p.473）創造出一全球性的場域。在部分的發展中國家，他繼續說道，「人們現在蜂擁的進入網際網路使用，不只是吸收來自先進國家的訊息與知識，也與其他國家的人們分享屬於本身的訊息與知識」（p.478）。

由於來自非西方世界的文化，會津對於網路上日本藝術家的交換行爲以及全球性的影響爲例，似乎秉持著一種更微妙以及更爲複雜的理解。此種交換是經由所有那些關切者的積極參與所構成。然而，這樣的觀點卻忽略了網際網路資源的使用能力，其實呈現出不平衡擴散的問題。此觀點並未正視到那些屬於「小衆」文化成員的積極參與，可能會非預期的引導他們將彼此更加緊密地整合，在某些層面而言，包括不對稱的自主性以及對全球網路使用的依賴。

賈奇歐：「我們正試著跟上……能夠參與這個新天地的工具」

賈奇歐（Karanja Gakio）是〈非洲線上〉（Africa Online）的副總裁，將他的工作描述爲替世界上低度發展的區域提供網際網路的服務，特別是撒哈拉沙漠週邊的非洲地區（p.476）。他十分明白對於發展中國家的絕大多數人民來說，求生存的問題遠比作爲「未連結」人群的問題來得更爲急迫。他知道在提供網際網路途徑時，存在著特定的道德責任，也就是千萬不要

「創造出讓精英與其他人愈加分離的情境」（p.470）。他表示與
訊息自由流動的想法相去甚遠，在發展中國家內，「許多訊息
的流動仍依賴著經濟實體」（p.472）。他也說明「讓出現於全
球範圍的文化氾濫，同樣也出現在區域層級中」（p.476）。

　　如同會津對於分組討論的貢獻，賈奇歐也主張在網際網路
上獲得他人的重視，並非自然產生的，而必須投注積極的競
逐。然而，儘管此一過程牽涉到複雜地區情境和決策，此過程
卻和全球化進程糾結在一起。

吳曉勇：「控制的政策注定會失敗」

　　吳曉勇（音譯，Xiaoyong Wu），是香港的鳳凰衛星電視公
司（Phoenix Satellite Television Company）的副執行長，討論
有關於文化帝國主義以及與網際網路相關的政府政策角色，尤
其是中國的經驗。他說明中國政府的政策相當的複雜。「一方
面，他們希望繼續控制訊息的流動。另一方面，中國的經濟發
展卻急需訊息的自由流動」。吳曉勇認為，即便是在中國，嚴
密控制的政策是受到限制並且缺乏效率的，且這樣的政策終將
註定失敗 （p.471）。不像羅許柯夫，吳曉勇將這樣的剝奪，視
為全球性媒體組織的運作，而非科技的力量所必定造成的結
果。

　　我們絕不能由吳曉勇的評論中提出這樣的結論：民族國家
在創造政策，以及設立代理人，以對網際網路施加某些規範控
制時，變得不再重要。任何規範政策所促發的全球性討論領
域，若不是國家的一部份，也並非完全依賴於市場的自主性過
程，均符合所有網路使用者的利益。

網際網路與對全球化影響控制的擴張

我們可以質疑網際網路與全球化之間的關係，是否在任何實際層面上促進普遍的良善。由於絕大多數有關全球化的論辯，皆著重於全球化發展所帶來的分裂面向，故網際網路經常被指責為加深世界不平等的元兇[35]。然而作為一全球化的傳播場域，網際網路正動搖著既存的組織以及我們的生活方式，不論我們身在何處，也不論我們的身分為何[36]。如同許多評論家所指出的，面對到這些挑戰的不只是屬於「貧窮」國家的人民。即使如此，從世界的這些部分所發生的實例，卻清楚地呈現非西方國家的民眾面臨到難以克服的挑戰[37]。在本章的最後一部分中，我希望檢視幾個位於不同國家的組織網站，這些國家起初被認為是不能有效率使用網際網路的國家，但是這些國家仍舊表現出顯著的進步。與其絕望地雙手一攤，這些例子開始證明我們應該嘗試著結合制度，一同尋求重建生活的方式，並藉此更有效率的處理我們所面對的全球性挑戰。我將進行討論的三個網站是（1）迦納十二月三十一日的婦女運動；（2）加斯比（Gatsby）行銷中心；以及（3）邦柏魯魯（Bombolulu）計畫。這些網站都被收羅於非洲線上，這是由三位在麻省理工學院以及哈佛大學進修的肯亞人，於一九九四所創立的網路服務公司[38]。許多非洲線上的網站似乎都符合卡斯堤爾所謂「經濟的毫不相關」的描述。然而對於那些網站的創立者而言，這類討論的內容，遠比不上他們藉由連結以提高網站可見性的機會來得重要。

迦納的十二月三十一日婦女運動

　　迦納十二月三十一日婦女運動的總裁，羅林斯（H. E. Nana Konadu Agyeman Rawlings），將他們的網站視為告知全世界這項運動目標的管道，期待發展出「與其他擁有相同抱負的進步組織進行有意義的合作」³⁹。她的願景是期待「每個發展層級的女性都能獲得解放，讓她們能對國家的社會經濟與政治進步有所貢獻，並從其中獲得益處。她們的參與將有助於達成聯合國婦女宣言的目標：平等、發展與和平」。

　　這個網站證明這樣的組織，如何利用網際網路對於迦納婦女所面對的問題迎頭痛擊。整個運動的興起，這個網站說明道，

> 是因為整個國家的女性傳達出希望掌控自我的意志，希望得到被社會認可以及穩定的角色。整個運動的目標是女性應該肩負起屬於她們的責任，而非作為「被協助」的角色，她們被鼓勵自我組織以便尋找出解決緊急問題的工具，以及當情況許可時，從事具備利潤性的經濟活動。

　　網站上列舉整個運動所發展出的方案，鼓勵女性「參與社群、選區以及國家層次的決策過程」。這些方案包括讀寫教育、產生收入的行動、兒童的日常照護中心、環境保護、衛生保健、家庭計畫以及農業方案。這個網站當然也歡迎來自當地或海外的捐款，但是希望從該網站得利人士的捐款則一律敬謝不敏。此網站是透過網路使用所推行的創造性方案，當女性在面對問題時，予以賦權並增加她們自行決策的能力。網際網路因此在全球化的規模中，創造出發展地區性敏感度的新契機，

協助全球不平等問題的補償而非使之惡化。

加斯比行銷中心

加斯比行銷中心是肯亞加斯比信託（**Kenya Gatsby Trust**）的部門之一，這是一個從事「讓微型與小規模業者改善並轉換，以成爲準備投入市場的商業企業家」[40] 的非營利性組織。在行銷中心中，設計的創意被互相交換。提供產品的設計與發展、環境知覺以及消費者照護的訓練。這個組織也延伸到小型的貸款，紓解小型企業的金融窘境。

加斯比行銷中心的網站其主要目的是吸引網路使用者參觀這個市場，而非藉由網際網路販賣貨品。而不論如何，他們的行動的確也提供將茶葉銷往日本與義大利的有機農業計畫予以有效的支援。

邦柏魯魯計畫

位於孟巴沙（**Mombasa**）的邦柏魯魯工廠提供殘障人士工作的機會，共有一百六十個人在此工作。這個工廠由工匠所組成，主要的目標，這個網站表示，是「讓他們發展爲更廣大社群的獨立成員，並藉此得到應有的尊重與保護」[41]。這些工匠特別擅長於製作珠寶、木雕與皮革製作以及裁縫。許多他們所販賣的成品的設計是借用古代部落的式樣所發展而來。邦柏魯魯計畫的產品外銷到世界上的二十二個國家。

邦柏魯魯的網站是讓計畫性質改變的關鍵創舉，「從一慈善事業轉變到更爲積極地鼓勵其成員達成本身社會與經濟的獨立性」。這個網站列舉與描述他們所生產的產品。網站上也提供簡單的表格，讓那些有興趣進口相關產品的人們，索取進一

步的訊息以及完成訂貨的動作。

儘管這些網站並沒有帶來任何能反映在世界金融交易的巨額數量，但是它們的確反映出組織與個人如何利用網際網路達成對於全球化影響的有更大控制的基本方式。這些網站證明想要透過網際網路的使用，以完成打擊全球性不平等的計劃，並非烏托邦式的夢想。然而，認為一個全球四海一家式的社會能夠依賴自助（self-help）團體的熱誠，而獨力完成的想法仍是過於天真的。如同紀登斯寫道的：「全球性的問題反映到地區的自發性，但它們也需要全球性的解決方法」[42]。相較於之前我所描述的三個組織網站，非洲線上網站列舉出更多沒有網站與電子信箱的組織。建構與掛置網站的比例是相當高的，而當大多數人無法參觀時，要這些網站又有何用呢？存在著許多連接南北的超連結，但是只有少數的連結能夠扭轉這種現象。瑞許（Wresch）在《非連結》一書中作出結論道：「當我們對訊息做出更深入的思考—訊息從哪兒來、訊息往哪裡去、哪裡是訊息不能去的、誰得到訊息、誰沒有得到訊息—我們會發現到整個情況比在全球資訊網上讓人感到驚奇的猜謎文章更為複雜」[43]。邁向容納更多訊息環境的運動，還必須同時對應於朝向更為全球性管制形式的運動：包括能夠被用來協助全球對話、賦權和團結，並處理來自全球規模不平等中衝突的規範性方法與政策。只要網際網路能幫助我們增加認知的力量，並提升我們對於自身行動所造成後果的感知，我認為我們可以同意由瑞許所提出的論點：也就是我們依然能夠抱持著全球的不平等，並非全都超越我們控制的希望。

第九章

管制與網際網路

　　現代傳播科技的發展與使用，長久以來一直被民族國家視為與它們的利益有著密切的關係，因此必須對網際網路進行某些形式的管制。這樣的想法一點都不令人驚訝，因為現代傳播科技，確實在由傳統社會過渡到現代民族國家的過程中，扮演著相當重要的角色。在這樣的觀點之下，能夠被用來傳遞訊息到相對大量觀眾的科技，自然格外引人注意。原因在於它們在影響現代社會中的價值與道德標準因素，具有深遠的影響。在絕大多數民主的民族國家當中，儘管成功的程度不一，制定政策的人士都企圖保護能夠反映與調和文化歧異與多元性的大眾傳播架構。如同紀登斯寫道，部分原因是「民族國家與多元政治（polyarchy）之間的一般聯繫」[1]。個人並非只是傳播體系的使用者，他們同時也是政治社群的參與者，在其間進行著互競的意見形塑，以及根據可接觸的訊息作出決定，並且檢驗其他人的概念。同樣的，網際網路在普遍的公共傳播體系中，也佔有舉足輕重的地位。民族國家也因為企圖對網際網路加以管控，而持續地為此結果導致的問題所苦。

　　如何讓網際網路獲得最佳管制的看法，長久以來便相當分歧。部份人士主張網際網路是不可管制的，即使是最符合效率

概念的國家政策在此也會失去作用。他們的論點立基於反威權主義以及視為解放網際網路的本質。他們宣稱管制網際網路的努力都注定是失敗的，因為網際空間根深蒂固的全球性與收放自如的特質，允許個人與組織藉由匿名性，以及撤退到國家無法管轄的區域來躲避國家的威權。然而，儘管這樣的論點呈現出某些真實的情況，但是網際網路同樣也會影響管制過程本身所及的範圍。網際網路讓複雜的監督安排成為可能，能夠有效的搜尋以及辨識「罪犯」。威權體系必須依賴「銳利雙眼和良好記憶」[2]的時代已經過去了。那些將網際網路用於非法用途的人士，仍存在於時空之內的某處。在許多層面上，他們的所作所為相較於過去，具備更高的能見性，並更公開的接受審查[3]。

其他關心網際網路管制的人士，則表示以國家政策介入的概念，並非如過去那般遙不可及。他們的立論基礎是那些認為任何形式的干預都是對於訊息流動與自由表現的侵犯的論點，不過是舊日偏見。即便作為一個對於自由演說的熱誠支持者，文化的分歧性與多元主義仍將會贊同人們不應擁有從事某些行動的自由，像是鼓勵種族的互相憎恨或是傳遞兒童的色情圖片。

絕大多數關心網際網路發展的觀察家，都接受對於網際網路進行某種程度的管制是必要與適當的作法，但是由於之前管制網際網路企圖的成效不彰，故只有少數的觀察家對網際網路的管制還抱持樂觀的態度。部份觀察家，特別是那些從事審查工作的人士，通常是受到「道德恐慌」的左右，而非悉心與審慎協商過程下的結果[4]。

在本章中我將批判性的檢驗各種業已發展的網際網路管制

替代模式，並且說明它們如何影響文化的傳遞。政府政策在許
多層面上影響著網際網路、內部網路以及外部網路。舉例來
說，政府政策可能被網際網路與其他媒體之間的分界線進行管
制，或者，政府也可以把目標放在刺激經濟發展與就業機會
[5]。在此我將檢視政府政策透過哪些方式，促使網際網路成爲
一般公共溝通的系統，尤其是針對其企圖管制網路接觸性與內
容的方式。伴隨網際網路管制而來的最大問題，是網際網路或
多或少都具備著排外性，也就是卡斯堤爾所謂的「惡性整合」
（perverse integration）傾向：利用網際網路傳遞具有傷害性或
是非法的資料[6]。管制也因此被設計爲透過反應式的方法來面
對這些問題，並藉由阻礙訊息流通予以打擊。然而，我認爲如
果民族國家希望動員網際網路作爲達成各種目標的工具，那麼
便需要實施更多的生產性政策。根據紀登斯所建構政府可能達
成成就的列表[7]，這些目標包括：

1. 代表多元利益。
2. 建立充作調和多元利益所帶來之競爭主張的場所。
3. 創造一個開放的公共領域，在其中，政策性的議題可以不受
　限制的加以論辯。
4. 提供多樣化的公共財（public goods）。
5. 協助市場競爭。
6. 促進社會安定。
7. 積極的發展人力資本（human capital）。
8. 維持法律的有效性。
9. 提供經濟的基礎建設。
10. 反映並且形塑被廣泛接受的規範與價值。

11. 推展地區、區域以及跨國的聯盟，並追尋全球性目標的達成。

　　網際網路的本質與反思性現代化情境的連結，造成新控制情境發展的必要性。這些新控制機制的發展與形塑，需要政策制定者將網際網路視為文化傳遞的形式，而非僅僅看成只是帶來傷害或非法資料橫流的替代性或危機重重的管道。不同於我在前面兩章，所討論的網路公共性和全球化的背景，在本章中，我的目標是希望探討政策制定者會經由哪些方式，完成湯普森所謂網際網路應用中的「多元主義的管制原則」（principle of regulated pluralism）[8]。而致力實現此項原則，將作為政府在網際網路使用層面所能達成之成效的重要判準。

　　首先，我認為若要能夠更確切的理解政府對於網際網路的管制，規範者便必須試著使得情況得到適當的系統化。這就必須處在網際網路作為一個普遍性公共傳播體系的脈絡下，對「多元主義的管制原則」進行批判性的思考。其次，我將檢驗全世界政府曾嘗試援用並推廣的網際網路管制方式，以及他們在應用時所遭遇到的各種難題。這樣的討論將同時促成某些與網際網路相關議題的浮現，並伴隨著許多嘗試性管制監督的重要領域。第三，我將指出幾個未來可能的發展方向。

　　既存的政策——例如那些管制傳播的法令——經常被認為無法有效地引導網際網路的管制。然而，儘管網際網路的管制已經引發政府對於這個問題投注更多以及更新的關注，它同時也造成某些陳舊關切面向的激烈化。除此之外，當傳播科技愈趨整合時，政策手段的整合也就變得愈加急迫。因此，我希望在本章中，不斷強調我們能從較為「普遍」傳播形式的管制經驗中

學到重要的一課。在一九八〇年代晚期，布倫勒（Jay Blumler）關注於當時傳播界正在進行的發展，並且寫道：「進入一個科技、經濟、結構與法令轉變所造成的真實風暴之中，所有的西歐社會均被深刻地與（對他們而言）不熟悉的電子媒體政策議題所籠罩」[9]。他所描述的，正是一九九〇年代晚期的網際網路概況。除此以外，這些在傳播政策中再度出現的問題，與國家監督的其他領域內長久以來所遭遇的問題並無二致。由民族國家建構的管制手段，在反思現代性的情境之下，將變得更加侷限和無效率。

多元主義管制原則的推展

不論我們對於社會以及傳播的角色抱持著什麼樣的觀點，有一件事是再清楚不過的：在世界上絕大多數的國家中，國家如何在符合國民利益的前提下，對網際網路進行最佳的管制，仍舊存在著高度的不確定性。如果我們開始試著要求政府的政策制定者必須嘗試著創造出某種情境，那麼整個情況或許會有所改善。在湯普森的「多元主義的管制原則」以及之前曾提及有關公共生活復興以及全球化擴張及其結果的情境下，政府的政策制定者必須試著限制兩種在網際網路的使用中具備不確定性與風險的重要區域。

第一，政府的政策制定者必須保護與資源去集中化（deconcentration）相關的情境。這就意味著藉由「經濟與象徵權力的中央化，並未造成差異性與多元性的損害」[10]，這樣的方式，造成大型集團和其他有權實體過度擴張權力的縮減。一方面，這需要命令式的控制，例如限制組織合併與接管以及其

他類似行為法令規範。另一方面，管制的手段不能永遠僅只是由上而下的被制定。較具生產性的政策方案需要將目標放在創造出對於地區需求的敏感度，以及能夠捍衛較為小眾利益的情境。因此政策所需創造的架構，必須使得與網際網路使用相關的風險，無論是在個人層次或更為全球的層次之內發生，都能在其間加以處置。

　　第二，政府的政策必須保障與「媒體制度與國家力量運作的明確分離」[11]的相關情境。早期的自由思想家像是邊沁（Jeremy Bentham）、詹姆斯彌爾（James Mill）以及約翰斯圖亞特彌爾（John Stuart Mill）的主張，在今日仍有其相關性與急迫性。約翰斯圖亞特彌爾表示：

> 禁止表達某個意見是特別的惡行，這樣的行為非法的對人類的種族、後裔與既存的世代進行剝奪，且那些不贊同者所受的剝奪，甚至超過那些持有這個意見的人。如果這個意見是正確的，他們便失去以真理取代錯誤的機會：如果是錯的，則他們所失去的，則是藉由與錯誤的碰撞中，對於真理所取得更清晰的概念和更生動的敘述[12]。

　　這就必須將大眾傳播機構以及與制度性架構相關的國家權力運作加以區隔，舉例來說，在這樣的架構之中，新聞界、廣播與電視傳播組織均能夠獨立運作。同時，這個主張的達成也需要透過政府創造各種獨立的監督體系，以便監視整個架構與體系的運作。此公共區域便如同一個競技場，在其間使用或提供這些媒體的個人和組織的活動，均能夠被透徹的理解。雖然民主化的民族國家已經從這些媒體的日常事務中退出，但在此過程中，審查體系卻很少被建立。然而，管制性手段有時會區

分出直接控制具備正當性的情況，例如當自由遭到濫用或造成危及國家安全之情況時。

「多元主義的管制原則」包含以下兩個面向—資源的去集中化及與國家權力的運作相分離。當這個原則被用來管制具備普遍性全球傳播體系特質的網際網路時，意味著正追尋能管制多元主義的政府政策制定者，必須捍衛一個更為廣大的制度空間，並抱持著推展多樣性與多元主義的觀點以進行管制。由於網際網路傳播的全球特性，政策制定者必須在地區、國家以及全球的層級都採取這樣的做法。

然而在奉行這個原則時，舉例來說，政策的制定者並不希望，根據捍衛多樣性與多元性的論點，而合法化那些含有非法與有害的網站。如果管制不能提供規範性的基礎，以說明為什麼某種程度的多樣性與多元主義是必須的，而其他的特質則非如此，那麼這樣的管制顯然是不合理的。儘管這樣的規範基礎並不會阻絕經由網際網路所進行的文化傳遞，但是卻代表著政策制定者合法化特定形式之資源動員的意圖。政策制定者所面對的問題，因此也不僅只是學習各種管制技術所具備的優點以及可能遭受到的限制，還涉及到管制技術的設計與應用。這些問題也並不僅牽涉到政策制定者從最近傳播、政體與經濟的轉變與緊張中所學到的寶貴經驗，以便做出正確的決定。政策制定者在處理網際網路管制所面對的問題時，必須針對他們所不願丟棄的管制方式，建立起與傳播科技適切控制相關的合法穩固基礎。那些一開始便主張隔絕，或是站在其使用者的利益以解決如何能夠進行最佳之網路使用管制的論者，將網路使用視為如同「真實風暴」危機的一部份，也或許會迷失於此風雪之中。今日網際網路的使用者並非等待著晴朗的天空，而是會提

出更積極的主張，比方說爲什麼建立某些網際網路使用的形式
是必須的，而其他的使用形式則無此必要。

　　儘管我們絕大多數都會對於權威要求移除在網際網路上含
有非法與有害內容網頁的決策表示贊同之意，但是這樣的選項
並非永遠如此明確與二分。因此，爲了保障網際網路管制的管
制性多元情境，威權單位必須讓決策過程開放爲「原則爭論」
以及「政策爭論」。如同我在第七章所說明的，原則的爭論牽
涉到個人行動的獨立性，而非順從性的權利取向策略。政策爭
論則涉及與引導出特殊後果的規則遵循有關的目標取向策略。
惟有當我們能夠擁有更加複雜的方式，來區辨合法性道德位置
時，我們才能尋得管制性多元主義。這將隨之有利於更加成功
協商式安排的形成，且有助於進一步解決網際網路管制所引發
的各種複雜議題。

網際網路的管制方式與其問題

　　在進行網際網路管制時，挫折的主要來源可以被區分爲兩
種不同觀點間的衝突。政府傾向將網際網路視爲有助於公共傳
遞的科技，在這樣的立場之下，網際網路的傳播—儘管是經由
獨立單位所發展，政府仍必須對其進行高度的內容管制。另一
方面，有時個人則實傾向將網際網路視爲，接近其字面意義，
僅是如同電話般媒體的延伸產物，且其特質在於只能對它進行
十分邊緣的內容管制。然而，這兩個觀點本身都沒有實質的幫
助。

　　在這部分，我希望對於被用來管制網際網路的各種機制進
行調查[13]。部分的管制機制是由政府直接創造的，有些機制則

僅僅受到政府的鼓勵。然而，儘管這些方式已經展現出管制新媒體的企圖，它們在其他媒體領域的管制過程中，所表現出的優點與缺失經驗卻是我們經常忽略的。由於網際網路的特質，是在反思性現代化的情境中，扮演文化傳遞的角色，故這些方式的某些缺點便顯得益加明顯。因此，我們很難去想像有哪些既有機制能夠被持續且有效的執行。

　　我將從審查制（censorship）問題的探討開始，並且持續討論消極管制（negative regulation）所面臨的困難。接著，我將探討並尋求管制網際網路的國家性架構，接著檢視自我管制（self-regulation）的優點與限制。最後，我把焦點放在已經建立完成的評等與過濾系統所遭遇的部分考驗。

審查的難題

　　直到一九九〇年代為止，由政府所發起，以用來對於網際網路管道與內容所進行的管制仍十分罕見。網際網路的使用者分屬於範圍有限的學術社群、政府以及商業研究機構下。從一九九〇年代開始，當網際網路開始擴展，並且在普遍的公共傳播系統中扮演著重要的角色後，民族國家的威權才開始對於網際網路投以更多的注意。至今最為人所知的網際網路管制形式，或許是直接的審查，這種管制形式通常是因為相信有難以估計的兒童色情圖片在網路上寄送而引發。

　　一個重要的直接審查意外發生在一九九五年，當德國慕尼黑的地方法院的檢察官命令一家網際網路服務業者「Compu Serve」，禁止使用超過兩千個Usenet的新聞群組。許多不滿的使用者因此也取消他們在CompuServe的帳號。總部設於美國俄亥俄的CompuServe，便開始向德國政府提出抗議，表示公

司僅僅涉足傳遞訊息的業務，而這些訊息絕大多數是由居住在不同國家以及受到不同的法律體系約束的人們所創造。並且由於Usenet網路群組的數目相當多，網路服務業者一般均聲稱他們無法監督每天所張貼文件的適當性與否 14。

另一個直接審查的意外事件則發生於一九九六年，當時英國警方送出文件，告知所有位於英國的網路服務業者，勒令禁止超過一千個警方認為帶有兒童不宜之色情訊息的新聞群組。這份文件提到「在網際網路上快速的對於這種型態新聞群組進行徹底根絕」的必要性 15。

另一項事件則發生於一九九七年，德國的聯邦檢察官，對於提供超過四百個大學與研究機構所使用的德國學術電腦網路進行查核，將位於荷蘭的網路服務業者XS4ALL伺服器上總共六百個網頁封閉起來。而封閉的主要原因是使用者能從這些網頁連結到《基進》（Radikal）這份左派的雜誌。許多在XS4ALL伺服器上設置網站的商業性組織，也因為德國客戶無法連上它們的網站，而中止他們與該網路服務業者的合約 16。

儘管在民主的民族國家中，粗魯的審查機制被認為是舊時代的產物，但這類的干預，通常會因為新科技挑戰現存的控制模式，而再度出現。我們可以從錄影帶、有線電視與衛星電視最初被創造時，對電視所產生衝擊的例子中學到許多寶貴的經驗。在這個脈絡之下，科倫（James Curran）與希頓（Jean Seaton）寫道，「關上許多原本被認為應該是完全不上鎖的門：以嶄新形式重新進行審查活動，這樣的舉動將帶來更多的危險，因為這恰巧反映出公眾對於新科技本身抱持著戒慎恐懼的心情」17。然而，由於網際網路具備作為文化傳遞形式的特質，並且處於反思現代性的情境之下，由審查行為所造成的惡

果可能顯得特別嚴重。這是因為所謂的審查制度，恰好與那些
對於網際網路作為「解放」科技抱持高度期待之使用者的對立
面。另一個與網際網路相關的審查觀點，則是這些檢查手段具
備影響許多人的全球性後果。不只如此，任何審查舉措都會遭
到來自全球的挑戰。以《基進》雜誌為例，仍有四十個能連上
該雜誌的網站尚未被德國政府所阻絕 [18]。除此之外，伴隨著反
思現代性情境之下極端權威的衰弱，誰又能夠宣稱本身擁有合
法的審查權威？許多受到審查影響的新聞群組，最後證明並未
包含非法、有害或攻擊性的內容。審查的行動一點也稱不上能
促進多元主義管制原則的落實。由這些審查機制所造成的問題
看來只會助長文化悲觀論者的氣焰，並進一步將網際網路視為
對社會秩序的威脅。

消極管制的困難

　　在絕大多數的國家當中，對於網際網路的管制多半是根據
現行的法令而進行，這些法令有時會根據線上傳播的特性進行
修正。然而，絕大多數的政府也開始理解到它們建立消極傳播
管制系統的能力已經逐漸減低了。

　　英國在一九五九年與一九六四年所制定的猥褻出版品法案
（Obscene Publications Act），以對待其他出版形式的相同方式
規範網站的創造者。如果涉及到「墮落或邪惡」，出版品便會
被認定是猥褻的，除非「能證明該出版品……被認定是基於公
共利益」[19]。然而，一九九八年文化、媒體與運動特別委員會
針對視聽傳播以及傳播的管制所進行的深入討論，認為儘管網
際網路將成為與廣播內容難以區別的視訊傳播平台，但是這並
不意味著網際網路能適用與傳播界相同的規範。委員會作出結

論道，「我們完全不相信任何針對網際網路內容的管制所制定特別法令……是可行的」[20]。委員會並提出五個支持此一結論的理由：

> 首先是有關規模的問題。其次，則是有關接觸工具的問題：網際網路上的視聽傳遞是能夠經過數以百萬次的一對一交換，針對密集而龐大的活動根本無法可管。第三，則是有關於網際網路的經濟功能與社會潛能的問題。網際網路具備刺激經濟成長與社會進步的巨大潛能；假使我們自認為可以藉由虛擬但卻無法執行的法律手段，傷害這個獨一無二的機會，不啻為一種自我沈淪。最後，網際網路是國際性的；任何管制網際網路的架構也必須是國際性的。

在美國，立法者已經陷入於與消極管制結果與問題的爭鬥當中。一九九六年，有一群組織組成公民網際網路推動聯盟（Citizens' Internet Empowerment Coalition），對於一九九六年制定的電信法案（Telecommunication Act）其中的傳播端正法令（Communications Decency Act）提起法律訴訟案[21]。他們表示這項法令危害言論自由的權利，而且並未保護兒童遠離這些不恰當的資料。任何使用者若利用網際網路寄發或展示某些資料，並讓十八歲以下的未成年者能夠接觸，且資料內容被判定為「不端正的」或是「以當今社群標準來說造成攻擊性的」，便可以對這位仁兄提起告訴、監禁與罰款。然而，當案例不斷出現之時，法務部卻沒有執行這項法令[22]。

一九九七年美國最高法院判決傳播端正法令對於不符端正內容所制訂的規定是違憲的，而網際網路上的言論自由必須受到最高憲法標準的保護[23]。然而，如同溫伯格（Jonathan

Weinberg）說明的，原告「在申辯傳播端正法令是違反憲法的過程中，過於依賴過濾性的軟體（也包含阻礙性的軟體）的存在與能力」[24]。一份由總統簽署的文件提到：「透過正確的科技與評等體系—我們能夠協助確保兒童不要在亮著紅燈的超連結區域內長大成人」[25]。

一九九八年，美國公民自由聯盟（American Civil Liberties Union）、電子領域基金會（Electronic Frontier Foundation）與電子私有訊息中心（Electronic Privacy Information Center）聯合提出訴訟，挑戰兒童線上保護法案（Child Online Protection Act），這項法案也被稱爲「CDA II」。他們的行動得到許多屬於不同團體使用者的支持，包括記者、藝術家、書商以及男同性戀與女同性戀的團體[26]。

對於民族國家來說，採取立法手段來管制網際網路的使用與其內容，無疑十分困難。由美國、英國與許多其他國家的經驗，讓我們將注意力集中於創建國際性安排的需要，且這些國家的經驗均導致相同的現象：對於近乎盲目熱衷主義進行的自我管制與評等體系。但是，我們仍不確定這樣的方式是否能促進多元主義的管制原則。

國際性架構的追尋

在許多層面上，國際性的政策架構反映在國家級的政策文件中。我們可以從歐洲議會（European Commission）在二十世紀末的各式出版品中，發現足以支持此論點的例子[27]。歐洲議會認知到「伴隨著充滿活力與迅速發展『網際網路經濟』的出現，網際網路帶來相當數量經濟部門的復甦」。同時，網際網路也成爲「社會、教育以及文化領域中一股重要的影響力—賦

權公民與教育者，降低資料內容創造與分配的障礙，提供全球使用前所未有豐沛的數位訊息」。然而，議會也列舉出數個值得注意的領域：國家安全（例如炸藥的製作、毒品問題與恐怖主義）；對青少年與兒童的保護（例如暴力與色情）；人類尊嚴的保障（例如種族仇恨與種族隔離）；經濟安全（例如詐欺問題）；資訊安全（例如駭客問題）；隱私的保障（例如電子設備的干擾）；名譽的保障（例如毀謗、比較性的廣告）；以及智慧財產權（例如版權）。由於這些問題的存在，議會發現到我們需要「在確保訊息自由流動，以及保障公共利益兩者之間取得平衡」[28]。

　　歐洲議會對管制網際網路的概略想法，包含在各種不同的行動綱領之中，並且包含下列要點：

1. 創造歐洲熱線網路保障整個歐洲的安全，並且刺激相關訊息與經驗的交換。歐洲議會的重要目標之一是建立透明的管制，並且避免歐洲內部市場的分裂化。

2. 鼓勵自我管制並且制定用來傳輸密碼的守則。

3. 發展過濾與評等制度，並且確保這樣的評等制度能以歐洲的情形為主要考量。

4. 鼓勵產業內部與網際網路使用者能夠注意到熱線、自我管制和評等系統的自覺行動。

5. 與類似的國際性架構進行合作，確保歐洲的行動與世界上其他地區舉措間的連貫性，舉例來說，歐洲議會與經濟合作暨開發組織（Organization for Economic Cooperation and Development, OECD）、世界貿易組織（World Trade Organization, WTO）與聯合國進行合作[29]。

　　歐洲議會察覺到網路服務業者所扮演的重要角色，但是議會強調網路服務業者不應「忘記作者與內容提供者，對於網路上的資料內容必需擔負起主要的責任」。同樣的，歐洲議會也表示「在一個高度去集中化的網際網路環境中，網際網路的使用者對於促進產業的自我管制，扮演著相當重要的角色」。在這個角度，議會所強調的行動是著重於源起的責任，而非政府的干預或是改善使用者可溯性等行動。歐洲議會不同意牽涉到阻斷供應者的干預類型：「這樣的限制性政權是不可能存在於歐洲的，因為這樣的政權將會嚴密地干預個人的言論自由及歐洲的政治傳統」[30]。歐洲議會也反對過度廣泛的進行管制，舉例而言，這可能會導致對於網際網路不分情境的嚴密禁制，但其所散佈的內容卻仍可能在其他媒介中任意取得，或造成資訊根本無法完整地被刊載的情況。

　　歐洲級的政策制定者對於自我管制的可能性以及評等體系仍抱持著相當的期待。他們以「有助於提供『由下到上』而非『由上到下』的解決方式」[31]的用語來描述評等系統。評等系統，他們表示，「作為資料內容的指引與審查的有效科技——並且是一種用來解決不同家庭與文化不同敏感度差異之間，既富彈性又廉價的方式。儘管網際網路或許會造成新的風險，這些科技卻也帶來新機會」[32]。然而，自我管制與評等體系本身也會創造風險，接下來我將針對部分的風險進行討論。

自我管制的限制

　　並非只有民族國家與國際性管制手段，會強調自我管制在網際網路使用中所可能扮演的角色。其他許多具有代表性的團體，像是民主與科技中心（Center for Democracy and

Technology）的塞傑（Jonah Seiger）也表示他深信「唯一控制網際網路上訊息的方法，就是依賴末端的使用者」[33]。戴森（Esther Dyson），電子領域基金會的主席，慶賀傳播端正法案的刪除並且評論道，「法院的判決將網路上頭控制和接觸言論的責任，自政府的手中奪回，並將之交回其從屬之處：父母和其他個人的手中」[34]。

自我管制發展出許多不同的形式。自我管制可能包括設立熱線的利益團體，或是支持特殊事件的網頁。以「婦女遏止網路濫用」（Women Halting Online Abuse）組織為例，便將該組織本身的目標描述為「教育網際網路社群有關於線上騷擾的議題，賦權予遭到騷擾的受害者，並且制定自願性的政策，讓系統能藉由這樣的政策創造一個免於騷擾的環境」[35]。另一個相同類型的自我管制的例子是由「網路天使」（Cyber Angels）所建立，他們發展出稱之為「網路巡邏方案」的體系。在這個方案中，他們宣稱將使用他們「有關線上騷擾與犯罪的特殊知識」，來協助「執行尋找兒童色情、性交易以及其他線上的犯罪內容與行為」[36]。他們的聊天室分區頻道的規則標示：「粗魯的言詞……暗示性的談話以及任何其他不適當的行為（由分區主管與行政人員所決定）都是不被接受的」。伴隨著幾乎像是虔誠的宗教氣息，他們敦促他們個別的社群成員『要像個天使！』」[37]

自我管制也可以利用產業作為基礎，包含使用傳輸密碼的網路服務業者，而這個密碼是網路服務的使用者或客戶所必須依循的。然而，在許多案例之中，自我管制往往牽涉到建立更廣泛的獨立監督系統，並且宣稱這個獨立的監督系統代表更廣泛的各種組織的利益與價值。這種自我管制體系的案例之一是

1996年在英國所成立的「網際網路守望基金會「38（Internet Watch Foundation, IWF）。以一九九七年為例，IWF便參與了歐洲議會的審議會，而一九九八年，該基金會則提出發展國家層級評等制度的報告。

　　自我管制，如同審查，通常也創造出許多我們熟悉的問題。例如，新聞界歷經一段很長的自我管制史，並且成立各式各樣的委員會來處理抱怨、標準、道德以及發送的問題。但是，如同麥奎爾所表示的，

　　具體化新聞界責任的企圖，並無法克服介於不同媒體機構，以及介於世界上不同的經濟與政治系統的參與者之間基本觀點的差異以及不同的利益。在實際的層次上，這樣的做法也被證明是無法輕易的建立有效率的自我管制。儘管存在著形形色色的形式以及廣泛的應用，絕大多數媒體的道德符碼都將焦點擺在數目有限的原則，以便帶來良好的專業化傳播 39。

　　麥奎爾所描述的自我管制問題，在許多層面上，只會因為網際網路的介入而不斷地增強。網際網路聚攏許多不同的文化觀點，並且創造出產生衝突的嶄新可能性。除此之外，反思現代性的情境也嚴酷地挑戰既存的自我管制形式。

　　部分的問題變得更為明顯，舉例而言，在英國的「網路權利與網路自由」（Cyber-Right & Cyber-Liberties）的運動中，對IWF提出批判，表示網際網路守望基金會的行為，代表該基金會已經是一個類似政府的體系。他們表示IWF本質上「是一個以產業為基礎，並帶有公共責任的私人組織」。他們認為由於IWF的立場過於接近貿易與工業部以及其他部會，而網路產業

又是如此的普遍，網路產業也沒有建立一個獨立的體系[40]。如果類似網際網路守望基金會的權威或機構，在某種程度上接收來自政府與產業的直接訊息，那麼我們將很難發現這些機構將會進一步的推展多元主義的管制原則。

英國的網路權利與網路自由的運動表示贊同另一個非常不同的體系，這個體系已經在荷蘭實行與建立，並且被他們稱之為「荷蘭模式」。他們表示，相較於英國的IWF，這個體系具備更廣泛的運作基礎，因為該體系將更為廣泛的利益收納其中：「荷蘭網路提供者基金會」（Dutch Foundation for Internet Providers）、「網際網路服務業者」、「荷蘭的網路使用者」、「國家犯罪智識服務」（National Criminal Intelligence Service）、「對抗種族隔離國家公署」（National Bureau against Racial Discrimination）以及其他相當多的專家。然而，仔細檢查荷蘭熱線的成果，顯現出在實際上有許多情形仍舊讓人感到失望[41]。這個荷蘭體系的創建者，羅德里魁茲（Felipe Rodriquez），甚至宣稱這個基金會是徹底的失敗[42]。他表示，熱線，並未降低在網路上可接觸到的兒童色情訊息的總量，真正被起訴的數量也相當少。他認為網際網路不只是顯現出問題的嚴重性，網際網路也象徵著警方企圖有效率的統整與處理這些問題所遭遇的失敗。除此之外，他警告若在自我管制的過程中，建立起私有的審查制度，並且創造出在缺乏任何的正式合法權威資源的情形下，仍能將網頁移除或驅離的環境，這些舉動都將會讓我們陷入危機之中。

評等與過濾系統的考驗

評等與過濾系統是從所謂的「安全入口」（safe portals）的

概念以及各式各樣的過濾軟體所發展而成。「安全入口」牽涉到使用者安裝私人的連結器，例如瀏覽器或搜尋引擎，讓他們可以精確的管制這部電腦所可以連結的網站 43。過濾軟體也讓使用者得以阻絕不適當的資料以及限制上網的總時數 44。

　　評等與過濾系統之所以能扮演管制的角色，是受到「網際網路內容選取平台」（Platform for Internet Content Selection, PICS）的發展刺激。這項科技允許根據電子標籤對公佈於網站上的訊息加以過濾。這個平台是由麻省理工學院全球資訊網公會的瑞斯尼克（Paul Resnick）與米勒（James Miller）於一九九六年所發展而成 45。瑞斯尼克說明道，「標籤可以傳達需要人類判斷的特質—不管這是個娛樂性或是攻擊性的網站—並因為網站的使用政策以及個人資料間的轉換，使得訊息不會立即的以文字或圖片形式出現，」46。全球資訊網公會強調PICS本身僅僅是一組科技設備，讓「獨立的實體」或者進行某些工作的權威變得可能：第一，設定說明用語與標準以便選派標籤；第二，選派標籤；第三，分配標籤；第四，寫過濾軟體；第五，設定過濾標準；第六，安裝與運作過濾軟體 47。PICS本身並非是某種評等系統而是讓評等與過體系得以運作的科技。

　　最為盛行的評等系統之一是由「娛樂軟體顧問委員會」（Recreational Software Advisory Council, RSAC）所開發，並稱之為RSACi的體系。RSACi將其本身描述為「一個獨立的、非營利性的，並且推動公眾利益的組織」。該委員會創造RSACi的目的是「為保護兒童以及所有在全球資訊網發表訊息使用者的言論自由，提供一個簡單，但尚未具備高效率的評等系統」48。儘管娛樂軟體顧問委員會宣稱本身只是一個獨立的評等單位，但是該委員會仍得到許多與他們合作的贊助者熱切地支

持，像是CompuServe、PointCast、戴爾電腦（Dell）、線上迪士尼（Disney Online）以及其他組織。然而，RSAC最重要的成就，是將他們的系統整合進入微軟的「探險家」（explore, IE）網路瀏覽器。這樣的整合使得使用者能夠催生微軟所謂的「內容顧問」，並且設定使用者所能忍受的性、裸露、暴力與攻擊性言語的程度。因此，接著我們能將不適當的網頁根據「過濾原則」加以排除。使用者也可以選擇使用另一個評等單位的過濾標準，但是在微軟的下拉選單中，並沒有包含其他的評等單位。

儘管類似RSACi的系統或許能帶來許多新的優點，但是標誌訊息內容的標籤以及過濾系統本身也會引發某些社會關注的問題，因為這樣的評等系統可能會產生明顯程度的信任問題。讓我們在這裡檢驗其中的幾個問題。第一，已經與特定評等系統整合的瀏覽器。從特定系統下載與安裝這些盛行著標籤式替代的瀏覽器，即便使用者可能已經下載過其他瀏覽器。

第二，即使創造評等系統的組織會宣稱本身的「獨立性」，但是這樣的宣稱並不會自動回答關於這些組織的責任與他們行動的透明程度等等嚴重的問題。即便是全球資訊網公會也承認，如果特定評等者的力量過於龐大，將會帶來更多的危險。他們說明道：「如果許多民眾都使用特定組織的標籤進行過濾，那麼該組織也將確實地操弄他們擁有的權力。舉例來說，這樣的組織能夠決斷性的為他們商業上或政治上對手的資料貼上負面的標籤」[49]。RSAC，企圖藉由聲稱RSACi系統是「根據史丹福大學的羅伯特（Donald F. Robert）博士的研究所完成，他從事了將近二十年的媒體影響研究」來建立系統本身的合法性。但這樣的作法，不過是監督單位利用其他機構（例

如傳播機構），來支撐其本身行爲合法性的粗劣反應罷了。

　　第三，儘管網站的創建者能夠自行貼上標籤，但是任何人都能爲某個網站甚至是提供者的伺服器創造PICS的標籤。這樣的情形意味著某個對其他人懷恨在心的使用者，能夠在未得到他人允許的情況之下，替其他的網站或伺服器貼上標籤。雖然全球資訊網公會將此描述爲「類似某人對你的網站提出評論」，但是在實際上卻帶來更重大的影響 [50]。舉例來說，溫伯格說明「基督教同盟（Christian Coalition）或者是男孩斥候（Boy Scouts）—都能試著建立能反映他們所信奉價值的評等系統，而這些評等等級能藉由封閉軟體所使用」[51]。而一旦某個網站遭到封閉，那些使用類似PICS評等系統的使用者，甚至將不知道存在著這麼一個網站。

　　第四，儘管網站的創建者能夠選擇參不參加某個評等系統，但是RSACi的使用者可以選擇不開啓對話盒，而所有未經RSAC評等的網站便都會遭到封閉的命運。這樣的做法，RSAC的廣告表示道，「對於既存的網路環境是相當有助益的，而且每天可以用更快的速度設定新的網站。不要開啓這個對話盒，可以說是阻絕你不希望孩子們看到內容的最佳保證」[52]。這個廣告意味著即使沒有其他的理由，只要某網站不被貼上標籤，那麼這個網站就會被封閉起來。以「石牆」（Stonewall）網站爲例，我們曾在第五章討論過這個網站，並未參與一九九八年的RSCA評等，因此我們在網路上找不到這個網站 [53]。如果使用者本身的網站未經過評等，那麼內容顧問甚至不允許他們參觀自己的網站！

　　第五，評等與過濾系統將不會帶來對於內容使用的總體控制。使用者可以發現幾種關閉這個系統的方式。他們或許會甚

至企圖安裝其他沒有與類似控制機制整合的瀏覽器。他們也可以從不同的電腦連上網際網路。除此之外，評等系統目前只能用於全球資訊網，而尚未涵蓋其他的網際網路環境，例如聊天室。

第六，評等與過濾系統的使用可以順著終端使用者的電腦，一直到網路服務業者或是某個組織的防火牆。雖然政府並不被允許創造出國家級的防火牆，但是政府能夠讓評鑑者順從政府的要求，禁止進入某些特定的網站。除此之外，個人能夠授權某個特定的評鑑者，過濾出某些特定的訊息。因此，政府或許甚至是個強迫性自我評鑑的提供者[54]。

第七，過濾系統的正確性通常是有待檢討。如同溫伯格所提到的，「討論男同性戀與女同性戀議題的網站通常是被封閉的，即便是這些網站的內容沒有提到任何的性話題」[55]。華勒斯（John Wallace），在他所創建名為「奧茲字母」（An Auschwitz alphabet）的網站中包含性扭曲的內容，表示他將不會對自己的網站進行評鑑，因為過濾系統把他的網頁與「熱情的全裸女性」（Hot nude women）網頁混為一談[56]。過濾系統的正確性問題同樣引起對於經營搜尋引擎組織的關注。如果他們對本身網站內包含的連結網站進行評等，無疑的，他們將引起有關於評等一致性的問題。

第八，儘管評等與過濾系統是用來保護兒童的，但是成年的使用者也不能簡單的讓這些系統暫時失靈，或者置換這些系統所需的作業環境。

上述所有的要點都要求對實際的標誌工作、評等單位以及過濾系統的使用方式進行審慎的監督。這項議題也引起英國的網路權利與網路自由運動對網際網路守望基金會的批判，認為

該基金會的行為牽涉到在英國建立國家層級的評等系統。這個
運動強調設定「一個獨立的，並且能觸及到更多的真實問題，
以及找出最佳的解決之道的工作團隊」[57]是非常重要的。由於
網際網路具備文化傳遞形式的特點，並且處於反思現代性的情
境之下，使得特定人士很難去設計出適當的評等與過濾原則以
便管制訊息的使用。同時，如果評等與過濾系統能夠不只是他
們的創造者所擁有的沉默機械母體，將能維護大眾對於這些系
統的表現的積極信賴，並且展現出超越它們現在所具備的責任
與透明的程度。

幾個可能的發展方向

　　網際網路的管制被鎖入網際網路的各項屬性中，例如其作
為一個科技化傳遞媒介以及深遠的影響，以湯普森的用語而
言，網路管制作為訊息和其他符號內容的「選擇性擴散管道」
且「限制落實的機制」。在創生他們的政策之際，規範者體認
到網際網路在文化層面的重要性，並以其在社會與經濟發展中
的核心位置來加以看待之。然而，他們所採行某些管制措施，
也難以避免的會非預期的損害到在這些過程當中，仰賴網際網
路所扮演協商式媒介公共性管道的潛質。

　　我曾經在前頭試著說明網際網路的管制，必須努力的推展
出管控的多元主義。在目前的發展下，哪些是我們可能仍可行
的方向？我不打算在此重述前頭已經深入探討過的諸多概念與
批判主義，我將以命題的方式統整出五個發展的方向：

（1）當然有時我們可以修訂審查制度，但審查制度將繼續造成

威脅，防止網際網路誠如某些人所期盼的在經濟，教育和文化的領域中都發揮其強大的影響力。由國家發起的審查制度行動，將國家權力的運作與傳播制度間的斷層加以融合。照這樣長期發展下來，這類的行動將大幅損壞了國民對國家權威所賦予的信任。審查制度的行動作為合法性控制的試金石，也繼續成為「公眾良善」不恰當的施展。在反思性現代性的狀況下，大多數的個人和組織都沒有察覺到那些拐彎抹角的合理化說詞，其實就是決定哪些網際網路內容必須限制傳播的支撐物。政策必須被設計得足以支持一有效率和積極性的法規系統。

（2）由於對於媒體內容的管制變得更加困難，政府正推廣自我管制以及評等活動的部門。由於管制必須總是符合本地或社群的需求，因此某些我曾經在前頭討論過的自我管制和評等局處的例子，顯然只是彰顯了不接受中央化權力配置所萌生的問題。而IWF和RSAC的「獨立」的特質則更是未受其影響。我們必須牢牢的記住，這些被鼓勵擔負起自我管制責任的媒體供應者都不是公益性團體。他們是網際網路工業的一部份，而且他們的首要興趣在於保持本身營運的利潤。假使爭議性高的內容可能導致他們營利的受損，那麼他們將因為本身私利的因素將這些內容移除。他們最根本的目標並不在於強化「公共的良善」，而毋寧說是為了更貼近於一般收視戶（或訂閱者）的偏好。換言之，導致他們決策的最佳理由是市場取向。評等局處、標誌和過濾服務，再加上使用他們的軟體製造商，也都會對於網際網路的接觸與內容造成衝擊。他們所推動的極致目標在於架構出一過濾原則的架構硬網，能夠允許或阻絕網

頁的瀏覽。正如文森伯格（Weinberg）所解釋的，RSACi

區隔出性慾意味清晰的言論，而忽略其中的教育價值或本身粗糙的營利主義……一個典型的居家使用者，使用微軟網路瀏覽器、透過RSACi警語以進行過濾後，將進入一個瀏覽的架構，只能接收由大型娛樂公司所公布且定期評等的大眾市場言論，但卻阻絕各種多變，充滿創意但卻來自未評等網址（但卻適合兒童）的個人言論。這樣的前景令人擔憂。58

政府顯然心知肚明在此領域中推行中央化權威的危險性。當然地，也有例子顯示政府可以採取更為積極的行動，以創造出監督與管制這些發展的制度性架構，並在參與性的基礎上，推廣包容性更高的控管模式。政府必須積極地創造適當的景況，以允許網際網路在不受束縛的論辯中被使用，並被用來作為協商競逐理念或偏好的公開論域。更有甚者，假使將這些辯論的議題，被窄化為單純與弱勢群體的保障有關，也不令人滿意。

（3）或許對於政府而言，增加民眾對於熱線與過濾系統等存在的認知相當重要，但是政府同樣也必須採取一更為積極的角色，教育個人與組織在使用網際網路時，所必須具備的權力與責任觀念。正如紀登斯所寫的，「我們都必須有對抗風險的保障，但同時也必須有面對風險與冒險的能力，以將之轉換為生產性的趨勢」。59以兒童接觸到網際網路上不當的言論內容作為部分例子，就與家長無法恰當的評估當中所蘊含的機會與風險有關。更有甚者，舉例而言，由英國政府於一九七九年猥褻和影片審查會議的報告也並未

做出足夠的區分，我們必須區分出個人非志願暴露而接觸到的題材，以及個人積極搜尋而接觸的題材兩者間的差距 60。舉個例子，假使個人並不想知悉男同性戀者與女同性戀者的生活形態，那麼他們只需要避免利用他們的搜尋引擎來尋找這些資訊，或者將這些內容下載到他們的瀏覽器中就可以了。

（4）兒童接觸到色情圖片並沈溺其中確實是值得憂慮的問題。網際網路則確實增加人們這類訊息的可見度。然而，認為我們只需要在網際網路上，全面禁止這些題材，就可以將這些問題完全解決，無疑是過於天真的看法。與此相反的，政府必須以更加富有創意的方式，去考量網際網路應該如何被利用來應付這些問題。舉例而言，網際網路可以被用來監視特定個人，以防範濫用的發生。

（5）全球化並不只是網際網路規範的背景而已。國家政策唯有在跨國性的積極合作脈絡下才能顯出其成效。當某些區域內的跨國聯盟已經成形時，全球性的政策卻仍舊維持低度發展，並急需得到重視。畢竟國家性的政策總是與全球狀況緊密相連。

　　以上五個可能的發展方向或許有助於政府的政策制訂者，創造出社會與經濟發展歷程中，網際網路所需的協商式媒介公共性。

結語

　　網際網路對於當代文化造成的衝擊，其後續效應所提供的景致，並非是純然美好的樣貌。爲求符合這些狀況，其他研究的作者紛紛由熱衷的正向態度，**轉趨悲觀主義**，有時則悄然落入冷漠那端，或者認爲那些我們用來理解網際網路互動之衝擊的理論化架構，其實都徹頭徹尾的不恰當。當代文化已經遭到**轉變**。但我們必須用不同的角度來思考這樣的轉型。在結語的部分，我將嘗試著將本書的幾個主軸作一統整的工作。

　　最近社會與文化理論領域的文章中，均指出我們正朝向一個嶄新的時代移動，在鮑曼的《破碎生活》和紀登斯的《現代性的後果》兩本書中，則將此時代的諸項特質加以統整，當然，也對之加以撻伐[1]。某些新時代的特質，就像紀登斯所點出的[2]，顯得十分的令人困惑：

1. 各種社會轉型具有離心的趨勢，以及去固著（譯按：指不附著於單一地理位址）的特質
2. 在支離破碎的經驗裡頭，個人的特性遭到扼殺或被遺忘
3. 在面對全球化的趨勢時，個人感到無力
4. 由於抽象系統的入侵，使得日常生活的「意義」都被淘空
5. 在疏離分散的前提下，合作式的政治參與皆預先被杜絕

這樣的情況似乎意味著我們早已「沒有任何東西可以失去」。假使這樣的說法是真確的，那麼我們就不難想像他們正推廣的，其實正是如同李歐塔筆下所描述的「隨遇而安」的虛假文化[3]。

某些論者關注現代傳播網絡，其中最著名的是卡斯堤爾，他傾向將這些新科技的後果加以拆解，並直接將此與用來描繪我們現代時期最為驚慌害怕的各類想法串連在一塊。他用來刻畫新時代特質的遣詞用語包括「去人性化」，「邊緣化」，「排他性」，「瓦解」，「劫持認同感」，「對立分化」，「依賴」，「網路邏輯和幾何學」，「第四世界」，「一般勞工與自我控管勞工的對立」，「互不相關的人們」，「主宰人們文化場域空間的資訊流通空間」，「歷史的終結」，「城市的告終」，「永恆的邊緣」，「裸露的結構」，甚至以「地獄」來加以形容[4]。由許多角度看來，卡斯堤爾其實是繼續發展許多其他嘗試理解網際網路對於當代文化衝擊之研究者，在其本身研究中即已充斥的論調。在這樣的脈絡中，人類聯繫的形式被視為如同培養皿上頭成長繁衍的微生物般出現，而網際網路的使用則被認為造成許多世界中，個體的去中心化，且能夠同時扮演多重角色。

當這些研究看來都判定個人以及他們所存在更為廣泛的制度化環境，都將被囚禁於一個更為不幸的未來，但我所抱持的希望卻與此背道而馳。也因此，我集中於探討網際網路支援下所浮現的嶄新關係，以及他們如何在你我處理現代經驗裡所發生的作用，而不僅只是成為另一個焦慮不安與恐懼的源頭而已。但我所做的，並不意味著我們不應該嚴肅的面對卡斯堤爾以及其他研究者的警告。我們真真切切地居住在一個充滿高度不確定性與危機的世界裡頭，而且大部分是社會性人為風險所

造成。身在現代中的每一份子都或多或少促成這樣的發展：照此看來，我們都有共享著相同的責任，去試著作些什麼來加以改善之。

反思現代性的概念打破了長期以來，現代性與後現代性論辯所存在的束縛，而且看來即將造成概念上的革新[5]。反思現代性有助於將風險的可能性，理解為一創新社會的核心要素，而不是當作一由人們背後神秘湧現，讓他們毫無招架之力，近乎全然消極負面的景象。我在書中曾經試著解釋，網際網路在反思性現代狀況下的出現，絕非偶然。換言之，網際網路的創生且持續發展，皆是在十分特殊化的需求與偏好下進行著。但正如所有的新科技一般，網際網路的使用與後果無法總是完全的被預見。

我曾經說明為了更加詳盡的理解網際網路，和內部網路與外部網路，所創造的新選擇和新負擔，我們必須將他們不只是定義為另類的溝通管道，而是，如同湯普森約定俗成的說法，將之定位為文化傳遞的形式[6]。使用湯普森的理論架構，來構作出網際網路的理論性取徑，讓我們能夠更為完整的理解，借用威廉斯的用語，這類科技如何「能夠被用來影響，轉變，且在某些例子中控制我們的社會過程。[7]」

採用湯普森的論點，概念與構想，我在書中已經檢視範圍眾多的議題，而這些遭受到網際網路深厚衝擊的部分：人類聯繫的形式，組織的現代模式，自我與經驗，公共性，全球化，以及最終，政府透過管理和控制，能夠達到什麼樣的效果。在每一個例子中，我都將網際網路的使用視為關切這些議題的主要論辯與概念基調。更重要的是，我也試著梳理出並結晶化另類—但卻是正面積極的取徑，來定位風險與不確定性，並將這

些與網際網路所引發的新型態行動模式及互動類型相連結。在我們探討網際網路所導致的新風險與新的不確定性時，我透過某些概念與構想來慶賀「機敏的人群」，「機智的關係」，「四海一家的態度」，「開展出的空間」，「積極的信任」，「包容性」，「反思性的參與」，「富有生產性的介入」，「有限的損害」，「協商的經驗」，「重新賦予的知識與技術」，「共識與相互性的鍛造」，「風險追溯與超越衝突」，「在平等關切與尊重下的參與權力」，「協商式中介公共性」，「相互與互賴的本地與遠距連結」，還有關於「規範性的多元主義」：這些概念都是我從許多社會理論家的作品中抽取出的概念。

然而，我的討論主軸多半都不是全新的。他們的輪廓在許久以前就已經奠定，但他們的後續效應至今卻仍未完整的被理解。假使我們暫且將社會與文化理論近期文獻的悲觀論點擱置一旁，那麼一幅截然不同的網際網路對於當代文化衝擊的圖像便開始浮現。這樣的景象提示我們，其實我們仍有「許許多多可以喪失」。將我們本身柔軟順從的居處在一個「隨遇而安」的文化裡頭，其實並不是一個恰當的選擇—反而是充滿危機的。紀登斯並不是以後現代來描繪這個時代，而是以「激進化現代性」來稱呼之，因為在這個時期中，現代性的後果變得前所未有的深遠[8]。當某些「激進化現代性」的特質繼續顯得令人困窘，但他們卻不必然將全面的壓制、征服我們。某些則是如同紀登斯以下的描述般呈現[9]：

1. 驅散效應其實辯證的與朝向全球化與整合的強大趨勢相連結
2. 自我其實是作為各類交叉作用的施力位置；然而個人也能夠主動的解決「自我的兩難」

3. 經驗與行動都涉及無力感和賦予能力兩極的辯證拉鋸

4. 日常生活是一積極複雜的反應組合，同時與佔有及失去兩者關連

5. 協商式政治參與在當地，區域，國家和全球的層級上，同時是可欲和必須的

在這些發展下，傳播科技類如網際網路，正是我們可以使用來追求危險極小化，並極大化機會性的主要工具。很顯然地，就像卡斯堤爾警告的，個人、團體和其他型式的社會組織，都將持續被賦予各種由網際網路等科技媒介所引致的能力和資源。在此藉由鮑曼的觀察，我們能夠再一次被提醒：

我們和其他人所做的一切，都將具有深厚，遙遠和長期的後續效應，而這些效應我們既無法直接加以觀察，或者準確的予以預知。在行動和他們的後果間存在著遙遠的距離——這同時指時間與空間兩者——我們無法透過固有的天性或尋常的覺知能力來加以探測——也因此，我們根本很難藉由對其效果的完整條列，以測量我們行動的品質[10]。

因此，我們必須將我們的文化發展，朝向所有科技例如網際網路的使用，都都反映出我們複雜世界的方向駕馭，而非盲目的朝向一切「隨遇而安」的方向，唯有如此，我們才能對此有更清楚的理解，也才能在盡可能的範圍內介入其間。

註　釋

第一章、造就現代社會轉變的一些發展

1. F. Webster, Theories of the Information Society（Routledge, London, 1995）（《資訊社會理論》，台北：遠流出版社）。

2. M. Castells, End of Millennium, vol. 3of the Information Age：Economy, Society and Culture（Blackwell, Oxford, 1998）, p.340-351（《千禧年的終結》，台北：唐山出版社）。

3. R. Williams, Television：Technology and Cultural Form（Fontana, London, 1974）（《電視：科技和文化形式》，台北：遠流出版社）。

4. J. B. Thompson, The Media and Modernity：A Social Theory of the Media（Polity Press, Cambridge, 1995），頁44-80。

5. A, Giddens, Beyond Left and Right：The Future of Radical Politics（Polity Press, Cambridge, 1994）（《超越左派和右派》，台北：聯經出版社）。

6. M. Mann, A History of Power from the Beginning to AD 1760, vol. 1 of The Sources of Social Power（Cambridge University Press, Cambridge, 1986）, p.431。

7. J. Kieve, The Electric Telegraph：A Social and Economic History.（David and Charles, Newton Abbot, 1973）。

8. R. Abler, Effect of space-adjusting technologies on the human geography of the future, 收錄於R. Abler 等人所編, Human Geography in a Shrinking World（Duxbury Press, North Scituate, 1975）。

9. I. De Sola Pool, The Social Impact of the Telephone（MIT Press, Boston, 1977）。

10. D. G. Janelle, Central place development in a time-space framework, Professional Geographer 20（1968）：A. Giddens, The Nation-State and Violence, vol. 2 of A Contemporary Critique of Historical Materialism（Polity Press, Cambridge, 1985）, p.178（《民族、國家與暴力》，台北：左岸文化出版社）。

11. M. McLuhan, Understanding Media：The Extensions of Man（McGraw-Hill, New York, 1964）, p.5（《理解媒介》，北京：商務印書館）。

12. 同上註。

13. U. Beck, Risk Society：Towards a New Modernity（Sage, London, 1992）, p.19。

14. Giddens, Beyond Left and Right, p.4。

15. Z. Bauman, Postmodern Ethics（Blackwell, Oxford, 1993）, p.17（《後現代倫理》，江與人民出版社）。

16. J. Habermas, The Theory of Communicative Action, vol. 2：The Lifeworld and System：A Critique of Functionalist Reason（Polity Press, Cambridge, 1987）, p.394-395（《溝通行動理論》第二卷，上海：三聯出版社）。

17. A. Giddens, The Consequences of Modernity（Polity Press,

Cambridge, 1990）（《現代性的後果》，台北：左岸文化出版社）。

18. 同上註，第24頁。

19. Habermas, Theory of Communication Action, vol. 2, p.183。

20. G. J. Mulgan, Communication and Control：Networks and the New Economies of Communication（Polity Press, Cambridge, 1991），p.58-60。

21. A. Giddens, The Consequences of Modernity, p.27。

22. J. Habermas, Theory of Communication Action, vol. 2, p.390。

23. 同上註。

24. A. Giddens, The Consequences of Modernity, p.26, 27。

25. 同上註, p.137。

26. A, Giddens, Modernity and Self-Identity：Self and Society in the Last Modern Age（Polity Press, Cambridge, 1991），p.112（《現代性和自我認同》，台北：左岸文化出版社）。

27. R. Sennett, The Fall of Public Man（Vintage Books, New York, 1978），p.282-284。

28. D. Dougan, Benchmarking the Internet：reaching beyond the Bell curve, 收錄於O'Reilly & Associates所編的The Harvard Conference on the Internet and Society中（Harvard University Press , Cambridge, 1997），p.38。

29. S. Lash and J. Urry, Economies of Signs and Space（Sage, London, 1994），p.3。

30. U. Beck, A, Giddens and S. Lash, Reflexive Modernization：Politics, Tradition and Aesthetics in the Modern Social Order（Polity Press, Cambridge, 1994）（《自反性現代化》，北京：

商務印書館）。

31. A. Giddens, Beyond Left and Right。

32. Beck, Giddens and Lash, Reflexive Modernization, p.2-3。

33. 同上註, 第56-57頁。

34. Habermas, Theory of Communication Action, vol. 2, p.395。

35. Thompson, The Media and Modernity, p.209。

36. Beck, Giddens and Lash, Reflexive Modernization。

37. D. Held, Democracy, the nation-state and the global system, Economy and Society 20, no.2 （1991）, p.161。

38. M. Castells, The Power of Identity, vol.2 of The Information Age：Economy, Society and Culture（Blackwell, Oxford, 1997）, p.304（《認同的力量》，台北：唐山出版社。即出）。

39. J. Habermas, Legitimation Crisis （Polity Press, Cambridge, 1976）（《合法性的危機》，台北：時報出版社、桂冠圖書）：C. Offe, Contradictions of the Welfare State （MIT Press, Cambridge, Mass., 1984）：C. Offe, Disorganized Capitalism（Polity Press, Cambridge, 1985）。

40. C. J. Mulgan, Communication and Control, p.58-60。

41. Z. Bauman, Postmodernity and its Discontents （Polity Press, Cambridge, 1997）, p.203。

42. Giddens, Beyond Left and Right, p.12-20。

43. R. A. Dahl, Polyarchy （Yale University Press, New Haven, 1971）, p.1-2（《多元政治》，台北：唐山出版社）。

44. Castells, The Power of Identity, p.303。

45. Giddens, Beyond Left and Right。

46. L. Hirshhorn and T. Gilmore, The new boundaries of the "boundaryless company", Harvard Business Review（May-June 1992）, 頁105。

47. J. Fulk and G. DeSanctis, Electronic communication and changing organizational forms, Organization Science 6, no.4（July-Aug. 1995）。

48. C. Hecksher, Defining the post-bureaucratic type, 收錄於C. Hecksher and A. Donnellon編 The Post-bureaucratic Organization：New Perspectives on Organizational Change（Sage, Thousand Oaks, Calif., 1995）, p.14-62。

49. V. P. Barabba, Meeting of the Minds：Creating the Market-Based Enterprise（Harvard Business School Press, Boston, 1995）, p.114。

50. M. Castells, The Rise of Network Society, vol. 1 of The Information Age：Economy, Society and Culture（Blackwell, Oxford, 1996）, p.163。

51. Habermas, Theory of Communication Action, vol. 2, p.395。

52. Giddens, Modernity and Self-Identity, p.207。

53. Thompson, The Media and Modernity, p.180。

54. Giddens, Modernity and Self-Identity, p.3。

55. 同上註, 第192頁。

56. 同上註, 第189頁。

57. Hecksher, Defining the post-bureaucratic type。

58. J. Fulk and G. DeSanctics, Electronic communication, p.342。

59. 同上註, 第343頁。

60. Beck, Giddens and Lash, Reflexive Modernization, 頁66-74,

100-107。

61. 同上註, 頁67。

62. 同上註, 頁100。

第二章、網際網路的崛起

1. K. Hafner and J. Markoff, Cyberpunk: Outlaws and Hackers in the Computer Frontier（Fourth Estate, London, 1991）。

2. K. Hafner and M. Lyon, Where Wizards Stay Up Late: The Origins of the Internet（Simon and Schuster, New York, 1996）, and P. H. Salus, Casting the Net: From APRANET to Internet and Beyond（Addison-Wesley, Reading, Mass., 1995）。

3. S. Zuboff, In the Age of Smart Machine: The Future of Work and Power（Basic Book, New York, 1988）。

4. V. Bush,'As we may think', Atlantic Monthly, July 1945。

5. Hafner and Lyon, Where Wizards Stay Up Late, pp.64-7。

6. P. Baran,'On distributed communication networks', IEEE Transactions of the Professional Technical Group on Communication System, Vol. CS-12, no.1（Mar. 1964）。

7. Hafner and Lyon, Where Wizards Stay Up Late。

8. J. C. R. Licklider, 'Man-computer symbiosis', IRE Transactions on Human Factors in Electronics, Vol. HFE-1（Mar. 1960）, pp.4-11。

9. J. C. R. Licklider and W. Clark, 'On-line man-computer communication', paper presented at Spring Joint Computer Conference of the American Federation of Information

Processing Society, Aug. 1962。

10. J. C. R. Licklider, 'The computer as a communication device', Science and Technology（Apr. 1968）。

11. Hafner and Lyon, Where Wizards Stay Up Late, pp.71-3。

12. 同上註, pp.12-13。

13. Salus, Casting the Net, p.57。

14. J. E. O'Neill, 'The Role of APRA in the development of the APRANET, 1961-1972', IEEE Annals of the History of Computing 17, no.4（1995）。

15. 'The NSFNET backbone services acceptable use policy', National Science Foundation, June 1992, secs 10-11。

16. Zona Research, http://www.zonaresearch.com.。

17. S. T. Walker, "Completion report: APRA network development", Defense Advanced Research Projects Agency, Information Processing Techniques Office, Washington DC, 4 Jan. 1978。

18. T. Berners-Lee, 'Information management: a proposal', Mar. 1989, http://www.w3.org/History/1989/proposal.html。

19. 同上註。

20. 同上註。

21. Enquiry into audio-visual communications and the regulation of broadcasting, House of Commons Select Committee for Culture, Media and Sport, 6 May 1998, http://www.parliament. the-sationery-office.co.uk/pa/ cm199798/cmselect/cmcumeds/ 520-vol1/52002.htm.。

22. 同上註。

23. J. Wallace, Overdive: Bill Gates and Race to Control Cyberspace〈John Wiley, New York, 1997〉；Zona Research。

24. Financial Times, 19 May, 1998。

25. J. Weinberg, 'Rating the net', Hastings Communications and Law Journal 19, no.2（1997）, pp.453-82。

26. Nua Internet Surveys, http://www.nua.net/；US Department of Commerce, 'The emerging digital economy', National Technical Information Service PB98-137029, 1998。

27. 關於網際網路使用者人數的估計是依賴著不同的資料來源。想得到更進一步的理解與現今的概況請參閱Nua網際網路研究。

28. 同上註。

29. NAZCA, http://naczaatchi.com/.。

30. Nua Internet Surveys。

31. K. Maney, 'China turns to internet: infant industry stirs passion and paranoia', USA Today, 14, Nov., 1997。

32. Nua Internet Surveys。

33. Russian Non-profit Center for Internet Technology, http://koi.www.rocit.ru/。

34. Asia Biz Tech, http://www.nikkeibp.asiabiztech.com/ Database/1999-Jan/13/Mor.04.gwif.html。

35. Nua Internet Surveys。

36. Graphic, Visualization and Usability Center, http://www.gvu.gatech.edu/user_surveys/。

37. T.P. Novak and D. L. Hoffman, 'Bridging the digital divide: the

impact of race on computer access and internet use', Project 2000, 2 Feb., 1998, http://www2000.ogsm. vanderbilt.edu/。

38. Graphic, Visualization and Usability Center。

39. Find/SVP。

40. Graphic, Visualization and Usability Center。

41. SRI Consulting, http://www.sri.com/。

42. Graphic, Visualization and Usability Center。

43. Find/SVP。

44. RelevantKnowledge, http://www.relevantknowledge.com/。

45. Graphic, Visualization and Usability Center。

46. INTECO, http://www.inteco.com/。

47. AIMC, http://www.teleservicious.com/internet.htm。

48. CommerceNet, http://www.commerce.net/research/stats/ wwwstats.html。

49. CyberAtlas, http://cyberatlas.internet.com。

50. International Data Corporation, http://www.idc.com。

51. Durlacher Quarterly Internet Report 3, http://www. durlacher. com。

52. Department of Trade and Industry, 'Secure electronic commerce statement', 27 Apr., 1998, http://www.dti.gov.uk/C II/ana27p.html。

53. Booz. Allen & Hamilton, http://www.bah.com/press/ internet_survey. html。

54. International Data Corporation。

55. G7 Government On-line Project, Project Definition Statement, http://www.open .gov.uk/govoline/10120_2.htm；G7

Government On-line Project, 'A review of progress and project status', Document 10143, version 1, 9 July 1996。七大工業國為加拿大、法國、德國、義大利、日本、英國與美國。

56. General Accounting Office, http://www.gao.gov.。

57. Nua Internet Surveys。

58. The Guardian, 7 Oct. 1997：Enquiry into audio-visual communications and the regulation of broadcasting。

59. S. Zuboff, In the Age of Smart Machine。

60. Government Direct: A Prospectus for the Electronic Delivery of Government Services, http://www.open.gov.uk/citu/gdirect/greenpaper/index.htm。

61. Ministry of Transport, Public Works and Water Management, http://www.dgv.minvenw.nl/home/categorie.asp? categorie =dvp。

62. Boeing Company, http://www.boeing.com/。

63. J. E. Fook, 'Boeing's intranet flies high', Internet Week, 24 Jan., 1997。

64. Ford Motor Company, http://www.ford.com/global/index-d.html。

65. M. J. Cronin, 'Ford's intranet success', Fortune, 30 Mar., 1998。

66. 網際網路傳播討論頻道「#Gay.nl」可以在EF-net上發現，利用下列的伺服器：irc2.sci.kun.nl、irc.sci.kun.nl或是stealth.net。

67. #Gay.nl的家頁為http://www.gaynl.demon.nl/。

68. M. Castells, End of Millennium, vol.3 of The Information

Age：Economy、Society and Culture（Blackwell, Oxford, 1998）。

69. A. Giddens, A Contemporary Critique of Historical Materialism, vol.1： Power, Property and the State（Macmillan, London, 1981）。

70. 同上註。

71. A. Giddens, The Constitution of Society: Outline of the Theory of Structuration〈Polity Press, Cambridge, 1984〉。

72. R. E. Walton, Up and Running: Integration, Information Technology and the Organization〈Harvard Business School Press, Boston, 1989〉, pp.26-8。

第三章、文化的傳遞與網際網路

1. D. Porter（ed.）, Internet Culture（Routledge, London, 1997）, p. Xi。

2. 同上註。

3. B. Latour, 'Thought experiment in social science: from the social contract to virtual society', Virtual Society?, first annual public lecture, Brunel University, 1 Apr., 1998, http://www.brunel. ac.uk/research/virtsoc/events/latour2.htm。

4. J. B. Thompson, 'Mass communication and modern culture: contribution to a critical theory of ideology', Sociology 22（1988）, pp.359-83；J. B. Thompson, Ideology and Modern Culture: Critical Theory in the Era of Mass Communication（Polity Press, Cambridge, 1990）；J. B. Thompson, The Media and Modernity: A Social Theory of the Media（Polity Press,

Cambridge, 1995）。

5. A. Giddens, The Constitution of Society: Outline of the Theory of Structuration（Polity Press, Cambridge, 1984）（《社會的構成》, 台北：左岸文化出版社）。

6. A. L. Kroeber and C. Kluckhohn, Culture: A Critical Review of Concepts and Definitions（Harvard University Press, Cambridge, 1952）。

7. R. Williams, Culture（Fontana, London, 1981）, p.10。

8. Kroeber and Kluckhohn, Culture, p.77。

9. Thompson, Ideology and Modern Culture, pp.122-45。

10. Kroeber and Kluckhohn, Culture, p.31。

11. J G. Herder, Reflections on the Philosophy of the History of Mankind（Chicago University Press, Chicago, 1968）；Kroeber and Kluckhohn, Culture, p.38。

12. Thompson, The Media and Modernity, p.126。

13. G. Klemm, Allgemeine Cultur-Geschichte der Menschheit（B. G. Teubner, Leipzig, 1843-52）。

14. Kroeber and Kluckhohn, Culture, pp.44-6。

15. 同上註, p.287；E. B. Tylor, Primitive Culture: Researches into the Development of Mythology, Philosophy, Religion, Art and Custom, vol.1（John Murray, London, 1891）, p.1。

16. Thompson, The Media and Modernity, p.129。

17. 同時參閱A. Giddens, New Rules of Sociological Method: A Positive Critique of Interpretative Sociologies（Hutchinson, London, 1976）, p.119。

18. Thompson, The Media and Modernity, p.136。

19. 同上註, p.132。

20. Kroeber and Kluckhohn, Culture, p.86。

21. R. W. Sellars, V. J. McGill and M. Farber eds., Philosophy for the Future（New York, 1949）, p.363。

22. R. Bain, 'A definition of culture', Sociology and Social Research 27（1942）, p.87。

23. K. Davis, Human Society（Macmillan, New York, 1949）, pp.3-4。

24. Thompson, The Media and Modernity, p.132。

25. C. Geertz, The Interpretation of Cultures: Selected Essays（Basic Books, New York, 1973）（《文化的解釋》，上海：三聯出版社）。

26. Thompson, The Media and Modernity, pp.132-5。

27. 同上註, pp.136、146。

28. 同上註, pp.164-171。

29. H. A. Innis, Empire and Communications（Oxford University Press, London, 1950）（《帝國與傳播》，台北：遠流出版社）and The Bias of Communication（University of Toronto Press, Toronto, 1951）；M. McLuhan, The Gutenberg Galaxy: The Making of Typographic Man（Routledge and Kegan Paul, London, 1962）；Understanding Media: The Extensions of Man（Routledge and Kegan Paul, London, 1964）。

30. Ford Motor Company, http://www.ford.com/global/index-d.html。

31. British Broadcasting Corporation, http://www.bbc.co.uk/。

32. A. Giddens, Modernity and Self-Identity: Self and Society in

the Late Modern Age（Polity Press, Cambridge, 1991）,
p.26。

33. 同上註, pp.146-7。

34. Thompson, Ideology and Modern Culture, p.167。

35. A. Giddens, Central Problems in Social Theory: Action,
Structure and Contradiction in Social Analysis（Macmillan,
London, 1979）, p.66。

36. Universidade de Sao Paulo, http://www.usp.br/。

37. Thompson, Ideology and Modern Culture, p.168。

38. The Digital City Amsterdam, http://www.dds.nl；Information
in various languages: http://www.dds.nl/info/english。

39. Thompson, Ideology and Modern Culture, p.168。

40. 同上註, p.169。

41. Giddens, The Constitution of Society, p.135。

42. Innis, The Bias of Communication, pp.33-60。

43. 同上註, p.33。

44. Giddens, The Constitution of Society, pp.68-73。

45. B. Sherman and P. Judkins, Glimpses of Heaven, Visions of
Hell: Virtual Reality and its Implications（Hodder and
Stoughton, London, 1992）, p.127。

46. S. Plant, 'Beyond the screens: film, cyberpunk and
cyberfeminism', Variant 14（1993）, p.14。

47. D. Boden and H. Molotch, 'The Compulsion of Proximity', in
R. Friedland and D. Boden（eds.）, Nowhere: Space, time and
Modernity（University of California Press, Berkeley, 1994）,
p.258。

48. R. D. Sack, 'The consumer's world: place as context', Annals of the Assdciation of American Geographers 78（1988）, p.642。

49. M. Mcluhan, 'Effects of the improvement of communication media', Journal of Economic History 20（1960）, pp.566-75。

50. M. Morris and C. Ogan, 'The internet as mass medium', Journal of Communication 46, no.1（1996）, pp.39-50。

51. Thompson, Ideology and Modern Culture, pp.218-9。

52. 同上註, p.219。

53. J. Habermas, The Structural Transformation of the Public Sphere: An Inquiry into a Category of Bourgeois Society（MIT Press, Cambridge, Mass., 1991）（《公共領域的結構轉型》,上海：學林出版社）。

54. J. Habermas, The Theory of Communicative Action, Vol.2: The Lifeworld and System: A Critique of Functionalist Reason（Polity Press, Cambridge, 1987）, p.390。

55. Thompson, Ideology and Modern Culture, pp.114-21；Thompson, The Media and Modernity, pp.71-5。

56. R. Dworkin, Taking Rights Seriously（Duckworth, London, 1987）, pp.22-8。

57. Thompson, The Media and Modernity, pp.74-5。

58. 同上註, pp.260-1。

59. P. Bourdieu, The Field of Cultural Production: Essays on Art and Literature（Polity Press, Cambridge, 1993）。

60. Thompson, The Media and Modernity, p.85。

61. Bourdieu, The Field of Cultural Production。

62. T. Hagerstrand, 'The domain of human geography', in R. J. Chorley ed., Directions in Geography（Methuen, London, 1973）。

63. T. Hagerstrand, Innovation as a Spatial Process（Chicago University Press, Chicago, 1967）, p.332。

64. Thompson, The Media and Modernity。

65. Giddens, The Constitution of Society, p.164。

66. Bourdieu, The Field of Cultural Production。

67. Thompson, The Media and Modernity, pp.91-3。

68. S. Johnson, Interface Culture: Hoe New Technology Transforms the Way We Create and Communicate（Hyper Collins, New York, 1997）。

69. 同上註, pp.18、25。

70. 同上註, p.77。

71. 同上註, p.77-8。

72. 同上註, p.128。

73. Thompson, The Media and Modernity, p.8。

第四章、網際網路與人類聯繫的形式

1. H. Rheigold, The Virtual Community: Homesteading on the Electronic Frontier（Addison-Wesley, Reading, Mass., 1993）。

2. 同上註, p.3。

3. 同上註, p.4。

4. 同上註, pp.1-16。

5. M. Poster, The Second Media Age（Polity Press, Cambridge, 1995）, p.35（《第二媒介時代》，南京：南京大學）。

6. Rheigold, The Virtual Community, p.1。

7. 同上註, p.2。

8. B. Anderson, Imagined Community: Reflections on the Original and Spread of Nationalism（Verso, London, 1983）, pp.13-14（《想像的共同體》，台北：時報文化出版社）。

9. Poster, The Second Media Age, p.34。

10. M. Nash, The Cauldron of Ethnicity in Modern World（University of Chicago Press, Chicago, 1989）, pp.128-9。

11. F. Tonnies, Community and Association（Gemeinschaft and Gesellschaft）, trans. C. P. Lommis（1887；Routledge and Kegan Paul, London, 1992）（《共同體與社會》，北京：商務印書館）。

12. Anderson, Imagined Community。

13. Z. Bauman, Intimations of Postermodernity（Routledge, London, 1992）。

14. Anderson, Imagined Community, pp.15-16。

15. A. Giddens, The Nation-state and Violence, vol.2 of A Contemporary Critique of Historical Marxism（Polity Press, Cambridge, 1985）, pp.192-7。

16. J. Nancy, The Inoperative Community（University of Minnesota Press, Minneapolis, 1991）, p.XXXVIII。

17. R. Dworkin, A Matter of Principle（Clarendon Press, Oxford, 1986）, p.2。

18. M. Oakeshott, On Human Conduct（Clarendon Press, Oxford, 1975）, p.112。

19. 同上註, pp.315-16。

20. 同上註, p.316。

21. A. Giddens, Beyond Left and Right: The Future of Radical Politics（Polity Press, Cambridge, 1994）, p.67。

22. H. C. Lucas, The T-Form Organization: Using Technology to Design Organizations for the Twenty-First Century（Jossey-Bass, San Francisco, 1996）。

23. J. Habermas, The Theory of Communicative Action, vol.2: The Lifeworld and System: A Critique of Functionalist Reason（Polity Press, Cambridge, 1987）, p.395。

24. Bauman, Intimations of Postmodernity, pp.XVI-IXIX。

25. Z. Bauman, Postmodernity and its Discontents（Polity Press, Cambridge, 1997）, p.196。

26. Giddens, Beyond Left and Right, p.124。

27. Bauman, Postmodernity and its Discontents, p.196。

28. Bauman, Intimations of Postmodernity, pp.138-9。

29. 同上註, pp.134-5。

30. Bauman, Postmodernity and its Discontents, p.203。

31. M. Castells, The Information Age: Economy, Society and culture, vol.3: End of Millennium（Blackwell, Oxford, 1998）, p.352。

32. A. Giddens, The Constitution of Society: Outline of the Theory of Structuration（Polity Press, Cambridge, 1984）, pp.184-95。

33. C. Fischer, To Dwell Among Friends: Personal Networks in Town and City（University of Chicago Press, Chicago, 1982）。

34. A. Giddens, The Consequences of Modernity（Polity Press, Cambridge, 1990）。

35. Giddens, Beyond Left and Right, p.94。

36. Giddens, The Consequences of Modernity, pp.18-20。

37. Oakeshott, On Human Conduct, p.112。

38 Giddens, Beyond Left and Right, p.130。

39. Oakeshott, On Human Conduct, p.122。

40. J. Dewey, Democracy and Education（Macmillan, New York, 1917）, p.120（《民主與教育》，台北：五南出版社）。

41. Giddens, Beyond Left and Right, p.131。

42. 同上註, p.130。

43. J. B. Thompson, The Media and Modernity: A Social Theory of the Media（Polity Press, Cambridge, 1995）, pp.8-9。

44. F. Barth ed., Ethnic Groups and Boundaries: The Social Organization of Culture Difference, 在伯格大學（University of Bergen）所舉辦的研討會的論文合集, 23-6 Feb. 1967（Allen and Unwin, London, 1969）。

45. Bauman, Intimations of Postmodernity。

46. 請參閱Giddens, Beyond Left and Right, pp.124-5。

47. J. Lyotard, Peregrinations: Law, Form, Event（Columbia University Press, New York, 1988）, p.38。

48. 請參閱Giddens, Beyond Left and Right, pp.124-5。

49. Rheigold, The Virtual Community, p.14。

50. Giddens, The Nation-state and Violence, pp.181-92。

51. Giddens, Beyond Left and Right, p.125。

52. Bauman, Intimations of Postmodernity, p.135。

53. 請參閱Giddens, Beyond Left and Right, pp.124-5。

54. 同上註。

55. J. B. Thompson, The Media and Modernity: A Social Theory of the Media（Polity Press, Cambridge, 1995）, p.120。

56. Z. Bauman, Life in Fragments: Essays in Postmodern Morality（Blackwell, Oxford, 1995）, p.275。

57. Elizabeth Reid, 'Electropolis： Communication and Community on Internet Relay Chat', 被梅爾波尼大學（University of Melbourne）選為歷史系的榮譽理論。

58. 為了理解在此節錄自網路聊天室的對話, 知道某些對話型態對我們是有幫助的，若某個玩家使用（所羅）的暱稱並且向大家說哈囉，頻道內其他的使用者會看見「(所羅)哈囉」的字樣。像是（Wes20）的暱稱便是傳達某人的年紀。如果出現英文大寫的字樣，像是HELLO，意味著使用者希望以大叫的方式傳遞訊息。如果問題重複或者伴隨著連串的問號, 通常意味者這位使用者已經缺乏耐性了。星號有時被用來表示情緒的描述，或者代表除了交談以外，正忙著處理其他的事情，也可能被用來傳遞對話與目前的討論無直接相關的評論。舉例而言，「(所羅) *感到不舒服*」，或是「*所羅必須先去泡一壺茶」。部分的對話路線已經被網路聊天室本身所建入。例如，「***所羅已經離開聊天室（離去中）」表示「所羅」同時離開頻道與網路聊天室。使用者在聊天室裡也能寄發私人信件給其他人。

59. Rheigold, The Virtual Community, pp.300、314。

60. S. Turkle, Life on the Screen: Identity in the Age of the Internet（Simon and Schuster, New York, 1995）。

61. S. Turkle, 'Virtuality and its discontents: searching for community in cyberspace', American Prospect 24（Winter 1996）, p.57。

62. Turkle, Life on the Screen, p.268。

63. 同上註, p.262。

64. Bauman, Postmodernity and its Discontents, pp.194-5。

65. A. Giddens, A Contemporary Critique of Historical Materialism, Vol.1: Power, Property and the State（Macmillan, London, 1981）, p.18。

66. Turkle, Life on the Screen, p.180。

67. Bauman, Intimations of Postmodernity, pp.Ⅴii-Ⅴiii。

68. Rheigold, The Virtual Community, p.3。

69. L. Wittgenstein, philosophical Investigation（Blackwell, Oxford, 1972）（《哲學研究》，台北：桂冠圖書公司）。

70. A. Giddens, Central Problems in Social Theory: Action, Structure and Contradiction in Social Analysis（Macmillan, London, 1979）, p.71。

71. Erving Goffman, Forms of Talk（Blackwell, Oxford, 1972）。

72. Giddens, The Constitution of Society, p.172。

73. M. Castells, The Rise of Network Society, vol.1 of The Information Age: Economy, Society and Culture（Blackwell, Oxford, 1996）, p.199。

74. 同上註, p.362。

75. Giddens, The Consequences of Modernity。

76. Giddens, Beyond Left and Right, p.130。

77. Bauman, Postmodernity and its Discontent, pp.102-3。

78. Thompson, Ideology and Modern Culture, p.120。

第五章、組織與網際網路

1. A. Giddens, Beyond Left and Right: The Future of Radical Politics（Polity Press, Cambridge, 1994）。

2. H. C. Lucas, The T-Form Organization: Using Technology to Design Organizations for the Twenty-First Century（Jossey-Bass, San Francisco, 1996）；M. J. Earl, Management Strategies for Information Technology（Prentice Hall, New York, 1989）；S. Zuboff, In the Age of Smart Machine: The Future of Work and Power（Basic Book, New York, 1988）。。

3. J. M. Juran, Juran on Planning for Quality（Free Press, New York, 1988）。

4. M. Hammer and J. Champy, Reengineering the Corporation（Harper Business, New York, 1993）。

5. T. Davenport, Process Innovation: Reengineering Work through Information Technology（Harvard Business School Press, Boston, 1993）, pp.37-66。

6. T. H. Davenport, R. G. Eccles and L. Prusac, 'Information politics', Sloane Management Review（Fall 1992）。

7. S. Davis and J. Botkin, The Monster under the Bed: How Business is Mastering the Opportunity of Knowledge for Profit（Simon and Schuster, New York, 1993）。

8. C. W. Choo, The Knowing Organization: How Organization Use Information to Construct Meaning, Create Knowledge, and Make Decisions（Oxford University Press, Oxford, 1998）。

9. V. Barabba, Meeting of the Minds: Creating the Market-Based Enterprise（Harvard Business School Press, Boston, 1995），pp.109-10。

10. 同上註, p.114。

11. T. N. Warner, 'Information technology as a competitive burden', in T. Forester ed., Computers in the Human Context: Information Technology, Productivity and People（Blackwell, Oxford, 1989），p.274。

12. 部份訊息的失敗是由於法律規定所造成，可參閱P. Key, 'SAP America hit with a $500m suit', Philadelphia Business Journal, 2 Nov. 1998。

13. M. Castells, The Rise of Network Society, vol.1 of The Information Age, Economy, Society and Culture（Blackwell, Oxford, 1989），p.294。

14. A. Giddens, The Third Way: The Renewal of Social Democracy（Polity Press, Cambridge, 1998）（《第三條路》，台北：聯經出版社）。

15. Z. Bauman, Life in Fragments: Essays in Postmodern Morality（Blackwell, Oxford, 1995），p.103。

16. A. Giddens, 'Time and social organization', in Social Theory and Modern Sociology（Polity Press, Cambridge, 1987）。

17. 同上註, p.155。

18. 同上註, pp.153-62。

19. 同上註, p.152。

20. 同上註, pp.162-5。

21. 同上註, p.162。

22. 請參閱J. B. Thompson, The Media and Modernity: A Social Theory of the Media（Polity Press, Cambridge, 1995）, ch.1, note 6。

23. Giddens, Time and social organization, p.157。

24. Castells, The Rise of Network Society, p.168。

25. U. Beck、A. Giddens and S. Lash, Reflexive Modernization: Politics, Tradition and Aesthetics in the Modern Social Order（Polity Press, Cambridge, 1994）, p.44。

26. 同上註, p.88。

27. Key, 'SAP America hit with a $500m suit'。

28. 以獨立檢察官史達說明柯林頓總統以及李文斯基之間的情事的報告為例：美國參議院依據憲法第二十八條所賦予的權力，由獨立檢察辦公室於一九九八年九月九日簽署，http://icreport.house.gov/icreport/。

29. D. Ernst, 'Inter-firms networks and market structure: driving forces, barriers and patterns of control', Berkeley Roundtable on the International Economy research paper, University of California at Berkeley 1994, pp.5-6。

30. Castells, The Rise of Network Society, p.420。

31. 同上註, p.375。

32. D. Harvey, The Condition of Postmodernity: An Enquiry into the Origins of Cultural Change（Blackwell, Oxford, 1990）, p.294。

33. F. Jameson, Postmodernism, or the Cultural Logic of Late Capitalism（Verso, London, 1991）, pp.38-45（《後現代主義，或晚期資本主義的文化邏輯》，台北：時報文化）。

34. H. Voss, 'Virtual organizations: the future is now', Strategy and Leadership（July-Aug, 1996）。

35. T. Davenport and K̇. Pearslon, 'Two Cheers for the virtual office', Sloan Management Review（Summer 1998）, p.52。

36. 同上註。

37. British Airways, Public Relations Archive, 20 July 1998, http://www,british-airways.com。

38. Castells, The Rise of Network Society, p.420。

39. A. Giddens, The Consequences of Modernity（Polity Press, Cambridge, 1990）, p.19。

40. Davenport and Pearslon, 'Two Cheers for the virtual office', p.56。

41. U. Karmarker, 'Getting control of just-in -time', Harvard Business Review（Sept. -Oct. 1989）, pp.122-31。

42. Beck、Giddens and Lash, Reflexive Modernization, pp.37、186。

43. Giddens, The Third Way, p.102。

44. 同上註, p.42。

45. Giddens, Beyond Left and Right, p.42。

46. Beck、Giddens and Lash, Reflexive Modernization, p.96。

47. Giddens, The Third Way, p.65。

48. R. Dworkin, Taking Rights Seriously（Duckworth, London, 1997）, pp.248-53。

49. Harvey, The Condition of Postmodernity, p.294。

50. 我根據紀登斯的Beyond Left and Right, pp.159-63, 進一步推展出這四個特點。

51. 請參閱S. Telleen的例子，「IntraNet methodology, concept and rationale」, http://www.amdahl.com/doc/products/bsg/intra/concepts1.html。

52. L. Garton and B. Wellman, 'Social impacts of electronic mail in organizations: a review of research literature' in Communication Yearbook, vol. 18, （Sage, London, 1995）, p.441。

53. Giddens, The Third Way, p.63。

54. E. M. Hallowell, 'The human moment at work', Harvard Business Review（Jan. -Feb. 1999）。

55. 新加坡政府的網站, http://www.gov.sg/.

56. United Kingdom government's 10 Downing Street 網站, http://www.number-10.gov.uk/index.html.

57. J. Reith引自A. Briggst, The British of Broadcasting, vol. 1 of History of Broadcasting in the United Kingdom （Oxford University Press, London, 1961）, p.256。

58. Giddens, The Third Way, 頁71。

59. Nua Internet Surveys, http://www.nua.net/.

60. Best of Italy, http://www.best-of-italy.com/.

61. R. Cowe, Workers go desktop shopping, The Guardian, 10 July 1998。

62. A. Abela and A. Sacconaghi, The secret of building customer relationships on line, McKinsey Quarterly, no. 2（1997）, p.216-219。

63. Blackwell's Online Bookshop, http://www.blackwell.co.uk./.

64. J. M. Jordan, Organizing for electronic commerce：toward lightweight decentralization, Version 1.0, The Ernst & Young

Center for Business Innovation, July 1998。

65. British Petroleum's website is at http://www.bpamaco.com/.

66. BP and Amoco merge to enter global top trio of oil majors, BP press release, 11 August 1998 and http://www.bpamoco.com./

67. R. Newing, BP introduces its $250m digital nervous systems, Financial Times, 10 July 1998。

68. The Internet Application Group, http://www.intapps.com.

69. V. Houlder, Far-flung workers find it's good to talk, Financial Times, 7 Apr. 1997,

70. The Internet Application Group。

71. Microsoft UK, http://www.eu.microsoft.com/uk/it_managers/Solutions/backoffice/d_cstudy_kmanagement.htm.

72.The Internet Application Group。

73. Shell, http://www.shell.com./

74. 參考地球之友網站爲例, http://www.foe.co.uk/.

75. Shell, Profits and principles-does there have to be a choice?, London, 1998, http://www.shell.com/shellreport/index.html.

76. Family Research Council, http://www.frc.org/.

77. 同上註。

78. M. Castells, The Power of Identity, vol. 2 of The Information Age：Economy, Society and Culture（Blackwell, Oxford, 1997）, p.134-156。

79. Thompson, The Media and Modernity, p.191。

80. A, Giddens, Modernity and Self-Identity：Self and Society in Late Modern Age（Polity Press, Cambridge, 1991）, p.182。

81. Stonewall's website is at http://www.stonewall.org.uk/.

82. S. Hall, Thatcherism today, New Statesman and Society, 26 Nov. 1993, p.16。

83. Giddens, Modernity and Self-Identity, p.175。

第六章：網際網路、自我、與日常生活經驗

1. U. Beck、A. Giddens and S. Lash, Reflexive Modernization: Politics, Tradition and Aesthetics in the Modern Social Order（Polity Press, Cambridge, 1994）, p.13.

2. J. B. Thompson, The Media and Modernity: A Social Theory of the Media（Polity Press, Cambridge, 1995）,p.207.

3. 同上註。

4. A. Giddens, Modernity and Self-Identity: Self and Society in the Late Modern Age（Polity Press, Cambridge, 1991）, p.187.

5. Z. Bauman, Life in Fragments: Essays in Postmodern Morality（Blackwell, Oxford, 1995）, p.99.

6. 同上註, 第103頁。

7. J. B. Thompson, The Media and Modernity.p.210.

8. A. Giddens, Modernity and Self-Identity, p.75.

9. Z. Bauman, Life in Fragment, p.82.

10. A. Giddens, Modernity and Self-Identity, p.156.

11. J. B. Thompson, The Media and Modernity.p.208.

12. A. Giddens, Modernity and Self-Identity, p.168.

13. J. B. Thompson, The Media and Modernity.p.212.

14. A. Giddens, Modernity and Self-Identity, p.pp.189-201.

15. R. Kraut et al., "Internet paradox: a social technology that reduces social involvement and psychological well-being?,

American Psychologist 53, no.9（1998）, pp.1017-31.

16. D. Morley, Television, Audience and Cultural Studies（Routledge, London, 1992）(《電視、觀眾與文化》，台北：遠流出版社)

17. J. Lull, Inside Family Viewing（Routledge, London, 1990）, p.36.

18. I. De Sola Pool, The Social Impact of Telephone（MIT Press, London, 1977）.

19. D. Chandler, "Personal home pages and the Construction of identities on the web" http://www.aber.ac.uk/~dgc/webindent/html.

20. A. Giddens, New Rules of Sociological Method: A Positive Critique of Interpretative Sociologies（Hutchinson, London, 1976）, p.92.

21. 同上註, 第五十一頁。

22. J. B. Thompson, The Media and Modernity.p.228.

第七章　公共性與網際網路

1. J. B. Thompson, The Media and Modernity: A Social Theory of the Media（Polity Press, Cambridge, 1995）, p.245.

2. A. W. Gouldner, The Dialectic of Ideology and Technology; The Origins, Grammar, and Future of Ideology（Macmillan, London, 1976）, p.102。

3. Z. Bauman, Life in Fragments: Essays in Postmodern Morality（Blackwell, Oxford, 1995）, pp.44-71.

4. Thompson, The Media and Modernity, p. 236.

5. 同上註, p.247。

6. 同上註, p.255。

7. K. Sontheimer, 'La responsibilitated de la television ante la sociedad', Folia Humanistica 15（1979）, pp.745-50。

8. Thompson, The Media and Modernity, p. 257.

9. J. Habermas, Communication and Evolution of Society（Heinemann, London, 1979）, p.186.

10. J. Habermas, Legitimation Crisis（Heinemann, London, 1976）; J. Habermas, Reason and the Rationalization of Society, vol.1 of The Theory of Communicative Action（Heinemann, London, 1984）; J. Habermas, 'Discourse ethics: notes on a program of philosophical justification', in Seyla Benhabib and Fred Dallmayr（eds）, The Communicative Ethics Controversy （MIT Press, Cambridge, Mass., 1990）, pp.60-110.

11. Habermas, Reason and the Rationalization of Society, pp.273-344.

12. S. Benhabib, 'Afterword: communicative ethics and current controversies in practical philosophy', in Benhabib and Dallmayr, The Communicative Ethics Controversy, p.343.

13. T. McCarthy, Ideals and Illusions: On Reconstruction and Deconstruction in Contemporary Critical Theory（MIT Press, Cambridge, Mass., 1993）, p.199.

14. Thompson, The Media and Modernity, p. 261.

15. M. Castells, The Rise of Network Society, vol.1 of The Information Age: Economy, Society and Culture（Blackwell,

Oxford, 1996）, p.199.

16. A. Giddens, New Rules of Sociological Method（Hutchinson, London, 1976）, p.81-6.

17. U. Beck, A. Giddens and S. Lash, Reflexive Modernization: Politics, tradition and Aesthetics in the Modern Social Order（Polity Press, Cambridge, 1994）, pp.82-5.

18. R. Dworkin, Taking Rights Seriously（Duckworth, London, 1977）, p.82.

19. 同上註。

20. J. Slevin, 'The normative foundations of television culture, a critical account of the conceptualization of moral responsibility in Dutch and British state broadcasting policy', Ph.D. diss., King's Cambridge, 1993.

21. R. Dworkin, A Matter of Principle（Clarendon Press, Oxford, 1986）, p.338.

22. 同上註, p.336。

23. Slevin, 'The normative foundations of television culture', and Tweede Kamer（second chamber of Dutch houses of parliament）, 1974-1975, 13353.

24. Dworkin, Taking Rights Seriously, p.233.

25. 同上註, p.26。

26. 同上註, p.xi。

27. 同上註, pp.248-53。

28. 同上註, pp.249。

第八章　全球化與網際網路

1. A. Giddens, Beyond Left and Right: The Future of Radical Politics（Polity Press, Cambridge, 1994）.

2. U. Beck, A. Giddens and S. Lash, Reflexive Modernization: Politics, Tradition and Aesthetics in the Modern Social Order（Polity Press, Cambridge, 1994）, p.95.

3. 同上註。

4. J. B. Thompson, The Media and Modernity: A Social Theory of the Media（Polity Press, Cambridge, 1995）, p.150.

5. Z. Bauman, Life in Fragments（Blackwell, Oxford, 1995）, p.24.

6. Beck, Giddens and Lash, Reflexive Modernization, p.96.

7. 同上註pp.95, 96.

8. Bauman, Life in Fragments, p.251.

9. A. Giddens, The Third Way: The Renewal of Social Democracy（Polity Press, Cambridge, 1998）, pp.28-33..

10. A. Giddens, The Consequences of Modernity（Polity Press, Cambridge, 1990）, p.65; D. Bell, 'The world and the United States in 2013', Daedalus 116 （1987）.

11. Thompson, The Media and Modernity, pp.119-48; Beck, Giddens and Lash, Reflexive Modernization, p.97.

12. Bauman, Life in Fragments, p.251.

13. M. Castells, The Rise of Network Society, vol.1 of The Information Age: Economy, Society and Culture〈Blackwell, Oxford, 1996〉, p.428.

14. Bauman, Life in Fragments, p.252.

15. M. Castells, The Rise of Network Society, p.428.

16. M. Horkheimer, Sozialphilosophische Studien: Aufsatze, Reden und Vortrage, 1930-1972, ed. Werner Brede（Athenaum Fischer Taschenbuch, Frankfurt, 1972）.

17. T.Adorno, 'The stars down to earth: the Los Angeles Times astrology column', Telos, no. 19（Spring 1974）, pp.88-9.

18. T.Adorno, 'Culture industry reconsidered', New German Critique 6（Fall 1975）, p.19.

19. M. Horkheimer and T.Adorno, Dialectic of Enlightenment（Continuum, New York, 1997）, p.120.（《啓蒙的辯證》，四川：重慶出版社）

20. J. B. Thompson, The Media and Modernity: A Social Theory of the Media（Polity Press, Cambridge, 1995）, p.100.

21. H. I. Schiller, Communication and Cultural Domination（International Arts and Sciences Press, New York, 1976）, p.5.

22. 同上註, pp.5-6。

23. H. I. Schiller, Mass Communications and America Empire（Beacon Press, Boston, 1971）.

24. 同上註, p.98。

25. H. I. Schiller, The Mind Managers（Beacon Press, Boston, 1973）, p.1.（《思想管理事》，台北：遠流出版社）

26. 同上註, p.3。

27. 同上註, p.186。

28. H. I. Schiller, 'A quarter-century retrospective', in Mass Communications and American Empire（Westview Press, Boulder, 1992）, pp.11, 12-15.

29. E. G. Wedell, Broadcasting and Public Policy（Michael

Joseph, London, 1968）, p.297.

30. D. Kellner, 'Network television and American Society', Theory and Society 10, no. 1 （Jan. 1981）.

31. Thompson, The Media and Modernity, pp.169-73.

32. T. Liebes and E.Katz, The Export of Meaning: Cross-Cultural Readings of Dallas（Oxford University Press, Oxford, 1990）.

33. A. Giddens, A Contemporary Critique of Historical Materialism, vol. 1: Power, Property and the State （Macmillan, London, 1981）, p.63.

34. The Harvard Conference on the Internet and Society, ed. O'Reilly & Associates（Harvard University Press, Cambridge, 1996）.

35. M. Holderness, 'Falling through the net: developing nations lack interest access', New Statesman and Society, 13 Oct. 1995, p.24.

36. 甚至在歐洲，這個觀點也被逐漸對於美國的宰制產生恐懼所強調，請參閱V. Smart et al., 'Lost in cyberspace: European, 11 Sept. 1997, p.8.'

37. 'The race for cyberspace: inequality of information technology resources among countries', Asian Review of Business and Technology, no.3（Mar. 1998）, p.24.

38. Africa Online, http://www.africaonline.com.

39. 31st December Women's Movement of Ghana, http://www. africaonline.com.gh/31dwm/index.html.

40. Gatsby Marketing Centre, http://www.africaonline.com. ke/gatsby/index.html.

41. Bombolulu, http://www.africaonline.co.ke/bombolulu/us.html.

42. Giddens, The Third Way, p.153.

43. W. Wresch, Disconnected: Haves and Have-Nots in the Information Age Rutgers University Press, New Brunswick, N.J., 1996）, pp.246-7.

第九章　管理與網際網路

1. A.Giddens, The Nation-State and Violence, vol.2 of A Contemporary Critique of Historical Materialism（Polity Press, Cambridge, 1985）, p.199.

2. P. Priestley, Victorian Prison Lives: English Prison Biography 1830-1914（Methuen, London, 1985）, pp.11-12.

3. 相關實例請參閱 'Table of UK cases involving child pornography on the internet', in Cyber-Rights & Cyber-Liberties（UK） Report, 'Who watches the watchmen: internet content rating systems, and privatized censorship', Nov. 1997, http://www.leeds.ac.uk/law/pgs/yaman/watchmen.html.

4. S. Cohen, Folk Devils and Moral Panics: The Creation of The Mods and Rockers（MacGibbon and Kee, London, 1972）.

5. S. Bauman, 'Policy for the net and the internet', Annual Review of Information Science and Technology 30（1995）.

6. M. Castells, End of Millennium, vol. 3 of The Information Age: Economy, Society and Culture Blackwell, Oxford, 1998）, pp.74-5.

7. 政府可能達成的成就的列表引自A. Giddens, The Third Way: The Renewal of Social Democracy（Polity Press, Cambridge,

1998），pp.47-8.

8. J. B. Thompson, The Media and Modernity: A Social Theory of the Media（Polity Press, Cambridge, 1995），pp.240-3.

9. J. Blumler, 'Introduction: current confrontations in West European television', in J. Blumler（ed.），Television and the Public Internet: Vulnerable Value in West European Broadcasting（Sage, London, 1992），p.1.

10. Thompson, The Media and Modernity, p. 241.

11. 同上註。

12. J. S. Mill, On Liberty and other Writings（Cambridge University Press, Cambridge, 1989），p.20.

13. 請參閱Y. Akdeniz, 'Internet law related news', Cyber-rights & Cyber-Liberties（UK），http://www.leeds.ac.uk/law/pgs/yaman/netlaw.html.

14. 'The CompuServe incident: chronicle of events', 13 Mar. 1996, http://www.uni-konstanz.de/~dierk/censorship/compuserve/chronik.html.

15. 文件是由首都警方於1996年八月送交英國的網路服務業者，Cyber-Rights & Cyber-Liberties（UK），http://www.leeds.ac.uk/law/pgs/yaman/themet.htm.

16. 'German academic net blocks Dutch site', Wired News, 18 Apr. 1997, http://www.wired.com/news/print_version/story/3265.htm/?wnpg=all.

17. J. Curren and Jean Seaton, Power without Responsibility: The Press and Broadcasting in British, 3rd edn（Routledge, London, 1988），p.217.

18. 'German academic net blocks Dutch site'.

19. 請參閱Obscene Publications Act, secs1 and 4, HMSO.

20. 探討視聽傳播以及傳播的管理, House of Common, Select Committee for Culture, Media and Sport, 6 May 1998, http://www.parliament.the-stationery-office.co.uk/pa/cm199789/cmselect/cmcumeds/520-vol1/52002htm.

21. Telecommunication Act 1996, http://www.technologylaw.com/techlaw/act-index.html.

22. 瑞朋 (Blue Ribbon) 對線上言論自由的競選發言, http://www.eff.org/blueribbon.html.

23. 電子邊境基金會, 'Supreme Court victory for free speech: CDA ruled unconstitutional', press release, 26 June 1997.

24. J. Weinberg, 'Rating the net', Hastings Communications and Law Journal 19, no. 2 (1997), pp.453-82.

25. 白宮新聞秘書辦公室,由總統簽署的文件, 19970626, 26 June 1997.

26. 瑞朋 (Blue Ribbon) 對線上言論自由的競選發言。

27. European Commission, 針對在視聽與訊息服務中保障兒童與人類尊嚴的綠皮書, Brussels, Oct. 1996, http://www2.echo./lu/legal/en/internet/gpen-txt.html 以及European Commission, 'Illegal and harmful content on the internet', Communication to the European Parliament, the Council, the Economic and Social Committee and Committee of Region, Brussels, 11 Oct. 1996, http://www2.echo.lu/legal/en/internet/communic.html and European Commission, Working Party on Illegal and Harmful Content on the internet, Report, Brussels, Nov. 1996,

http://www2.echo2.lu/legal/en/internet/wpen.html and Report on the Commission Communication on Illegal and Harmful Content on the Internet, Committee on Civil Liberties and Internal Affairs, Rapporteur Mr Pierre Pradier, 20 Mar. 1997 and 'Action plan on promoting safe use of the internet', Annex 1: Summary of Action Lines, Brussels, 1997, http://www2. echo.lu/legal/en/internet/actpl-alhtml.

28. European Commission, 'Illegal and harmful content on the internet'.

29. European Commission, 'Action plan on promoting safe use of internet, and 'Illegal and harmful content on the internet'.

30. European Commission, 'Illegal and harmful content on the internet'.

31. European Commission, 針對在視聽與訊息服務中保障兒童與人類尊嚴的綠皮書。

32. European Commission, 'Illegal and harmful content on the internet'.

33. J. Seiger轉引自A. Penenberg, 'The evolving legal tack in Germany', Wired News, 17 Apr. 1997, http://www.wired. com/news/print_version/story/3219.html?wnpg-all.

34. Electronic Frontier Foundation, 'Supreme Court victory for free speech'.

35. Women Halting Online Abuse. http://whoa.femail.com/.

36. CyberAngels, Channel Rule, http://www.cyberangels.org/ about/mission.html.

37. CyberAngels, Channel Rule, http://www.cyberangels.org/

about/mission.html.

38. The Internet Watch Foundation, http://www.internetwatch. org.uk.

39. D. McQuail, Mass Communication Theory: An Introduction (Sage, London, 1994), p.26.

40. Cyber-Right & Cyber-Liberties (UK) Report: 'Who watches the watchmen. Part II: Accountability and effective self-regulation in the information age', Sept. 1998.http://www. cyber-rights.org/Watchmen-ii.htm.

41. M. Oostveen, 'Kinderen voor het Grijpen', Nrc Handelsblad, 20 June 1998.

42. F. Rodriquez, 'Column Felipe: zelfregulering op het Internet Werkt niet', Planet Multimedia, 17 July 1998, http://www. planet.nl/computer/multim/17-7-98/mm17-7-98a.html.

43. European Commission, 'Safe portals', under 'Promoting best use, preventing misuse', http://www.2.echo.lu/best_use/ portals.html.

44. European Commission, 'Safe filters', under 'Promoting best use, preventing misuse', http://www.2.echo.lu/best_use/ software.html.

45. P. Resnick and J. Miller, 'PICS: internet access controls without censorship', Communications of the Association for Computing Machinery 39, no. 10 (1996), pp.87-93.

46. P. Resnick, 'Filtering information on the internet', Scientific American, Mar. 1997, pp.106-8.

47. World Wide Web Consortium, 'PICS, censorship, and

intellectual freedom FAQ', http://www.w3.org/PICS-FAQ-980126.html.

48. Recreational Software Advisory Council on the internet, http://www.rsac.org.

49. World Wide Web Consortium, 'PICS, censorship, and intellectual freedom FAQ',

50. 同上註。

51. Weinberg, 'Rating the net'.

52. Recreational Software Advisory Council on the internet.

53. Stonewall, http://www.stonewall.org.uk/.

54. Weinberg, 'Rating the net'.

55. 同上註。

56. J. Wallace, 'Why I will not rate my site', http://www.spectacle.org/cda/rate.html.

57. Cyber-Right & Cyber-Liberties（UK）Report: 'Who watches the watchmen. Part II'.

58. Weinberg, "Rating the net"。

59. A. Giddens, The Third Way：The Renewal of Social Democracy（Polity Press, Cambridge, 1998）, p.64。

60. Report of the Committee on Obscenity and Film Censorship, Cmnd 7772, HMSO, London, 1979。

網際網路與社會

原　　著／James Slevin

主　　編／張家銘

副 主 編／王乾任、徐偉傑

譯　　者／王樂成、林祐聖、葉欣怡

校　　閱／王乾任

出 版 者／弘智文化事業有限公司

登 記 證／局版台業字第6263號

地　　址／台北市丹陽街39號1樓

E-Mail／hurngchi@ms39.hinet.net

電　　話／（02）23959178・0936-252-817

郵政劃撥／19467647　戶名：馮玉蘭

傳　　眞／（02）23959913

發 行 人／邱一文

總 經 銷／旭昇圖書有限公司

地　　址／台北縣中和市中山路2段352號2樓

電　　話／（02）22451480

傳　　眞／（02）22451479

製　　版／信利印製有限公司

版　　次／2002年5月初版一刷

定　　價／320元

ISBN 957-0453-52-4

本書如有破損、缺頁、裝訂錯誤，請寄回更換！

國家圖書館出版品預行編目資料

網際網路與社會 / James Slevin作；王樂成,
 林祐聖, 葉欣怡譯. -- 初版. -- 臺北市：弘智
文化, 2002〔民91〕
  面： 公分. -- （大眾社會學叢書）
含參考書目
譯自：The internet and society
ISBN 957-0453-52-4（平裝）

1. 資訊社會 2.電腦與人文 3.網際網路

541.41   91004836